태극기의 탄생

조선 국기 제정에 얽힌 진실
태극기의 탄생

박충훈 지음

21세기북스

| 책머리에 |

국기(國旗)는 곧 나라다

지구상의 많은 나라는 국기를 제정한 날을, 국기의 날(Flag Day)로 정하여 기념한다. 그러나 우리나라는 건국 60년이 넘도록 국기의 날을 따로 정하기는커녕 태극기를 언제 제정해 사용했는지도 모르는 국민이 대다수일 것이다. 국경일에 국기를 게양하는 것이 법에 규정돼 있는지는 모르겠으되 그런 가정은 고작 열에 한두 집이다.

우리나라 태극기가 국기로 제정되어 정부에서 공포한 지 올해로 60주년이다. 1949년 10월 15일, 문교부 고시 2호로 국기를 공포했으니 꼭 환갑을 맞은 것이다. 태극기는 1883년(고종 20년) 1월 27일, '조선 국기'로 온 나라에 정식 선포된 이후 대한제국과 일제강점기를 거치며 여러 형태로 쓰였다. 1945년 광복을 맞은 후 1948년 대한민국 정부가 수립되었으나 태극기는 태극과 4괘의 모형이 통일되지 않은 채로 쓰이는 실정이었다.

이에 태극기의 통일 필요성을 절감한 뜻있는 인사들이 '국기보양회'라는 단체를 조직하여 국기의 도식과 구격을 통일해야 한다는 의견서를 정부에 제출했다. 이에 따라 1949년 1월 14일, 이승만 대통령의 지시로 각계 대표 42명이 '국기제정위원회'를 만들었다. 하지만 일부 위원들은 '나라가 새로 섰으니 국기도 새 모형으로 제정해야 한다'며 태극기의 사용을 반대했다.

그러나 대다수 위원은 '수많은 애국선열들의 피로 물든 태극기를 바꿀 수 없다'고 반대했다. 이에 태극기 자체를 부정하던 일부 인사들은 위원회에서 탈퇴했고, 국기제정위원회는 2월 3일 '국기시정위원회'로 바뀌어 각계 단체에서 제시한 태극기 시안 다섯 개를 두고 논의했다. 그 결과 국기보양회에서 제출한 도안이 채택되었고, 깃대의 봉은 무궁화꽃 봉오리로 결정했다.

태극기가 고종 20년 조선 국기로 제정되어 반포된 지 올해로 126년이 되지만, 그동안 태극 문양과 4괘를 두고 논란이 많았다. 태극과 8괘가 주역에 나오고, 중국 송나라 때의 성리학자 주돈이의 『태극도설(太極圖說)』에 의거하여 중국 문헌을 인용했다는 설이 끊이지 않았다. 하지만 근대에 이르러 송대보다 훨씬 앞선 우리나라 역사 유물에서 태극 문양이 속속 나타나고, 태극과 8괘, 즉 선천팔괘를 태호복희씨가 창안했다는 사실이 밝혀지며 터무니없는 논란과 주장은 설 자리를 잃었다.

그러나 조선 국기를 누가 창안하고 제작했는가를 두고는 최근에 이르기까지 논란이 끊이지 않았다. 이 사실을 분명히 밝히지 않고는 '국기의 날'을 제정하여 기념할 수도 없음은 당연하다.

필자는 소설가로 등단한 뒤부터 태극기에 많은 관심을 갖고 그 역사를 정립해보고자 『조선왕조실록』과 근대 역사 문헌을 두루 섭렵했고, 4년 전부터 본격적으로 자료를 수집하기에 이르렀다. 그리하여 2008년 5월부터 집필에 들어가 1년 뒤에 장편소설 형식으로 탈고했다. 때마침 〈조선일보 논픽션 대상〉 공모에 소설로 썼던 작품을 개작하여 응모한 결과 우수작으로 뽑혔다.

 논픽션 『태극기의 탄생』이 21세기북스에 의해 단행본으로 출간되기에 이르렀지만, 필자의 바람은 여기에서 끝나지 않는다. 고종 임금의 밀명으로 창안·제작되어 나라에 반포된 이후 오늘에 이르기까지 태극기는 수많은 난관과 시련을 겪었다. 조선왕조 때 탄생하여 대한제국의 멸망과 일제강점기, 광복, 동족상잔의 전쟁이라는 혼란기를 고스란히 겪은 태극기가 나라의 근본으로 바로 서기를 간절히 바란다. 또한 선열들의 피와 땀으로 점철된 국기의 존엄성과 그 뜻을 온 국민이 바로 알았으면 하는 마음 간절하다. 이 책을 읽는 많은 독자들이 공감한다면 '국기의 날'은 반드시 제정될 것으로 믿는다.

국기 제정 60돌, 기축년 세밑
박충훈

| 차례 |

1장. 서전, 그 70년 전쟁 … 13
2장. 정한론의 등장 … 27
3장. 일본 국기, 히노마루 … 45
4장. 조일수호회담 … 59
5장. 일본의 통상 요구 … 77
6장. 운요호 사건의 피해 보상 … 91
7장. 조일수호조약 체결 … 107
8장. 청국의 황룡기 … 123
9장. 조선 국기 탄생하다 … 133
10장. 제2차 일본 수신사 … 157
11장. 열리는 조선의 문 … 169
12장. 조미수호통상조약과 조선 국기 … 187
13장. 임오군란 … 211
14장. 대원군의 33일 천하 … 237
15장. 살아 있는 왕비의 국장 … 267
16장. 대원군의 몰락 … 287
17장. 제3차 일본 수신사와 조선 국기의 완성 … 301
|참고문헌| … 323

이응준 태극기

1882년 5월 조미조약 체결 당시 걸렸던 '이응준 태극기'.
1882년 7월 미국 해군부 항해국의 문서「해상 국가들의 깃발(Flags of Maritime Nations)」에 실렸다.

박영효 태극기

1882년 9월 박영효가 메이지마루 호에서 제정한 '박영효 태극기'.
같은 해 11월 일본 외무성이 베껴 그린 사본이 현재 영국 국립문서보관소에 보관되어
있다.

일러두기

1. 이 책은 태극기가 탄생하는 과정을 『조선왕조실록』의 『고종실록』과 관련 문헌을 참고하여 지은 논픽션이다. 그러나 실록에는 고종 20년(1883) 1월 27일, 국기를 제정해 나라에 반포했다는 기록만 있을 뿐이다. 또한 국기 창안자로 알려진 이응준 역시 실록에는 단 2회만, 그것도 국기와는 상관없는 행적으로 기록되어 있다.

2. 지금까지 태극기는 철종의 부마 금릉위 박영효가 창안하고 제작했다고 알려져 왔다. 그러나 임금 고종의 특명을 받은 역관 이응준이 창안하고 제작했다는 설이 있는 등 태극기의 탄생 과정이 정립되지 않았다.

3. 이 책에서 펼쳐지는 주요 사건은 실록에 근거했으나, 상황 설정(이응준의 구체적 행적)과 구체적인 묘사는 상상력의 산물이기에 소설 형식을 띨 수밖에 없었음을 밝힌다. 등장인물은 실존 인물이며, 관직 역시 당시 역임한 벼슬을 적었다.

4. 연대는 실록에 의거했다. 연대 표기는 편의상 임금의 재위 연도와 묘호(廟號, 임금이 죽은 뒤 생전의 공덕을 기려 붙인 이름)를 썼으며 날짜는 음력이다. 연대 표기 외에는 '임금'이라 칭했는데, 묘호는 사후에 올리기 때문에 당대에는 쓰지 않는다는 원칙에 따랐다.

1장

서전, 그 70년 전쟁

太極旗

고종 12년(1875) 8월 21일[1], 그날도 강화도 앞바다의 낙조는 장관이었다. 수평선을 네댓 걸음 앞둔 해는 마지막 남은 빛으로 제 몸을 담글 바다를 데우기라도 하려는 듯이 온통 황금빛으로 물들이고 있었다. 점차 빛이 바래는 해와는 반대로 황금빛이 더욱 짙어지는 바다에 마치 붓으로 점 하나를 찍은 듯 작은 물체 하나가 나타났다. 그 작은 점은 노을이 스러지는 수평선을 벗어나 점차 뚜렷한 선박 모양을 갖추어 강화도 연안으로 접근해왔다.

강화도 초지진 포대의 초병이 자며 졸며 보초를 서다 교대 시간이 되어 습관처럼 바다를 보다가 소스라치게 놀랐다. 첫눈에도 이양선(외국 선박)임에 분명한 괴선박이 노을 진 바다를 뒤로하고 하얀 연기를 내뿜으며 빠르게 다가오고 있었다.

바짝 긴장하여 앞바다를 휘둘러본 초병은 초소를 버리고 뛰어나가 진장(鎭將)에게 보고했다. 막사에서 장기를 두다가 보고를 받은 진장 정희섭(鄭喜燮) 군관은 초소에 나와 상황을 확인했다.

괴선박은 그새 강화도 동남쪽 한강 하구 난지도 앞바다에 정박했는데, 연기를 피우는 화륜선인 것으로 보아 외국 군함임에 분명했다. 정희섭은 즉시 화포수와 소총수들을 진지에 투입하고는 파발마를 띄워 영종첨사 이민덕(李敏德)에게 상황을 보고했다.

4년 전, 신미양요(1871) 때 군관으로 참전하여 초지진에서 치열한 전투를 치른 이민덕은 놀라고 당황했지만 이내 정신을 차렸다. 영종진 전역에 비상령을 내리고, 군관과 화포수들을 각 포대와 진지에 투입하여 경계를 강화하고는 조정에 장계를 올렸다.

이양선 한 척이 난지도 앞바다에 정박하고 있습니다. 아침나절에는 징후도 없었는데 해 질 녘에 시찰해보니 낯선 배가 정박해 있습니다. 어찌 하올지 분부하소서.

해가 지고 날이 저물도록 이양선에서는 아무런 징후도 없었다. 배는 그저 그림처럼 바다에 떠 있을 뿐이었다. 비상 경계령이 내려진 각 포대의 포병과 경계병들은 어둠이 짙어지자 조금 마음을 놓았지만, 불빛이 가물거리는 배 한 척을 주시하며 경계를 한층 강화했다.

고종 등극 이후 병인양요(1866)와 신미양요를 겪은 뒤에 조정에서는 국력을 기울여 강화도 각 포대와 진지에 화승총과 화포를 증강 배치하고 병력을 강화하는 등 방어 시설을 요새화했다.

이에 따라 강화도 각 포대와 진지의 병사들은 조정의 삼군부(三軍府)에서 가려 뽑은 화포수를 비롯한 정예병이었다. 이들은 삼엄한 군기와 강한 훈련에 단련되어 긍지와 사기가 자못 높았다. 병인양요와 신미양요 전투에 참전한 이민덕은 항상 군사를 조련하여 정예화하는 한편 조정에서 군량미와 군수품을 지원받아 어느 군부대보다 여유 있게 비축하여 군사들의 사기 진작에 힘썼다.

❈

이튿날 사시(오전 10시경), 이양선에서 내려진 보트 두 척이 초지진을 향해 다가오고 있었다. 정희섭은 감호 비상령을 내리고 화포수와 화승총 사수들을 진지에 투입해 전투태세를 갖추었다. 이윽고 이양선의 보트가 육성을 알아들을 수 있는 거리까지 접근하자 대기 중이던 일본어 통역관은 정지 명령을 내렸다.

"정지, 정지하라!"

세 번이나 정지 명령을 내려도 보트가 계속 접근하자, 이번에는 역관이 경고했다.

"정지하라! 계속 접근하면 발포할 것이다."

마침내 보트가 일단 정지하더니 대답이 들렸다.

"나는 대일본제국 해군 운요호(雲揚號) 함장 이노우에 요시카(井上良馨) 소좌다. 우리는 청국의 뉴좡(牛莊)으로 항해 중인데, 식수가 떨어져 상륙하려 한다. 식수만 구하면 즉시 돌아갈 것이다."

진장의 명을 받은 통역관이 대꾸했다.

"식수는 얼마든지 줄 수 있다. 그러나 상부의 명을 받아야 하니, 돌아갔다가 정오에 다시 오라."

"우리는 그럴 시간이 없다. 상륙하겠다."

말이 떨어지기도 전에 보트가 움직이자, 초지진 진장은 당황하여 통역관에게 명했다.

"정지하라! 접근하면 발포하겠다."

보트는 아랑곳하지 않고 계속 접근했고 조선군은 거듭 경고했다.

"정지하라! 정지하라! 발포하겠다."

이렇게 경고해도 보트가 계속 접근하자, 당황한 정희섭 군관은 그예 발포 명령을 내렸다.

"방포하라!"

타국 군사가 허가 없이 영토에 상륙하는 것은 당연히 침범이며 도발이니 발포는 진지장의 특권이었다. 초지진에서 마침내 포성이 진동하며 포탄 세 발이 발사되었다. 격침하기 위해 정조준한 게 아니라 경고 사격이어서 포탄은 보트 주변 바다에 떨어졌다.

잠시 멈칫거리던 보트 두 척 중에 하나가 돌연 훌렁 뒤집어지며 사람 여남은 명이 바다에 빠져 허우적거렸다. 빠진 사람들이 이내 보트를 바로잡아 다시 타고는 모함(母艦)을 향해 도주했다. 이를 지켜보던 초지진 병사들은 만세를 부르며 승리감에 들떴다.

진장이 상부에 보고하기 위하여 막사로 돌아가고, 병사들은 긴장을 풀며 포대를 이탈하는 등 평상의 경계 태세로 돌아갈 때였다. 일본 군함에서 연달아 포성이 들리더니, 초지진 포대에 포탄이 우박처럼 쏟아지기 시작했다.

깜짝 놀란 조선 군사들은 각자 포대에 뛰어들어 포를 쏘았다. 그러나 조선군의 동포(銅砲)는 사거리가 고작 700여 미터에 불과하여 일본 군함에 미치지도 못하고 모조리 바다에 떨어져 그야말로 무용지물이었다.

반면 일본 군함은 영국에서 건조한 최신식 함정으로, 160밀리 전장포 1문과 140밀리 함포 1문이 장착되었는데, 사거리와 명중률은 물론이고 포탄의 파괴력이 조선군으로서는 감히 상상도 못할 수준이었다. 포성으로 천지가 진동하고, 불꽃과 파편이 어지러이 튀었다.

혼비백산한 조선군은 쏘아봐야 헛일인 화포를 팽개치고 쥐구멍이라도 찾아 숨기에 급급했다. 초소와 군막은 순식간에 불길에 휩싸였다. 해안의 작은 진지 초지진은 30여 발의 포탄에 초토화되었고, 부상한 군사들은 사방에 나뒹굴며 비명을 질러댔다.

일본군의 포격이 멎자 진장 정희섭은 정신을 차리고 파발마를 영종진에 띄우는 한편 군사들을 독려하며 진지에 배치하고 부상자들을 지하 군영에 집결시켰다. 다행히 전사자는 없었으나 중상자를 포함하여 부상자가 스물세 명이었다.

초지진을 30여 발의 포격으로 초토화한 일본 군함은 보트 다섯 척으로 상륙을 시도했지만, 초지진 앞바다의 수심이 얕아 이내 포기하고 금방 어디론가 사라져버렸다. 당황한 정희섭은 다시 파발마를 띄워 일본 군함의 퇴각과 화포의 위력을 상세히 알리고, 부상자 후송이 시급하다고 보고했다.

초지진의 급보를 받은 영종진 첨사 이민덕은 군사들을 포대와 진지에 투입해 경계를 강화하고는 조정에 급히 장계를 올렸다. 영종진 전역에 갑호 비상령을 내린 이민덕은 각 진지와 포대에 정예병을 배치하고 경계와 감시를 철저히 했으나 해가 지도록 근해에 적선은 나타나지 않았다.

8월 22일 진시(오전 9시경), 창덕궁 편전에서 당상관 이상 중신들이 모인 가운데 조회가 열렸다.

좌의정 이최응(李最應)이 아뢰었다.

"낯선 배 한 척이 내양(內洋)에 들어왔는데, 그 배는 분명 일본 군함일 것입니다. 그들의 뜻이 어디에 있는지 모르겠으니, 무슨 일로 와서 정박하고 있는지 상세히 알아봐야 할 것입니다. 사리에 밝은 역관 몇 명을 사역원에서 특별히 선정하여 급히 내려보내야 할 것입니다."

임금이 명을 내렸다.

"이양선이 일본 군함이라면 내양에 들어온 무슨 곡절이 있을 것이다. 속히 역관을 보내도록 하라."

우의정 김병국(金炳國)이 보고했다.

"방금 경기관찰사 민태호(閔台鎬)가 보고한 바, 통진부사가 지금 군사를 거느리고 덕포(德浦)의 손돌목에서 경계 중인데 군량미 확보가 시급하다고 합니다. 이양선이 내양에 침입한 만큼 방어를 소홀히 할 수는 없는데, 해당 읍 창고에는 군량미가 없습니다. 우선 급한 대로 경기감영의 쌀 300석을 즉시 추진해야 할 것입니다."

임금이 하명했다.

"즉시 군량미를 보급하라."

지삼군부사 이경하(李景夏)가 아뢰었다.

"낯선 배가 경기 연안을 배회한 지가 여러 날 되었습니다. 하지만 그 배의 행적을 보고한 연안 고을이 한 군데도 없으니, 어찌 이러한 태만이 있겠습니까. 변방에서 국토를 경계하는 일이 이처럼 소홀하니 참으로 한심한 일입니다. 삼남(三南, 영남과 호남, 충청)과 양서(兩西, 황해도와 평안도)의 감사와 연안의 수장들에게 공문을 보내 책임을 추궁하고 경위를 조사하여 조정에 대책을 아뢰도록 함이 가할 것입니다."

젊은 임금은 침통한 얼굴로 말했다.

"참으로 그러하다. 삼군부에서는 즉시 공문을 띄워 문책하고 경계를 철저히 하라고 통지하라."

아버지 대원군의 10년 섭정에서 벗어난 임금은 2년 전인 1873년부터 직접 나라를 다스렸지만, 대원군을 실각시킨 왕후 민 씨 집안의 입김에서 벗어날 수 없었다.

❈

같은 시간, 강화도 영종진 앞바다에 일본 군함 운요호가 나타났다. 어제 초지진을 초토화하고 사라진 운요호는 만 하루 동안 강화도 연안을 보란 듯이 배회하다가 항산도와 영종진 앞바다에 정박한 것이다.

이민덕은 강화도호부에 상황을 보고하고 전 포대와 진지에 비상령을 내렸다. 이미 초지진의 참패를 전해들은 화포수와 소총수들은 진지에서 숨을 죽인 채 경계했으나 적선은 미동도 없이 한나절을 보내고 있었다. 군사들이 교대로 점심을 먹고 있을 때, 적선이 마구 연

1875년 강화도에 침입한 일본 군함 운요호

기를 내뿜더니 영종진을 향해 접근하기 시작했다. 이민덕은 군사들을 독려하여 진지에 투입하고 상황을 예의 주시했다.

적선은 쏜살같이 내달았다. 거침없이 눈앞으로 닥치는 적선에 당황한 이민덕은 발포 명을 내렸다. 포탄을 20여 발 쏘았지만 모두 적선에는 미치지도 못하고 바다에 떨어졌다. 4년 전 초지진에서 미국 함대와 전쟁을 치른 이민덕은 함포의 위력을 잘 알았고, 상대가 안 되는 싸움일망정 발포를 명할 수밖에 없었다.

적선이 일단 멈추자, 이민덕도 발포 중지 명령을 내리고 지켜보았다. 잠시 뒤, 적선에서 불빛이 두 번 번쩍하더니 눈 깜박할 사이에 천지가 진동하는 포성과 함께 영종진 포대 두 진지가 박살이 나버렸다. 뒤이어 우박처럼 쏟아지는 포탄이 쏟아져 영종진은 아수라장이 되고 말았다.

영종진 포대며 진지를 함포로 초토화한 일본군 함장 이노우에는 보트 다섯 척에 육전대(유격대) 40여 명을 태워 상륙을 시도했다. 일본군은 흩어지며 소총 사격을 퍼부었으나 조선군 진지에서는 화승총 소리 한 번 들리지 않았다.

일본군은 마침내 텅 빈 조선군 포대와 진지에 난입하여 동포며 화승총을 닥치는 대로 노획했다. 육전대의 상륙을 지켜본 적선에서 보트 다섯 척이 내려와 후발대로 영종진 포구에 진입했다. 텅 빈 군막과 창고에 불을 지른 적군은 진지 주변의 민가에 침입하여 식량과 닭, 돼지 등 가축을 약탈했고, 초소에 숨어 있던 군졸과 민간인 등 열여섯 명을 사로잡아 보트에 태웠다.

영종진 조선군 패잔병들의 반격을 염려하여 신속히 철수한 적선은 이웃 섬인 항산도로 뱃머리를 돌려 함포 사거리까지 접근하여 네 발을 쏘았다. 항산도에는 포대는 물론 진지도 없이 감시 초소 서너 군데만 있었고, 초병들은 영종진이 점령당하는 것을 보고 있다가 적선이 접근하자마자 도주했으니 저항이 있을 턱이 없었다.

항산도에 상륙한 일본군은 민가에 침입하여 식량이며 가축을 약탈하고 부녀자를 희롱하며 집집마다 불을 질렀다. 항산도마저 쑥대밭을 만든 후에는 모함으로 철수했다. 이틀에 걸쳐 강화도 초지진과 영종진, 항산도를 초토화한 운요호는 석양빛을 받으며 유유히 대해로 사라졌다.

이 전쟁에서 조선은 임진왜란 이후 일본의 침략으로 가장 큰 피해를 입었다. 1875년 8월 21일 일본의 강화도 침략은 그후 조선과 일본이 1945년 8월 15일까지 70년 동안 치른 전쟁의 서막이었다.

❀

이튿날 어전회의에서 경기관찰사 민태호가 올린 장계를 받은 삼군부 동지부사 조영하(趙寧夏)가 보고했다.

"어제 밤늦게 경기관찰사 민태호가 장계를 올렸습니다. 영종첨사 이민덕의 보고에 따르면 일본 군함 한 척이 21일에 초지진을 포격하여 파괴하고 사라졌습니다. 이튿날에는 영종진 앞바다에 나타나 접근하므로 정지 신호로 화포를 쏘았는데, 적은 함포로 영종진을 무차별 포격하여 포대며 진지를 모조리 파괴했습니다. 왜군은 이어 육전대를 상륙시켜 신식 소총으로 공격하며 군막이며 관사까지 불을 질렀고, 도저히 대항할 수 없어 첨사 이민덕은 전패(殿牌, 殿자를 새긴 임금을 상징하는 나무 패)만 모시고 토성(土城)으로 퇴군했으나, 첨사의 인신(印信, 관인)은 챙기지 못하여 관사와 함께 재가 되었다 합니다. 적의 포격으로 군사 서른다섯 명이 전사했으며, 열여섯 명이 잡혀 갔으며, 부상자는 100여 명에 이르고, 화포 35문과 화승총 130정을 빼앗겼다 합니다."

조영하의 보고에 임금은 물론 중신들 얼굴이 하얗게 질렸다. 임금이 무어라 할 말을 잃자, 중신들은 납작 엎드려 죄를 청했다.

"전하, 망극하옵니다. 신 등의 미숙한 대처를 벌하여주시옵소서."

임금은 그제야 정신을 차리고 말했다.

"대체 이 일을 어찌 하면 좋겠는가? 저들이 무슨 연유로 이런 만행을 저지른단 말이냐?"

우의정 김병국이 아뢰었다.

"전하, 너무 심려치 마시옵소서. 지난 5월과 6월에 부산과 남해 연안에서 무력시위를 했던 저들의 행위로 보아 이번 사태도 문호를 개방하라는 압력으로 보입니다. 만행을 문책하는 통신사를 보내 잡혀간 군사들을 송환케 하고, 만행의 책임과 연유를 묻는 것이 우선이라 사료되옵니다."

조영하가 격앙되어 말했다.

"전하, 그보다 패전의 원인과 책임을 묻는 일이 시급합니다. 순식간에 500여 군사가 방어하던 요충지 강화성이 초토화되었으니, 강화유수는 물론 진을 방어하던 수장까지 파직하고 압송하여 그 죄상을 추국케 하시옵소서."

좌의정 이최응이 받아 아뢰었다. 이최응은 대원군의 형님이며 임금의 큰아버지인데, 중전과 민 씨 일파가 대원군을 실각시키고 그저 바람막이 삼아 좌의정 자리에 앉힌 인물이었다.

"전하, 그러하옵니다. 500의 군사로 40여 명의 적을 막아내지 못한 것은 오직 무능했기 때문입니다. 그 책임을 엄히 물어야 할 것입니다."

임금은 침통한 어조로 책임을 물을 것을 명했다. 이어 조영하의 진언을 받아 후임 영종첨사를 내려보내고 불타버린 인신을 세우라 명했다. 병조판서 이재원(李載元, 대원군의 맏형인 흥녕군 이창응의 장남)이 명을 받았다.

잠시 후 조영하가 적선이 외양으로 나갔으나 실상과 종적을 헤아리기 어렵다는 경기감사의 장계를 아뢰자, 임금은 병조판서에 일러 삼군부에 명해 무기를 확보하게 하고, 수장과 군사를 차출하여 출병할 것을 명했다. 또한 영종진의 피해 상황을 점검하고 대책 마련을 지시했다.

중신들이 부복하며 명을 받고 편전 회의는 마무리되었다.

|1장 주석|

1) 본문에 기술된 연도와 날짜는 『고종실록』에 기록된 대로이며 그 날짜에 일어난 역사적 사건 또한 실록과 일치한다. 다만 세부 묘사는 당시의 정치, 외교, 사회상을 실감나게 전하기 위해 지은이가 창작한 것이다.

2장
정한론의 등장

太極旗

1592년 임진왜란 발발 이후 단절된 조선과 일본의 수교 관계는 1602년 도쿠가와 이에야스(德川家康)가 정권을 잡으면서 다시 이어졌다. 그로부터 3년 뒤 도쿠가와 막부가 전쟁 중에 잡아간 조선인 포로를 송환하면서 외교 관계가 정상화되었다.

1854년(철종 5년)에 이미 미국, 영국, 러시아와 화친 조약을 체결한 일본은 가나가와 외에 항구 두 곳을 열고 미국 등 5개국과 수교하면서 조선과의 관계가 소원해졌다. 그 후 1863년 고종이 등극하고 대원군이 정권을 잡은 뒤 쇄국정책을 펴면서 일본과의 국교는 단절 상태에 들어갔다.

일본은 1868년(고종 5년) 1월 도쿠가와 막부를 무너뜨린 유신 정권이 들어서며 왕정복고를 선포했다. 따라서 그해 10월에 천황 즉위식을 거행하고 연호를 메이지(明治)로 바꾸었다. 일본은 즉시 조선 조정에 '왕정복고'를 통보한 후 사절단을 파견하여 국교 회복을 요청했다. 그러나 쇄국정책을 내세운 대원군은 미국 등 서양 제국과 수교한 일본을 서양 오랑캐나 마찬가지라며 이를 거절했다.

일본은 이미 도쿠가와 시대부터 팽창론을 앞세우는 자들이 있었다. 메이지유신 이후 소위 존왕양이(尊王攘夷, 왕실을 높이고 오랑캐를 물리침)를 주장하며 도요토미 히데요시(豊臣秀吉)의 유업을 이어 대륙을 공략해야 한다고 주장하는 세력이 커져갔다.

❈

고종 4년(1867) 3월[2], 일본 규슈 출신의 하치노에 준슈쿠(八戶順叔)란 자가 홍콩에 체류하면서 중국 광동에서 발간되는 〈중외신보(中外新報)〉에 기고하기를, '조선 국왕이 5년에 한 번씩 에도에 가서 대군을 알현하고 공물을 바치는 것이 오래된 관례이나, 조선 국왕이 이를 폐한 지 오래이므로 일본이 군함 80척을 내어 조선국을 정벌할 뜻을 갖고 있다'는, 소위 정한론(征韓論)을 주장하는 기사를 냈다.[3] 이 기사를 본 청나라에서는 조선 조정에 밀사를 보내 일본을 조심하라고 경고한 바 있었다.

병인양요 이후 척사척양(斥邪斥洋) 정책을 더욱 추진하던 조선 조정은 이때부터 일본을 더욱 배척했다. 일본은 메이지유신 이후 조선과의 관계를 새로이 하기 위해 대수대차사(大修大差使) 히구치 데츠시로(樋口鐵四郎)를 파견하여 서계(書契, 일본인의 입국 사증을 겸한 문서)와 유신 정부의 국서를 부산 동래부에 전했다.

서계와 일본 국서를 받아본 동래부사 정현덕(鄭顯德)은 아연실색했다. 국서에 '일본국 천황 폐하'라 쓰고 '아방황제(我邦皇帝)'라는 국새를 찍었고, 조선 임금에 대해서는 '조선 국왕'이라고 쓴 것이다. 정현덕은 '일본국 천황 폐하'와 '아방황제'라는 문구를 고칠 것을 요구하고, 하치노에 준슈쿠가 〈중외신보〉에 쓴 조선 침공설에 대한 해명을 요구하며 입국을 거절했다.

이에 분노한 일본 대신 산조 사네토미(三條實美)와 이와쿠라 도모미(岩倉具視)는 '조선을 정벌하면 일본 국위를 세계에 떨칠 뿐 아니라, 국내의 인심을 국외로 향하게 할 수 있다'며 정한론을 강력히 주장했다. 같은 시기, 조선과의 외교 교섭 실상을 알아보기 위해 조선의 동래부 왜관(倭館, 일본인이 머무는 통상 관사)에 파견되었다가 귀국한 사다 하쿠보(佐田白茅)는 정한론과 관련한 구체적인 보고서를 제출했다.

> 조선은 불구대천의 적으로 반드시 정벌하여 대일본의 황위를 만방에 알려야 한다. 30개 대대 병력을 동원하여 4로(路)로 나누어 공격하면 50일 내에 정복이 가능하다. 지금 프랑스와 미국이 조선 침공을 계획하고, 러시아가 호시탐탐 조선을 노리는데 일본이 우유부단하면 기회를 잃을 것이다. 재정 면에서도 군사비는 50일 이내에 회수할 수 있으며, 조선은 쌀·보리 등 곡물이 풍부하다. 또한 조선인을 잡아다 홋카이도 개척 사업에 동원하면 일거양득이다.

이러한 구체적인 출병 안이 나오자 병부대보(兵部大輔) 기무라(木村永敏) 등의 동조를 얻은 사다 하쿠보는 '군대·전함·군자금·기계를 미리 준비하여 완급에 대비해야 한다'는 건의문을 정부에 제출했고, 외무대승(外務大丞) 야나기하라(柳原前光)는 한술 더 떠 '북쪽은 만주에 연하고, 서쪽은 청국과 접해 있는 조선을 우리의 영역으로 만들면 황국보전(皇國保全)의 기초로서 장차 만국경략진취(萬國經略進取, 세계를 경영할 교두보)의 기본이 된다. 만약 다른 나라에 선수를 빼앗기면 국사는 이에 끝난다' 며 조선 강점을 주장했다.

고종 7년(1870) 12월, 현직 외무대승인 마루야마(丸山作樂)는 사다 하쿠보의 출병론에 공명하고 동지들을 규합하여 역설했다. '조선은 황국에 매우 중요한 땅으로 지금 손을 쓰지 않으면 반드시 다른 나라가 정복할 것이다. 속히 출병하면 반드시 공을 이룰 것이고, 조선이 문명개화한 뒤에는 도저히 정벌할 수 없을 것이다' 라면서 총지휘관을 자청해 결사대를 모집하는 등 단독으로 조선에 침입하는 계획을 세우기도 했다.

이듬해 3월, 일본의 외무대록(外務大錄) 모리야마 시게루(森山茂) 등은 부산 왜관에 와서 동래부사와의 면담을 요청했으나 조선 조정은 거절했다. 같은 해 5월 20일 다시 파견된 모리야마는 '왜인은 규정된 지역을 벗어날 수 없고, 절차를 밟지 않고는 동래부사를 만날 수 없다' 는 조선의 규정을 무시하고 왜관 주재 관리들을 이끌고 동래부로 몰려가 부사를 면접하려 했다. 이때 동래부사 정현덕이 이들을 책망하며 왜관으로 돌아가라 하자, 그들은 왜관에 머물던 자들을 모두 데리고 일본으로 돌아가버렸다.

이에 격분한 호전적인 일본의 봉건 군벌은 조선이 세계를 받아들이지 않는 것은 외교 교섭을 외면하고 일본을 무시하는 처사라며 정한론을 강력 주장하기 시작했다. 이에 동조하여 메이지유신 정부의 참의 사이고 다카모리(西鄕隆盛)와 이타가키 다이스케(板垣退助), 외무경(外務卿) 구로다 타네오미(副島種臣) 등이 정한론에 가담했다. 일본 정부는 정한론에 따라 강경하게 담판을 벌이기 위해 그해 9월 외무대승 하나부사 요시모토(花房義質)를 파견했지만 조선 정부는 역시 배척했다.

고종 10년(1873) 일본이 외무경 소에지마를 청나라에 파견하여 청국은 조선 내정에 간섭하지 않는다는 다짐을 받아내자 정한론은 절정에 이르렀다. 이에 따라 정권을 장악하고 있던 사이고와 이타가키 등은 즉시 군대 동원을 주장했다. 사이고는 특명대사로서 조선과 교섭을 시도하고 교섭에 실패하면 출병할 것을 주장하며 조선으로 가겠다고 나섰다.

그러나 그해 9월, 구미의 자본주의 근대 국가를 돌아보고 귀국한 젊은 정객 오쿠보 도시미치(大久保利通)와 이토 히로부미(伊藤博文)는 일본 국력은 아직 미약하므로 내치를 충실히 다지는 것이 급선무라며 정한론을 반대했다. 이 두 파의 논쟁은 한 달간 계속되었으나 시기상조파의 승리로 끝나고, 황제의 칙령으로 조선 출병은 연기되었다. 이에 따라 이타가키를 비롯한 정한론자들은 사표를 내고 물러났다.

이 무렵 고종 10년(1873) 11월 5일, 조선에서는 쇄국정책과 특히 척왜정책을 주장하던 대원군이 며느리 민 왕후에 의해 밀려났다. 이에 고종이 친히 국정을 돌보는 가운데 민 씨 일파가 정권을 잡고 조정을 개혁하는 등 쇄국정책에도 일대 변화가 일어났다.

조선 조정의 혼란을 꿰뚫어본 일본은 침략의 구실을 만들기 위해 우선 조선의 해안을 정탐하여 방비의 허실을 탐지하고, 연안 수심을 측량하여 대함대의 정박지를 찾아낸다는 치밀한 계획을 세워 군함을 파견하기로 했다.

고종 12년(1875) 4월 21일, 부산항에 운요호와 제이정묘호(第二丁卯號) 등 일본 군함 세 척이 정박했다. 조선의 허락도 없이 막무가내로 입항한 함장 이노우에 요시카 소좌는 동래부사 황정연(黃正淵)에게 조선 조정에 보내는 일본국 서계를 전했다. 청나라에서 오는 국서는 칙서라 하고, 일본이나 여진에서 오는 외교문서는 서계라 했는데, 일본 서계는 반드시 동래부를 거쳐 조정에 올리게 되어 있었다.

서계를 살펴본 황정연은 그 내용이 너무 황당하고 참담하여 이노우에를 불러 항의했다. 그러나 이노우에는 자신은 그저 천황의 명을 따랐을 뿐이며, 서계에 대한 처리는 조선 조정에서 할 일이라며 돌아가버렸다. 황정연은 어쩔 수 없이 서계를 조정에 올렸다.

5월 10일 임금은 전현직 대신 등 중신들을 편전으로 불렀다. 일본에서 온 서계를 어찌 처리할지 묻기 위해서였다.

우의정 김병국은 일본에서 온 서계의 형식과 절차가 불손하기에 조정에서 접수하는 것은 어불성설이라 주장하며, 해당 부서의 중신과 역관을 보내 조목조목 바로잡아 돌려보내야 한다고 주장했다.

대원군의 쇄국정책을 적극 지지한 영의정 이유원(李裕元)과 영돈

조일수호조약 시기의 고종

녕부사 김병학(金炳學) 또한 서계를 받아들이는 데 반대했고, 판중추부사 홍순목(洪淳穆)과 박규수(朴珪壽), 이최응은 뚜렷한 의견을 내놓지 않았다.

중신들 의견이란 것이 죄다 두루뭉술하니 이도저도 아닌 말장난이라 임금은 얼굴을 잔뜩 찌푸렸다. 그리고 아무리 갑론을박해도 의견 일치를 보기는 어렵다고 판단한 나머지 짜증스레 입장을 정리했다.

"오늘은 신료들의 의견을 들어보고 재결하려 했으나 의견 일치를 보지 못하겠도다. 날도 몹시 더우니 물러가고, 의정부에서 여러 중신이 의논하여 정론을 세우도록 하라."

이유원이 받아 반박했다.

"이 문제는 성상께서 처분하시기에 달렸습니다. 어찌 다시 신 등이 상의하겠습니까? 오늘 조회는 차대(次對, 매월 6회씩 중신들이 중요한 국정을 아뢰던 일)와 다른데, 지시나 결정 없이 신 등이 물러간다는 것은 있을 수 없는 일입니다. 성상께서 결단을 내리소서."

이최응이 재빨리 끼어들었다.

"전하의 분부가 지당하십니다. 그 문제는 신 등이 의정부에서 다시 거론하겠사오니, 전하께서는 강학(講學, 경연)에 납시옵소서. 신이 알기로는 강학을 중단한 지 벌써 반년이 되었습니다. 주자가 말하기를 '공부는 중단하기 쉽고, 세월은 다시 찾기 어렵다'고 했습니다. 제왕이 학문을 함에 있어 가르침을 항상 정성껏 가슴에 새긴다면 온갖 법도가 곧아져 교화가 이루어질 것입니다. 삼가 바라건대, 전하께서 유념하소서."

임금의 큰아버지가 강학을 핑계로 가로막고 나서자, 중신들은 울고 싶던 차에 뺨맞은 격으로 시원스레 편전을 물러갔다.

자국 서계를 동래부에 전한 이노우에는 5월 초부터 함대 세 척을 이끌고 부산 앞바다와 남해안 일대를 탐측하며 조선군 방어진의 허실을 탐지하기 시작했다. 보고를 받은 동래부사 황정연은 강력히 항의했으나, 이노우에는 들은 척도 하지 않을뿐더러 한술 더 떠 5월 4일에는 부산 앞바다에서 함포 사격을 실시했다. 화승총 소리 한 번 울린 적 없이 조용하던 부산 앞바다는 해가 저물 때까지 천지를 뒤흔드는 함포 소리에 휩싸였다. 혼비백산한 백성들은 난리가 난 줄 알고 피난보따리를 싸는 등 일대 혼란이 일어났다.

마침내 동래부가 발칵 뒤집혔고, 동래부 군사들이 출동했지만 일본 함대는 바다에서 함포를 쏘는지라 속수무책으로 지켜볼 수밖에 없었다. 해 질 녘에 항구로 돌아온 함장 이노우에에게 부산 훈도 현석운(玄昔運)이 강력히 항의했지만, 이노우에는 자국 함대의 일상적인 훈련이라며 상대조차 하지 않았다.

이튿날 동래부사의 명을 받은 현석운은 항구에 정박한 일본 함대로 가서 함장과의 면담을 요청했다. 마치 기다리고 있었다는 듯 면담 요청을 쾌히 받아들인 이노우에는 현석운과 수행 군사 다섯을 운요호에 승선케 했다. 역관을 겸직하던 훈도 현석운이 말했다.

"오늘부터 군함을 단 한 척이라도 움직이지 못하게 하고, 포사격도 중지하시오."

이노우에는 비죽비죽 웃으며 대꾸했다.

"국기가 게양된 군함은 그 나라의 영토를 상징하오. 즉 부산항에 정박한 우리 군함 세 척은 대일본국의 영토란 말이오. 조선은 일본 영토에 대해 이래라저래라 명할 자격이 없소."

현석운은 발끈하며, 일본 군함에 정박 허가를 내준 적이 없으며 허락도 없이 해안을 탐색하고 함포를 쏘는 행위는 조선에 대한 도전이라고 항의했다. 이노우에는 가소롭다는 듯이 비웃으며 말했다.

"본관은 대일본국 천황 폐하의 국서를 받들고 온 사신이오. 사신이 승선한 배는 당연히 그 나라의 항구에 입항할 자격이 있다는 것을 모르시오?"

"지금까지 일본 사신이 타고 온 배는 한 척이었소. 그런데 이번에는 군함 세 척이 들어왔고, 훈련을 핑계로 우리 해안에서 포사격을 했소. 어제 일을 더는 추궁치 않을 테니, 군함 한 척만 두고 두 척은 본국으로 철수시키시오. 이것은 우리 주상 전하의 명이오."

이노우에는 여전히 비죽거리며 당당히 대꾸했다.

"나는 우리 천황 폐하의 명에 따를 뿐이오. 귀국 국왕 전하의 명에 따를 수는 없소이다. 본관은 우리 천황 폐하의 국서에 대한 귀국 국왕 전하의 회계를 받고, 청나라 뉴좡을 거쳐 귀국하라는 명을 받았소이다."

현석운은 난감했다. 일본 군함이 부산항에 입항한 첫날부터 지금까지 지켜본 결과, 이들의 행위는 전에 왔던 사신들과는 전혀 달랐다. 사사건건 반항이었고, 조선 관리는 물론 동래부사까지 얕잡아 보고 상대조차 하려 들지 않았다.

"본관은 우리 주상 전하의 명을 분명히 전했소이다. 서계를 받들고 온 사신의 예를 지켜주기 바라오. 거듭 말하거니와, 포를 쏘아 백성들을 놀라게 하는 행위는 더 이상 하지 마시오."

이노우에는 자리에서 일어나며 받았다.

"우리 일본국 해군은 매일 훈련을 해야 합니다. 훈련에는 항해 훈련도 있고 함포 훈련도 있소이다. 기왕 우리 함정에 승선했으니, 귀관께서도 우리 일본 해군 함대의 함포나 구경하고 가시지요. 자, 이

쪽으로 갑시다."

현석운은 거느리고 온 군사 다섯과 함께 일본 수병에게 이끌리다 시피 하여 운요호 갑판으로 나갔다. 각 군함에는 난생처음 보는 엄청나게 큰 대포가 두 문씩 장착돼 있었다. 그들이 예상치 못한 상황에 당황하여 어리둥절할 때, 이노우에의 신호로 운요호의 함포가 불을 뿜었다. 코앞에서 터진 포성에 조선 군사들은 기겁을 해 비명을 질렀고, 셋은 털썩 주저앉아 머리를 싸안고 벌벌 떨었다.

어지간한 담력의 현석운도 귀가 먹먹한 데다, 머리가 멍해져서 잠시 정신을 차릴 수 없었다. 두 군사는 주저앉은 동료들을 일으켜 세웠고, 이들을 지켜보던 일본 수병들은 낄낄대며 웃었다. 너무 놀라 정신을 못 차리는 현석운을 비죽이 웃으며 지켜보던 이노우에가 말했다.

"어떻소이까? 조선에도 이만한 대포쯤은 있겠지요? 우리 해군에는 이보다 몇 배나 큰 함포가 장착된 군함이 수십 척 있소이다. 우리 함대의 포사격을 관람했으니, 본관도 귀국 함대의 함포라든가 육지 포대의 포사격을 볼 수 있도록 해주시겠소?"

현석운은 비로소 정신을 차렸지만, 대포 소리보다 더 큰 이노우에의 허장성세에 기가 질렸다. 어떻게 대꾸해야 할지 쩔쩔매다가 늦게 대답을 했다.

"그것은 본관이 대답할 문제가 아닙니다. 상부에 건의해보겠소."

"좋소이다. 면담은 끝났으니 돌아가시오. 이봐, 귀한 손님께서 돌아가신다. 함정 밖까지 정중히 안내하라."

이노우에는 부관에게 지시하고는 뒤도 안 돌아보고 사라졌다. 현석운 일행은 정작 할 말은 못하고 닭 쫓던 개 지붕 쳐다보듯 멍하니 섰다가 일본 수병의 안내를 받으며 군함에서 내려왔다.

❈

이튿날 5월 초닷새, 부산항을 빠져나온 운요호 등 일본 군함 세 척은 동해를 지나고 있었다. 며칠간 부산 앞바다 탐색을 끝낸 이노우에가 동해안을 탐색하려 출항한 것이다. 그날 늦게 울산 영일만에 정박한 함대는 사흘간 울산 포구와 근해를 탐색하고 북상하여 강릉에서 이틀간 머무른 후 함경도로 향했다. 함경도 영흥만에서 사흘간 머무르며 해안을 탐색한 함대는 12일 만에 부산항에 입항했다. 부산항에 이틀간 정박한 이노우에의 함대는 다시 출항하여 서해안으로 향했다. 열흘간에 걸쳐 조선 서해안을 샅샅이 탐색하고는 청나라 류쫑으로 향했다.

일본 군함 세 척이 조선반도의 전 해안을 거의 한 달에 걸쳐 구석구석 탐색하는 동안 조선군의 저항은 단 한 번도 없었다. 해안의 요충지마다 초소와 진지는 있었지만 거의 비어 있었고, 초병이 있는 진지에서도 일본군을 검문하거나 저지하지 않았다.

조선반도 해안을 탐색하던 일본 해군 소좌 이노우에는 회심의 미소를 짓거나 입이 찢어지게 웃으며 조롱했을 것이다.

'이것은 나라도 아니다. 국왕이 있고, 군대가 있다는 나라가 어찌 이럴 수가 있는가. 조선은 머지않아 대일본제국의 영토가 될 것이

1906년 6월 일본 해군 대장 시절의 이노우에 요시카

다. 빠르면 빠를수록 좋겠다.'
 이노우에의 머릿속에는 조선 정벌의 치밀한 작전도가 화려하게 수 놓였을 것이다.

❀

 중국으로 향했던 일본 함대 세 척 중 모함인 운요호가 조선의 강화도 서북쪽 난지도에 나타난 날은 8월 21일이었다. 군함 세 척 중에 운요호 한 척만 조선으로 돌아온 것이다. 함장 이노우에의 생각으로, 자신의 군함만으로도 조선의 요충지 강화도를 손쉽게 점령할 자신이 있었는지는 알 수 없으되, 이노우에는 너무도 간단히 강화도 초지진과 영종진을 초토화하여 많은 전과를 올렸다. 일본군 피해는 부상자 단 세 명뿐이었다.

❁

편전에서 회의가 열렸다. 좌의정 이최응이 아뢰었다.

"일전의 영종진 사건은 극히 격분할 일이어서 차마 말을 꺼내기도 민망스럽습니다. 아무리 성이 고립되었더라도 600명이나 되는 포수와 군사들이 접전하지 못하고 쥐새끼처럼 뿔뿔이 도망쳐버렸습니다. 대포의 위력은 일본보다 못하다 해도 육지로 올라오는 추악한 무리들에 대항도 못하고 관아의 인신을 버려둔 채 제 살길만 찾았으니, 방어사의 막중한 책무를 내팽개친 행위가 아니고 무엇이겠습니까. 엄히 책임을 물어야 할 것입니다."

병조판서 이재원이 아뢰었다.

"병인년에 양요를 겪은 뒤에 10여 년 동안 군사도 늘리고, 성벽이며 포대도 튼튼히 보수하여 무기와 군량도 비축했습니다. 특히 강화도의 병력은 항상 교련으로 단련하고 군기를 세워 사기가 하늘을 찌른다고 장담했던 정예병이었습니다. 하지만 이번 사변으로 보건대 천 날을 두고 군사를 양성한들 수장이 무능하면 군사는 허깨비에 불과하다는 것이 증명되었습니다. 지금 적들이 물러갔지만, 언제 다시 이번과 같은 침략이 있을지는 짐작도 할 수 없습니다. 연해를 방어하는 수장은 직위의 고하를 막론하고 무예와 병법을 아는 자로 가려 뽑아 그 책임을 다하도록 권한을 주어야 할 것입니다. 주상 전하께서는 유념하소서."

임금이 침통하게 받았다.

"변경의 군법이 이와 같이 해이해졌으니, 나라에 기강이 있다고 말할 수 있겠는가. 의정부와 중신들이 각별히 유념하여 적임자를 추천하도록 하라."

우의정 김병국이 주청했다.

"적들이 물러갔지만 조금도 경계를 늦출 수는 없습니다. 앞일을 걱정하고 미리 준비를 갖추는 일 또한 미룰 수 없으므로 안으로 국정을 바로잡아 닦고 밖으로 침략을 막는 방법을 강구하는 일이 급선무입니다."

임금이 받았다.

"여부가 있겠는가. 삼군부에서는 공조와 병조에 협력하여 새로운 진을 설치하는 등 방비에 만전을 기하도록 하라. 소요되는 물자는 의정부에서 우선 충당해주어야 할 것이니라."

|2장 주석|

2) 본문에 등장하는 일본인들은 실존 인물이며 관직 역시 당시의 직책이다. 고종과 신하들 간의 대화는 『고종실록』에 의거했다.

3) 『고종실록』 고종 4년(1867) 3월 7일, '대마도주에게 서계를 보내다' 편.

3장
일본 국기,
히노마루

太極旗

이노우에는 예상보다 큰 전과를 올리고 귀국하여 조선에서 거둔 성과와 전공을 낱낱이 보고했다. 보고를 받은 일본 정부는 지금이 절호의 기회라고 여겨 제2차 조선 침략 계획을 세우기 시작했다. 일본 정부는 즉시 외무소록 모리 아리노리(森有禮)를 주청특명전권공사로 삼아 베이징에 급파하여 국서를 청나라 정부에 전했다.

대청국(大淸國)은 금후 조선의 정치에 관여하지 말 것. 일본은 조선에 사절을 파견하여 강화성 부근에서 일어난 운요호 사건의 배상을 청구할 것이며, 조선과 통상조약을 체결하여 그동안 단절되었던 국교를 재개하겠음.

이렇게 일방적으로 청국에 통보한 일본 정부는 조선에 파견할 전권단을 조직했다. 특명전권대신에 육군중장 겸 참의 구로다 기요타카(黑田淸隆), 부사에는 이노우에 가오루(井上馨), 수행원으로 외무대승 미야모토 고이치(宮本小一)와 모리야마 시게루, 근위대와 수행원 30명이었다. 육해군 혼성여단인 정예 병력은 약 800여 명이었고, 출병할 군함은 일곱 척이었다.

고종 13년(1876) 1월 2일, 동래부사 홍우창(洪祐昌)이 올린 장계가 조정에 도착했다.

지난 12월 19일 일본 사신을 실은 배를 비롯한 일곱 척이 오륙도 앞바다에 정박했는데, 이튿날 네 척은 강화도를 향해 떠났고 세 척이 아직 그곳에 머물고 있습니다. 이에 왜관의 서기와 대화한 구두 진술서를 올립니다.

우리 조정에서 전권대신을 귀국에 파견하는 문제에 대해서는 전번에 우리 외무경이 이사관을 파견하여 이미 알린 바입니다. 이제 우리 특명전권대신인 육군중장 겸 참의 구로다 기요타카와 부전권대신 의관(議官) 이노우에 가오루가 강화도로 가서 귀국 대신과 만나 의논하려 합니다. 나와서 접견하지 않으면 아마도 곧바로 한성으로 올라갈 것입니다. 다만 때가 몹시 추운 겨울이고 풍랑이 심하여 바닷길이 막히면 강화도까지 7~8일이 걸릴 것입니다.
상기 내용을 귀국 조정에 전해주시길 바랍니다.

메이지 9년 1월 15일(양력)

관장대리 외무 4등 서기생 야마노시로 유조(山之城祐長)

동래부사 홍우창이 12월 23일에 발송한 장계는 열흘이 걸려 1월 2일 조정에 도착했다. 조정에는 이미 12월 26일부터 경기도 연해에 이양선이 드나든다는 보고가 올라왔고, 1월 1일 장계에는 이양선이 경기 연해에 머무른 지가 여러 날인데, 약 300리 밖 해상에 정박하여 직무를 수행할 수 없다는 보고가 올라오기도 했다.

12월 24일에 부산 앞바다를 떠난 일본 함대 네 척이 서해 연안의 조선군 진지와 포대를 탐색하며 나흘 만에 강화도 앞바다에 정박해 조선의 동정을 살폈는데, 동래부사의 장계는 이보다 엿새나 늦게 도착한 것이다. 그동안 경기도 연안에 이양선이 드나든다는 보고를 몇 차례나 받은 조정에서도 속수무책으로 그냥 지켜만 보았고, 다만 해안 경계를 강화하라는 지침만 내리고 있었다.

❁

1월 4일 강화유수 조병식(趙秉式)은 조정의 명을 받고 강화부 남쪽 바다에 정박한 이양선을 조사하기 위해 병선 한 척을 내보냈다. 조사관에 임명된 경기도 판관 박제근(朴齊近)이 군관 고영주(高永周)와 통역관 이응준(李應俊), 호위군 열 명을 대동하고 병선을 몰아 내해로 나아가자, 멀리 이양선 선단 한 척이 마주보고 달려 나왔다. 화륜선은 눈 깜짝할 사이에 조선 병선 가까이 들이닥쳤다.

들이받을 듯이 달려온 화륜선에 당황한 판관 박제근이 큰 소리로 용무를 묻자, 일본 해군 장교복을 입은 자가 수하 10여 명을 대동하고 갑판에 나타났다. 화륜선이 다가올 때부터 뱃머리 깃대에 꽂힌 깃발을 유심히 바라보던 통역관 이응준이 박제근의 말을 일본 말로 통역하자, 잠시 조선 병선을 내려다보던 일본 해군 장교가 대꾸했다.

"우리는 대일본제국 선단이며, 나는 이 군함 맹춘호(孟春號)의 함장 해군 소좌 가사마 고오순(笠間廣盾)이다."

박제근이 말했다.

"본관은 조선국 주상 전하의 명을 받은 경기도 판관 박제근이다. 귀관은 일본 선단의 대표로서 조선국 주상 전하의 명을 받을 수 있는가?"

장교가 잠시 주춤거리다가 대꾸했다.

"대일본국 함대를 대표할 수는 있지만, 귀국 국왕 전하의 명을 받을 수는 없다. 다만 묻는 말에 대답할 수는 있다."

"좋다. 그러면 본관이 귀 선박으로 올라가 하명받은 용건을 말하겠다."

"귀관과 통역관만 오겠다면 허락한다."

"본관은 부사관과 통역관을 대동하겠다."

"좋다. 세 사람만 올라오라."

일본 군함에서 줄사다리가 내려졌다. 일본 군함에 비교하자면 그저 보트보다 조금 더 클 뿐인 조선 병선이 군함 옆구리로 다가갔고, 군관 고영주와 이응준, 박제근이 차례로 줄사다리를 타고 올라갔다. 난생처음 일본 군함에 올라온 세 사람은 너무 놀라 벌어진 입을 다물지 못했다. 바다에 떠 있을 때는 이렇게 크리라고는 상상도 못했는데, 막상 갑판에 올라와보니 엄청나게 커 보였다.

갑판은 조선군 훈련장만큼이나 넓었고, 중앙에는 생전 처음 보는 큰 대포 두 문이 장착되어 있었다. 너무 놀라 어리둥절하던 조선 관리 세 사람은 일본 수병을 따라 철 계단을 두 칸이나 내려가 어느 방으로 안내되었다.

박제근 일행은 함장이라던 해군 장교가 아니라 민간인으로 보이는 사람의 인사를 받으며 실내를 둘러보았다. 가운데에 긴 탁자가 있고, 탁자 중앙에는 삼각 깃대에 기가 꽂혀 있었다. 그건 흰색 바탕에 새빨간 원이 그려진, 군함의 뱃머리 깃대에 펄럭이던 그 기였다. 탁자 옆으로 열댓 명이 앉을 수 있는 의자가 놓인 것으로 보아 회의실인 듯싶은 방은 정갈하면서도 화려했다.

❀

박제근 일행을 맞이한 평상복 차림의 사내는 외무성 역관 아비루 유사쿠(阿比留祐作)였다. 그는 입가에 조소를 머금으며 말을 건넸다.

"그래, 귀국 국왕 전하의 질문이 무엇이오?"

박제근은 거만한 아비루를 쏘아보다가 물었다.

"지난번에 우리나라 동래부의 보고를 보니, 지난달 27일과 28일에 우리 동해 앞바다에 일본국 선박 일곱 척이 정박한 듯한데 귀 선박도 거기에 있었습니까?"

"그렇소이다."

박제근이 물었다.

"허락도 없이 우리 영해에 들어와 우리 동해와 서해를 넘나드는 것은 무엇 때문이오?"

"우리나라에서 파견한 특명전권대신인 구로다 기요타카가 장차 귀국 한성에 들어갈 것이오. 그러자면 대함대가 움직여야 하는데, 군함들이 남양만 당진포에 집결하기 위하여 탐색선인 맹춘호와 군함 세 척이 먼저 해로와 수심을 측량하는 중이오."

박제근은 얼굴이 벌겋게 달아오르도록 흥분하여 말했다.

"남의 나라 해안과 포구를 무단으로 침입하여 탐색하는 것이 불법이라는 것을 모르시오?"

아비루도 정색을 하고 받았다.

"불법이라니요? 우리는 분명 부산 앞바다에 정박하여 함대 일곱 척이 서해를 거쳐 강화도 해역으로 올라간다는 계획을 귀국 조정에 통보했소이다. 그것이 20여 일 전인데 어찌 하여 무단 침입이란 말이오?"

"그것은 일방적인 통보였소이다. 우리 조정에서 해안과 포구를 탐색해도 좋다고 허락한 것은 아니었단 말이외다."

"난 그런 것은 모르오. 다만 우리 해군성의 명을 받은 함장 가시마 고오순 소좌가 수행하는 임무라고 생각하오."

"좋소이다. 그럼 언제 돌아갈 것이오?"

"앞으로 사흘간 더 수심을 측량하고 다시 당진포로 내려가, 특명전권대신이 타고 있는 공사선과 호위 군함 세 척을 인도하여 도합 일곱 척의 함대가 강화도 앞바다에 정박할 것이오."

박제근은 깜짝 놀라며 반박했다.

"우리나라 법에는 외국 선박이 영해에 마구 들어오는 것을 금하고 있소이다. 아무리 특명전권대신이라지만 군함을 일곱 척이나 이끌고 조선 영해에 들어오는 것을 우리 주상 전하께서는 용납하지 않을 것이오."

"그 문제라면 본관은 대답할 수 없소이다. 맹춘호 함장이 귀관들을 면대하고 싶다고 했으니, 함장실로 갑시다."

박제근 일행은 통역관을 따라 철 계단 한 층을 올라가 선미 쪽 함장실로 안내되었다. 방에 들어서자마자 보이는 정면 벽에 예의 그 기가 걸려 있었는데, 순간 이응준은 섬뜩하여 머리끝이 쭈뼛 솟는 느낌을 받았다. 그 기는 새빨갛고 동그란 원에서 뻗치는 빛줄기처럼 빨간 선이 죽죽 그어져 있었다. 마치 태양에서 찬란한 햇빛이 천지 사방으로 퍼져나가는 형상이었다. 이응준은 그 이상한 그림을 넋 놓고 쳐다보다가 고영주가 등을 밀자 정신을 차렸다.

함장 가사마가 의자에 앉은 채 맞았다.

"어서 오시오. 대일본국 군함 맹춘호 방문을 환영합니다."

박제근은 긴장된 표정으로 받았다.

"함장실까지 초대해주셔서 고맙소이다. 조금 전 통역관과 대화했지만, 자기가 대답할 문제가 아니라고 해서 귀관께 말하겠소이다."

"그런 대화가 있었소이까? 어디, 다시 말해보시오."

박제근은 정색을 하고 말했다.

"우리나라 국법에는 외국 선박이 영해에 마구 들어오지 못하게 되어 있소이다. 통역관 말을 들으니, 귀국 선단 일곱 척이 며칠 후에 우리 영해에 들어온다고 하는데, 이는 우리 주상 전하께서 용납하지 않을 것이오. 본관은 그 뜻을 전하기 위하여 여기 온 것이오. 귀국 선단이 서해의 당진포에 정박했다고 하는데, 더 이상 거슬러 올라오지 않는 편이 좋을 것이오."

가사마는 빙글빙글 웃다가 말했다.

"우리가 부산 앞바다에 정박해서 대일본국 천황 폐하의 국서를 귀국 국왕 전하께 전했습니다. 국서에 분명히 7~8일 후에 강화도 앞바다에 도착하겠다고 했는데 어찌 불법이라고 하시오?"

"그것은 일방적인 통보일 뿐, 우리 주상 전하는 윤허하지 않았소이다."

가사마는 가당찮다는 듯이 비웃으며 받았다.

"그것은 해군 소좌인 본관이 대답할 문제가 아니오. 본관은 임무가 끝나는 대로 당진포에 내려가 공사선을 인도하여 올라올 것이오."

박제근은 당황하며 물었다.

"그럼, 함대 일곱 척을 어디에 정박시킬 것이오?"

가사마의 표정이 싹 변하며 정색을 하고 말했다.

"그것은 본관도 알 수 없소이다. 전권대신 막하에는 본국의 해군 장성도 있으니까요."

박제근도 난감했지만, 달리 할 말이 있을 턱이 없었다.

"본관은 우리 조정의 뜻을 분명히 전했소이다. 그만 돌아가겠소."

"귀국 조정의 뜻은 알겠소이다. 본관도 상부에 그리 전하겠소이다."

박제근과 가사마의 대화를 듣고 있던 역관 이응준은 잠시 쭈뼛거리다가 말했다.

"오늘 일본 군함을 보니, 선수의 깃대에도 붉은 원이 그려진 깃발이 꽂혀 있고 회의실이며 귀관의 방에도 기가 있습니다. 흰색 바탕에 붉은 원은 무엇을 의미합니까?"

가사마는 정색을 하고 옷깃을 바로잡으며 말했다.

"히노마루(日の丸)[4]는 우리 대일본국 국기입니다. 우리나라는 20여 년 전부터 국기를 제정하여 국가 행사에 사용하며, 특히 군함에는 법령으로 국기를 게양하도록 되어 있소이다. 서양 여러 나라도 모두 국기가 있고, 국제법상 군함을 비롯한 모든 선박에는 국기를 달게 되어 있소이다."

조선 관리 세 사람은 주억거리며 들었고, 이응준이 다시 물었다.

"군함 깃대의 기와 회의실 탁자에 꽂힌 기는 같은데, 이 방의 저 기는 모양이 다릅니다. 어느 모양이 국기입니까?"

가사마는 매우 즐겁다는 듯이 껄껄 웃고는 대답했다.

"함장실인 본관 방의 저 기는 내가 임의로 그린 것입니다. 히노마루의 붉은 원은 태양을 뜻하는데, 태양은 뜨거운 빛을 뿜어냅니다. 우리 대일본국 해군이 태양처럼 사해(四海)를 덮자는 의미인데, 본관의 방에만 걸려 있는 국기라고 생각하시오."

이응준은 그 이상한 기를 보는 순간 가슴이 섬뜩하고 소름이 돋던 이유를 비로소 깨달았다.

일본 국기, 히노마루 55

'일본국 해군이 태양처럼 사해를 덮는다!'
속으로 되뇌며 동료들 표정을 살폈으나, 두 사람은 그저 무덤덤하게 앉아 있었다.

❈

이튿날 경기판관 박제근이 상경하여 의정부에 들어가 일본 군함 맹춘호에서 일어난 일을 상세히 보고했다. 보고를 받은 의정부에서는 중신들을 긴급 소집했다.

영의정 이최응이 아뢰었다. 좌의정이던 이최응은 지난해 11월 20일 영의정으로 승진했다.

"강화도 앞바다에 정박한 일본 군함에 승선하여 상황을 알아보았나이다. 일본은 자국 국왕의 명이라 하며 전권대신을 파견했다고 합니다. 저들이 군함을 예닐곱 척이나 이끌고 와서 기어코 우리 조정 대관을 만나겠다고 하니 대책을 세우지 않을 수 없겠나이다."

우의정 김병국이 받아 아뢰었다.

"전하, 그러하옵니다. 그들의 소원대로 무슨 말을 하는지, 만나서 한번 들어보는 것이 좋을 듯하옵니다."

임금이 못마땅한 듯이 말했다.

"대체 전권대신이 뭔데, 군함을 예닐곱 척이나 끌고 와서 이런 소란을 피운단 말인가? 아직 그 이유를 알지 못한다는 말이더냐?"

일본인들을 직접 상대한 박제근이 아뢰었다.

"전하, 황공하옵게도 그들의 진심이 무엇인지 알아내지 못했습니다. 무슨 전권대신인지 신이 아무리 물어도 하급관리인 자기들은 알 턱이 없다면서 며칠 후에 강화도 앞바다에 선단이 정박할 것이라고만 말했사옵니다."

임금은 답답하다는 듯이 말했다.

"저들이 막무가내로 그렇게 하겠다면 대책을 아니 세울 수가 없겠다. 어찌 하면 좋을지 중론을 모아보라."

김병국이 진언했다.

"전하, 접견대관으로 판부사 신헌(申櫶)을 내려보내고, 접견 장소는 상황에 따라 편리한 대로 정하는 편이 좋을 것입니다."

"판부사 신헌이라면 괜찮겠지만, 부관이 없어서 되겠는가?"

삼군부사 이원희(李元熙)가 주청했다.

"전하, 당연히 부사가 있어야 하나이다. 부총관 윤자승(尹滋承)이 적임일 것입니다. 통역관으로는 왜인들과 자주 접촉한 훈도 현석운과 역관 오경석을 보내는 것이 어떠하겠습니까?"

중신들이 하나같이 이들을 추천하여 임금의 허락을 받았다. 박제근은 머뭇거리다가 황송한 듯이 머리를 조아리며 아뢰었다.

"전하, 소신이 감히 무엄함을 무릅쓰고 아뢰나이다. 신 등이 일본 군함에 승선해 보니, 선수의 깃대에 흰색 바탕에 붉은 원이 그려진 깃발이 걸려 있었고, 선내의 회의실과 함장의 방에도 그런 기가 있었습니다. 회담이 끝난 뒤에 역관 이응준이 함장에게 그 기가 무슨 기냐고 물었더니, 함장 가사마가 대답하기를, 히노마루라고 하는 그 기는 일본국 국기라고 했나이다."

임금이 물었다.

"일본국 국기라! 그런 깃발이 배의 깃대에 꽂혀 있더란 말이냐?"

"그러하나이다, 전하. 가사마가 말하기를, 일본은 특히 국기를 군함에 게양하는 것이 법령으로 정해져 있고 서양 여러 나라도 그러한데, 군함은 물론 상선에도 국기를 게양하는 것이 국제 법도라고 했나이다."

중신들은 모두 뚱한 표정으로 듣고만 있었고, 임금이 말했다.

"과인도 들은 바 있노라. 음, 국기라!"

임금이 심각한 표정을 짓자, 영의정 이최응이 아뢰었다.

"전하, 눈앞에 닥친 시급한 국사가 많습니다. 신도 그 국기라는 말을 들은 적이 있사오나, 나중에 논의해도 늦지는 않을 것입니다."

임금이 중신들을 둘러보고는 말했다.

"알았다. 병조에서는 오늘 결정된 사안들을 즉시 시행하고, 임명된 신료들은 따로 하직인사를 할 필요 없이 즉시 떠나도록 하라.

|3장 주석|

4) '닛쇼기'(日章旗) 또는 '히노마루노하타(日の丸の旗)'라고도 한다.

4장
조일수호회담

太極旗

1876년 1월 8일 해 질 녘, 강화도 연안을 순찰하던 순시선에서 보고가 들어왔다. 일본 선단이 인천 팔미도 연해에 정박했는데, 선박의 수는 정확히 알 수 없으며 아직 아무 동정도 없다고 했다. 저들의 선단이 강화도로 들어오리라 보고 대기하던 접견대관 신헌은 난감했다. 일본의 전권대신이란 자가 인천부에 들이닥쳐 접견대관을 찾는다면 큰일이었다.

신헌이 서둘렀다.

"저들이 아무래도 인천부에서 접견하자는 뜻이 분명하니, 우리가 어서 인천부로 가야겠어요. 차라리 잘됐소. 강화성보다 인천부가 우리에게는 훨씬 유리합니다."

신헌과 윤자승, 현석운, 오경석은 말을 몰아 영종진에서 배를 타고 인천부로 향했다. 날은 이미 저물어 해시(오후 9시경)였다. 접견대관 일행은 연안을 밤새도록 항해하여 이튿날 묘시(오전 6시경) 팔미도 앞바다에 이르렀다.

희붐하게 동트는 바다를 잠시 돌아본 그들이 인천부로 들어가려고 뱃머리를 돌리는데, 멀리 수평선에 대선단이 나타났다. 신헌은 병선을 멈추게 하고 지켜보았다. 점점 가까이 다가오는 그 선단은 분명 일본 군함인데, 크고 작은 배 모두 합하여 일곱 척이었다. 일본 함대는 연기를 뿜으며 다가오더니 강화도 쪽으로 북상했다. 신헌은 선장에게 명해 선단에 접근하려 했지만, 화륜선단은 줄기차게 연기를 내뿜으며 미끄러지듯 달려 따를 수가 없었다.

접견관의 병선은 하는 수 없이 일본 선단의 뒤를 따라 다시 강화도로 향했다. 이들은 한낮 12시에 통진부(通津府)에 도착했다. 통진 부사의 보고에 의하면, 일본 선단은 아침에 항산도 앞바다에 정박했는데 아직은 별다른 움직임이 없었다.

대책을 강구하던 신헌 일행은 의논 끝에 일본 선단을 육지에 상륙시켜서는 안 된다는 결론을 내렸다. 그리고 일본의 전권대신이 탄 공사선에 훈도와 역관을 파견해 접견대관과 부관이 공사선에서 접견하겠다는 뜻을 알리기로 했다.

훈도 현석운과 역관 오경석을 태운 병선이 일본 선단을 향하여 출발했다. 조선 병선이 가까이 다가가자, 일본 선단에서 작은 군함 한 척이 마주 나왔다. 쏜살같이 달려온 그 배가 저만큼 앞에서 멈추었다. 며칠 전 맹춘호처럼 쏜살같이 달려올 줄 알고 미리 멈춘 조선 병선이 서서히 다가가자, 일본 군함 갑판에 사람들이 모여들었다. 가까이 다가가자, 일본 군함에서 조선말로 물었다.

"조선 군선이 무슨 용건으로 여기까지 나왔소?"

역관 오경석이 대꾸했다.

"우리는 조선국 접견대관의 명을 받고 온 역관이오. 귀국 전권대신과 접견 절차를 상의하고자 하오."

"좋소. 사다리를 내릴 테니 승함하시오."

줄사다리 두 틀이 내려왔다. 호위군관 두 사람이 먼저 올라가고, 현석운과 오경석이 뒤따라 올라갔다. 일본 군함에 승선한 적이 있던 두 사람은 안내하는 수병을 따라 침착하게 갑판 아래층 어느 방으로 들어갔다. 8인용 탁자가 있는 작은 방에 일본 해군 정복을 입은 사람과 평상복 차림을 한 사람이 앉은 채로 조선 관리를 맞았다.

"어서 오시오. 그러잖아도 우리 측에서 사절이 갈 참이었는데, 잘 오셨소이다."

현석운이 받았다.

"우리나라에 오신 사신 일행인데, 당연히 우리가 먼저 예의를 차려야지요. 본관은 훈도 현석운입니다."

민간인으로 보이는 사내가 받았다.

"본관은 대일본국 전권대신의 보좌관 모리야마 시게루라 하오. 그래, 어떤 절차에 따라 회담을 하겠다는 것이오?"

현석운도 일본어를 알아듣지만, 오경석이 통역했다.

"우리 조정에서는 귀국의 전권대신이 사신으로 온다는 전갈을 받고 접견대관을 파견하여 통진부에서 대기 중이오. 귀국의 공사선에서 양측이 회담했으면 하니, 절차와 날짜를 정하자는 것이오."

모리야마 시게루가 앉은 채 상체를 일으키며 언성을 높였다.

"그게 무슨 말이오? 우리 공사선에서 회담을 하겠다니! 외국 사신과의 회담 장소를 자국 공사선에서 하라니, 이게 대일본국 천황폐하의 사신을 맞이하는 조선국 국왕의 예의란 말이오?"

현석운도 지지 않고 대들었다.

"국가끼리 지켜야 할 예의를 먼저 무시한 쪽은 귀국이오. 우리 영해에 대선단을 이끌고 무단 침입하여 해안과 해로를 탐색한 것은 불법이오."

모리야마는 그럴 줄 알았다는 듯이 득의만만하게 말했다.

"우리는 이미 한 달여 전에 귀국 부산 앞바다에 정박하여 대일본국 전권대신이 회담을 원한다는 국서를 귀국 조정에 전한 바 있소이다. 그런데 귀국 조정에서는 이제야 의전 사절을 보내 회담 날짜를 정하자면서, 그것도 우리 공사선에서 회담하겠다고 일방적으로 통고하니 도대체 대일본국을 어떻게 보고 하는 수작이오?"

현석운과 오경석은 불같이 화가 났지만, 기실 옳은 말이었다. 부산에서 장계가 올라오자면 빨라야 열흘이고, 조정에서 논의를 거쳐 통보하자면 또 며칠이 걸리는 데다, 이들의 화륜선을 돛을 달고 노를 젓는 병선으로 쫓아다녀야 했으니 부끄러워서도 할 말이 없기는 했다. 그렇더라도 이자의 말은 너무 불손했다.

"귀관의 말은 사절단 일원으로서 너무 오만하오. 국가 간에는 국경이 있고, 국경은 서로 지키고 존중해줄 의무도 있는 것이오. 귀국 함대는 작년 여름부터 우리 영해를 마음대로 드나들며 인명을 살상하고 민간의 재물을 약탈했소이다. 이번에 회담이 열리면 우리는 우선 그 문제부터 따질 것이외다."

모리야마는 느긋하게 껄껄 웃고는 말했다.

"그 문제는 우리 측에서도 따질 것이오. 그러나 그것은 귀관이나 본관이 논할 문제가 아니오. 귀관의 의견을 들었으니, 본관의 의견을 말하겠소. 귀국에서 파견한 대관이 강화성에 머물고 있다는 소식을 인천부 지방관에게 들었소이다. 접견 날짜와 절차는 우리가 내일 강화성에 들어가 유수와 만나 면담한 다음에 정할 것이오. 또한 회담이 끝날 때까지 전권대신 일행이 머물 숙소를 강화부에서 제공해야 하니 강화유수에게 그리 전하시오."

현석운은 발끈하여 받았다.

"의전 사절은 접견대관의 명을 받은 본관이오. 강화유수와는 관계가 없는 사항일뿐더러, 강화성 안으로 들어가려면 우리 조정의 윤허가 있어야 하오."

모리야마도 신경질적으로 받았다.

"그것은 귀국의 사정일 뿐이오. 이미 입국 통보를 한 사신단을 거절하는 것은 국제법을 무시하는 무례한 행위요. 우리는 내일 강화성에 들어갈 것이니, 귀국 군사와 백성들을 타일러 경솔한 행동을 하지 못하게 하시오. 만약 불상사가 일어난다면 강화성은 초토화될 것이며, 그 책임은 귀국에서 져야 할 것이오. 대담 끝났으니 그만 돌아가시오."

모리야마가 벌떡 일어나자, 현석운과 오경석은 당황하여 팔을 내저으며 말했다.

"아직 끝나지 않았소이다. 이런 법이 어디 있소?"

모리야마는 비죽이 웃으며 말했다.

"그런 법은 귀국의 법이오. 우리 대일본국 법으로는 모든 절차를 완벽하게 시행하고 있으니 그리 전하시오. 어이, 손님들이 가신다. 잘 모시도록······."

일본인 두 사람은 뒤도 안 돌아보고 나가버렸다. 현석운 일행은 닭 쫓던 개 모양 멀거니 서 있다가 하릴없이 일본 수병의 손에 이끌려 나와야 했다.

❈

1월 14일, 편전에서 청나라 예부(禮部)에서 보내온 외교 문서를 두고 회의를 열었다. 일본이 조선과 수호를 맺을 것이니 간섭하지 말아달라고 청에 요청했다는 내용이었다.

임금은 일본이 청국에 먼저 통보한 것으로 보아, 내해에 이양선이 출몰한 것과는 차원이 다른 심각한 일이라고 판단했다. 수호를 청하며 강화 입성을 주장하니 거절하기 어렵다는 신헌의 보고가 있었다. 임금은 대신들의 의견에 따라 회담 여부는 접견대관에게 일임하기로 했다. 또한 양화진 방어를 맡은 총융사(광주, 양주, 수원의 진지를 방어하는 수장) 조희복(趙羲復) 휘하의 포수와 보병들을 양화진으로 즉시 출병시킬 것을 명했다.

❈

1월 17일 오전 10시, 강화도 앞바다에 일본 함대가 나타났다. 군함 일곱 척은 일자진(一字陳)으로 북상하며 접근하더니 영종진 앞바다에서 멈추었다. 그중 한 척이 앞으로 나오더니 흰 연기를 내뿜으며 영종진을 향하여 미끄러지듯이 달려왔다.

영종진장 군기별군관 최경선(崔敬善)은 포수와 소총수들을 진지에 투입했고, 군막에 대기 중이던 강화유수 이교익(李喬翼)과 훈도 현석운, 역관 이응준이 달려나와 접근하는 선박을 지켜보았다. 일본 군함 뱃머리 깃대에 매달린 커다란 일본 국기가 불어오는 바람에 힘차게 펄럭이고 있었다. 그 모양은 마치 태양이 하늘에서 떨어지듯, 흰 바탕은 사라지고 오직 시뻘건 덩어리만 소용돌이치는 것 같았다.

  역관 이응준은 그 광란하는 깃발을 보는 순간, 가슴이 덜컥 내려앉는 듯하여 부르르 진저리를 쳤다. 현석운 또한 그 깃발이 마치 살아서 펄펄 나는 것 같은 느낌을 받았다.

  일본 군함은 영종진 한 마장 앞에서 멎더니 보트 두 척을 내렸다. 영종진 포구가 얕아 군함이 들어올 수 없음을 이미 알고 있다는 증거였다. 보트가 선착장에 닿자, 어제 회담 절차와 일정을 통보하러 왔던 모리야마 시게루가 전권대사인 듯한 고관을 부축하며 내렸고, 두 사람이 뒤따라 내렸다. 모리야마와 회담 절차를 상의했던 강화유수 이교익이 이들을 맞이했다.

  강화성 연무당(鍊武堂) 접견실에서는 접견대관 신헌, 부관 윤자승, 종사관 서찬보, 훈도 현석운, 역관 오경석 등이 모리야마 일행을 기다리고 있었다.

  일본 측에서는 전권대신 구로다 기요타카, 부대신 이노우에 가오루, 수행원 미야모토 고이치, 모리야마 시게루 등이 회담에 참석했다.

  일본 수행원들은 들고 온 가방에서 무엇인가를 꺼내더니 구로다 앞 탁자에 세웠다. 그것은 삼각다리가 달린 두 자 높이의 깃대였는데, 일본인들은 비단으로 장식한 작은 상자에서 국기를 정성스레 꺼내 긴장되고 경건한 표정과 몸짓으로 깃대에 매달았다. 선 채로 사뭇 경건한 몸짓으로 지켜보던 구로다가 무게를 잡으며 외쳤다.

"대일본국 국기에 대하여 경례!"

일본 관리 넷 중에 구로다와 이노우에는 거수경례를 했고, 수행원 두 사람은 왼쪽 가슴에 손을 얹었다.

신헌을 비롯한 조선 관리들은 난생처음 보는 행위에 어리둥절하면서도, 무엇인가 가슴이며 머리통을 마구 두들기는 듯한 강한 충격을 받았다. 대체 저 작은 깃발은 무엇이란 말인가! 일본인들의 의식이 끝나자, 신헌은 땀이 배도록 움켜쥐었던 손을 풀며 긴 숨을 토해냈다.

의식을 마친 일본 관리들은 자리에 앉아 각자의 가방에서 서류를 꺼내 탁자에 놓았고, 마침내 회담이 시작되었다. 전권대신 구로다 기요타카가 먼저 말을 시작했다[5].

"두 나라에서 각각 대신을 파견한 이유는 곧 큰일을 처리하고 이전의 우호 관계를 회복하기 위해서입니다."

접견대관 신헌이 받아 말했다.

"300년간의 오랜 우호 관계를 회복하여 신의를 보이고 친목을 도모하는 것은 참으로 중요한 일이므로 매우 감격스럽습니다."

구로다가 말했다.

"이번 사신의 임무는 바로 그전에 히로쓰 히로노부(廣津弘信)가 별함(別函)에서 언급한 문제입니다. 이웃 나라와 교제하는 도리로 화목하게 지내야 할 터인데 어찌 하여 이렇듯 관계를 끊어버리는 것

일본 전권대신 구로다 기요타카

입니까?"

신헌이 받았다.

"일본과 국교를 맺은 이래 늘 격식 문제로 다투는 것이 그만 오랜 전례가 되어버렸습니다. 귀국이 이미 이전 격식을 어긴 상황에서 변경을 책임진 신하는 그저 종전의 관례만 지키다보니 그리된 것입니다. 좋은 관계를 회복하려는 마당에 이런 사소한 말썽거리를 장황하게 언급할 필요가 있습니까?"

"우리 운요호가 작년에 뉴좡으로 가는 길에 귀국의 영해를 지나는데, 귀국 군사들이 포격을 했으니 이웃 나라 간에 어찌 이럴 수가 있습니까?"

신헌은 속이 불끈했지만 찍어 누르며 말했다.

"남의 나라 경내에 들어갈 때 금지 사항을 물어봐야 한다는 것은 『예기』에도 쓰여 있는데, 작년 가을에 온 배는 애초에 용무와 목적을 밝히지도 않고 방어 구역으로 들어왔을 뿐만 아니라, 작은 배를 내려 무조건 상륙하려 했으니 변경을 지키는 군사들이 포를 쏜 것은 당연한 조치였습니다."

"운요호에 있는 세 개의 돛에 모두 국기를 달아 일본 군함임을 표시하는데 어째서 알지 못했다는 것입니까?"

"도대체 무슨 말을 하십니까? 당시 배에는 아무 깃발도 달려 있지 않았습니다. 그때 우리 초지진에서는 낯선 이양선이 무작정 접근하기에 정지 신호로 공포를 쏘았을 뿐입니다. 그런데도 귀국의 군함은 초지진을 대포로 공격하여 파괴하고, 아무런 저항도 하지 않던 영종진에 느닷없이 들이닥쳐 함포를 쏘아 군사 주둔지를 몽땅 태워 버렸습니다. 그뿐만 아니라 많은 전상자를 냈으며, 대포며 무기를 약탈하고, 군사와 백성들을 포로로 잡아 갔습니다. 이것이 이웃 나라 간의 의리라고 할 수 있습니까?"

구로다는 잠시 움찔했으나 이내 아무렇지도 않게 대답했다.

"귀국의 군사들은 우리나라 국기를 몰랐던 모양인데, 우리 군사들이 그 사실을 어찌 알았겠소이까. 국기는 그 나라를 상징하는 것이며, 군함은 그 나라 국토의 일부입니다. 그러므로 국기와 군함을 공격하는 것은 전쟁을 선포하는 것이나 다름없소이다. 우리 해군은 귀국의 공격을 받았으니 정당방위를 했을 뿐입니다."

신헌은 뻔뻔한 궤변에 어처구니가 없었지만, 배에 국기를 달았다는 말은 침탈의 명분을 세우기 위한 일본의 거짓 변명임에 틀림없었다.[6]

"미리 양해를 구했더라면 그런 불상사는 없었을 겁니다. 이번처럼 우리 동래부에 먼저 통보하여 조선 해안을 거쳐 중국으로 가겠다고 알리고 나서 우리의 허락을 구했다면, 어찌 귀국의 군함을 마구 쏘겠습니까?"

구로다는 딴에도 면구스러운지 엉뚱하게 말을 돌렸다.

"이번에 우리들의 사명에 대해 두 나라 대신이 직접 만나 토의해 결정하려는데, 일의 가부를 귀 대신이 마음대로 처리할 수 있습니까?"

신헌은 잠시 생각하다가 대답했다.

"귀 대신은 명을 받들어 조선에 나와서 보고하고 수행할 수 없기에 전권이라는 직책을 가졌지만, 우리나라는 국내에서 전권이라는 칭호를 쓰지 않습니다. 본관은 다만 접견하러 왔으니 제기된 사항을 보고하여 명령을 기다려야 합니다."

"지난번에 히로쓰 히로노부가 우리나라에서 전권대신을 파견한다고 보고한 바 있고, 귀 대신이 이제 접견하러 왔는데 어째서 마음대로 처리할 수 없다는 것입니까?"

신헌이 짜증스러운 표정을 짓자, 부관 윤자승이 대답했다.

"우리나라에는 본래 전권이라는 직책이 없다고 말씀드렸습니다.

또한 어떤 사항을 논의할지도 모르면서 어떻게 접견대관 임의로 결정할 수 있겠습니까?"

구로다도 신경질적으로 엉뚱한 질문을 했다.

"조선에서는 그동안 우리나라 사신은 물론이고 서계도 받아주지 않고 6~7년 세월이 지났는데 이는 무슨 까닭입니까? 그 이유를 듣고 싶습니다."

신헌은 기다렸다는 듯이 대답했다.

"지난 병인년(1866)에 중국에서 보내온 신문을 보니 귀국 사람 하치노에 준슈쿠가 신문 지상에 기고해 '조선 국왕이 5년마다 반드시 에도에 가서 대군을 배알하고 공물을 바치는 것이 옛 규례였는데, 조선 국왕이 오랫동안 이 규례를 폐했기 때문에 군사를 동원하여 그 죄를 추궁하겠다'라고 했습니다. 그 후 우리나라의 조정과 민간에서는 귀국이 우리나라를 몹시 무고한다 여겨 분해하고 있습니다. 이 사건이 일본의 서계를 막아버린 첫째 이유입니다."

구로다는 머쓱하여 말했다.

"떠도는 말에 지나지 않는 소리에 수백 년 동안 이어온 두터운 의리를 어찌 끊어버릴 수 있습니까. 설사 이런 황당한 말이 있었더라도 우리나라 정부에서 귀국 정부에 통보한 일이 없는 이상 어떻게 이걸 믿고 의절할 수 있단 말입니까. 도리어 귀국을 위해서 개탄할 일입니다."

구로다의 뻔뻔한 말을 신헌이 꼬집었다.

"그 신문은 귀국의 관료였던 이가 간행하여 각국에 돌린 것인데 어떻게 황당한 소리라고 치부할 수 있겠습니까?"

조일수호회담 접견대관 신헌

"이른바 신문이라는 것은 비록 제 나라 고을의 일이라 하더라도 간혹 진실하지 못한 것이 있소이다. 신문에 나온 기사를 그대로 믿는다면 전쟁이 끊일 새 없을 것입니다. 그저 웃고 넘기면 그만일 뿐입니다."

"그렇지만 그 신문은 중국을 비롯한 여러 나라에 퍼졌습니다. 당시 우리 조정과 민간에서는 사실 그때부터 일본의 속내를 의심해왔습니다. 그러나 대체로 이웃 나라와 수교하는 데 성신예경(誠信禮敬)

이란 네 글자를 마음에 품고 피차 예전의 좋은 관계를 회복한다면, 양국에 참으로 다행한 일일 것입니다."

구로다는 이노우에의 귓속말을 듣고 나서 말했다.

"본관은 그 당시 외직에 있었던 터라 지금 생각이 났습니다만, 그 당시 귀국에서 사실 여부를 우리나라에 물어왔습니다. 그때 우리 정부에서 사실이 아니라고 회답했을 것입니다. 그런데도 귀국에서는 우리나라의 서계를 계속 거절했던 것입니다."

"우리나라 법으로는 일본에서 서계가 오면 일단 동래부에서 개봉하여 확인하고 조정에 올리게 되어 있습니다. 그런데 일본의 서계는 늘 자국을 치켜세우고 조선을 하대하는 내용으로 서계가 작성되어 있었습니다. 그리하여 서계를 고쳐 보내달라는 뜻으로 돌려보냈을 것입니다."

"그러면, 귀측은 전날에 서로 대치한 일과 연전에 새 서계를 받아주지 않은 사건을 모두 뉘우칩니까?"

신헌은 하도 같잖아 잠시 일본 관리들을 둘러보다가 말했다.

"그것은 국가 간의 문제일 것인데, 어찌 개인이 뉘우칠 일이겠습니까. 그 질문은 귀 대신이 할 말이 아니라고 생각되지만, 전날의 사건은 이미 서로 이해가 되었는데 다시 무엇을 뉘우친단 말입니까."

구로다는 부관을 슬쩍 돌아보고는 어림없다는 듯이 말했다.

"득실을 따지지 말고 덮어두는 것이 좋겠다는 말로 들리는데, 이것은 실로 부당한 말입니다. 국가 간의 수호에서 걸림돌을 두고 우의를 말할 수 있겠습니까?"

신헌은 계속되는 우김질이 역겹고 짜증스러웠지만 참을 수밖에 없었다.

"지난 7~8년 동안 관계를 끊어버린 이유는 이미 남김없이 다 드러났습니다. 무엇이 걸림돌이라 하십니까?"

"좋습니다. 그 문제는 일단 정리하고 묻겠습니다. 이제 운요호가 우리 군함임을 알았으니, 그때에 포격한 초소의 군사들을 어떻게 처리하겠습니까?"

신헌은 격하게 대꾸했다.

"그것은 고의적으로 포를 쏜 것이 아니라, 대포로 무장한 귀국 군함이 무작정 우리 진지로 접근하기에 정지 신호로 공포를 쏜 것이라 하지 않았습니까?"

구로다가 머쓱해하자, 부관 이노우에가 나섰다.

"오늘은 이미 시간이 다 되었으니 다 말할 수 없겠습니다. 대체로 두 나라 간에 조약을 체결해서 영구히 변치 않게 된 다음에야 좋은 관계를 유지할 수 있을 것입니다. 양국 두 대신께서 면담하지 못할 경우에는 수행원을 시켜 서로 통지할 것입니다."

부관 윤자승이 받아 말했다.

"좋소이다. 그것이 무방할 것입니다."

신헌은 비로소 긴장을 풀며 긴 숨을 내쉬었다.

|4장 주석|

5) 『고종실록』 고종 13년 1월 19일, '대관이 일본 변리 대신과 회견하고 주고받은 기록을 올리다' 편.

6) 2002년, 일본 방위청 자료관에 묻혀 있던 운요호 함장의 제1차 보고서가 공개되면서 지금까지 알려진 운요호 사건의 내용이 거짓이었음이 드러났다. 일본의 주장과는 달리, 운요호는 처음부터 국기를 달고 있지 않았다. 일본 외무성은 도쿄 주재 서양 외교관들의 사건 설명 요구에 대비해 나가사키에 있던 함장을 다시 불러 보고서를 고쳐 쓰게(제2차 보고서) 했다. 중국 뉴쫭으로 가던 중 식수가 떨어져 국기를 달고 접근했다는 거짓 내용은 이때 들어갔다.

5장

일본의
통상 요구

太極旗

이튿날 1월 18일, 제2차 회담은 강화성 진무영(鎭撫營)의 집사청에서 열렸다. 일본 관리들은 어제처럼 대관 앞 탁자에 국기를 세우는 의식을 행하고 회담을 시작했다.

일본의 전권대신 구로다 기요타카가 먼저 말했다[7].

"오늘은 어제 끝맺지 못한 말을 계속하겠습니다. 무진년 메이지 유신 이후 우리나라 제도가 크게 바뀌었다는 것을 이웃 나라에 알려야 했기 때문에 서계를 가지고 동래부에 가서 만나줄 것을 청한 일이 한두 번이 아니었소이다. 모리야마 시게루, 요시오카 히로타케(吉岡弘毅) 등을 연달아 동래부에 보냈지만, 번번이 만나주지 않았소이다. 이제는 이전의 수교 관계를 회복하려는 것이니, 우리는 그 이유를 명백히 들어야 하겠소이다."

구로다는 아주 작심한 듯이 초장부터 어제 거론한 문제를 다시 물고 늘어졌다. 접견대관 신헌은 가당찮다는 표정으로 듣고는 말했다.

"그 문제는 어제도 거론했습니다. 일본의 서계는 늘 자국을 치켜세우고 조선을 하대하는 내용으로 작성되어 있었습니다. 그리하여 서계를 고쳐서 보내달라는 뜻으로 돌려보냈다고 어제도 말했습니다. 그 문제는 접어두고 화목하게 진행하도록 합시다."

구로다는 어림없다는 표정으로 단호히 말했다.

"귀국에서 이번에 수호하고자 하는 의도는 이미 잘 알았소이다. 그러나 귀국에서 우리 사신을 배척한 일로 우리 조정에서는 논의가 분분했으며, 심지어는 대신 네 명이 교체되거나 파면되었고, 한 명은 책임을 물어 사형까지 시켰소이다. 귀 대관은 지난 일은 논의할 필요가 없다고 하지만, 우리는 돌아가서 보고할 의무가 있습니다. 귀국의 의도가 무엇이었는지 확답을 듣지 않고서는 다음 문제로 넘어갈 수 없음을 분명히 밝힙니다."

상대가 생각지 않던 억지를 부리자 난감해진 신헌은 심중이 어지러웠지만 대답을 피할 수는 없었다.

"그 문제에 대해서 본관은 답변할 수 없습니다. 본관은 단지 귀 대관을 접견하여 상정되는 사항을 조정에 보고할 뿐이고, 더구나 이렇듯 우격다짐으로 묻는다고 해서 확답을 드릴 수는 없는 노릇입니다."

모리야마 시게루가 구로다에게 눈짓을 하고는 나섰다.

"본관이 말하겠습니다. 대마도주와 동래부가 교환한 문건은 무진년부터 경오년(1870) 12월까지 한두 건이 아니었습니다. 귀국에서는 단지 종전의 규례를 따르려고 하지만, 우리나라에서는 종전의 제도를 크게 고치고 대마도주 제도를 혁파했습니다. 이때부터는 우리 정부 외무성 담당 업무라 외무대승 하나부사와 함께 왔지만 역시 서계를 바치지 못했습니다. 갑술년(1874) 가을에 이르러서야 비로소 관계가 단절된 이유를 알고, 연전에 가지고 온 서계를 즉시 바치는 문제, 외무성에서 새로 서계를 만들어 가지고 오는 문제, 귀국 사신을 도쿄로 초빙하는 문제를 훈도에게 일러 조정에 올리도록 했습니다. 그러나 오늘날까지 만나주지 않아 그 서계는 헛되이 객관에 머물러 있었습니다. 그러다가 오늘에 와서야 사리를 밝히게 되었습니다."

모리야마는 그동안 조선과의 외교를 담당한 모양인지 모든 사항을 자세히 알고 있는 것처럼 말했지만, 사실 신헌은 조정과 일본 간에 일어난 외교 관계 업무를 깊이 알고 있지 못했다. 대원군이 집권하여 쇄국정책을 펴면서 일본과의 관계는 더 악화되었다. 백성들조차 일본을 철천지원수로 여겨 상종 못할 인종으로 업신여긴 것이다.

조선 조정은 물론 백성들의 정서가 그런 데다, 일본 정부에서 오는 서계는 평상의 외교 관계였더라도 용납 못 할 대목과 문구가 많았으니 당연히 그대로 받아들일 수 없었다. 일본 서계의 오만불손한 내용은 도쿠가와 막부를 뒤엎고 메이지유신으로 일본 정부를 장악한 신흥 정치 세력의 의도적인 도발이었다. 거기에는 조선의 문호를 열어젖혀 중국과 러시아보다 먼저 이 땅에 진출하겠다는 치밀한 의도가 깔려 있었다.

신헌은 상상도 못한 이들의 집요한 공격에 당황하여 대책을 세울 수 없었다. 자세히는 모르지만 분명 이들의 주장이 거짓이 아닌 듯하니 반박할 수도 없는 형편이었다.

"듣고 보니, 대략 알 만합니다. 그러나 당시 우리나라 외교 관계는 본관의 소관이 아니었던지라 정확한 답변을 드릴 수 없어 유감입니다."

구로다가 거듭 말했다.

"귀국 조정의 확답을 받아 돌아가는 것이 우리의 직무인 만큼, 바라건대 조정에 아뢰어 우리들이 정부에 보고할 내용이 있게 해준다면 다행한 일이겠소이다."

의외로 부드러운 구로다의 말에 신헌은 일단 안정을 찾으며 대답했다.

"그야 당연합니다. 조정에 보고하겠습니다."

구로다는 새삼 무게를 잡으며 말했다.

"이번에 귀국과 우호 관계를 회복하는 것은 실로 두 나라 모두에 다행한 일입니다. 그런데 신의와 친목을 강구하는 데서 특별히 상의해 결정할 문제가 있습니다. 그러니 우리가 기초한 13개 조목의 조약을 상세히 열람하고 귀 대관이 직접 조정의 명을 받아 처리해주시기 바랍니다."

구로다는 부관이 가방에서 꺼내놓은 서류를 앞으로 당겨놓았고, 신헌은 의아해서 물었다.

"조약이라면, 무슨 조약을 말합니까?"

"귀국 지방에 관(館)을 열고 통상하자는 것입니다."

신헌은 너무 뜻밖이라 잠시 생각하다가 말했다.

"귀국과는 지난 몇 년간 정치적 외교는 단절 상태였지만, 300여 년간 통상은 계속했는데 새삼 무슨 통상을 말하는 것입니까?"

구로다는 알 수 없는 미소를 흘깃 보이고는 말했다.

"지금 세계는 각국에서 인적 통행은 물론 항구를 개방하여 통상을 확대하고 있습니다. 우리 일본에서도 각국에 관을 많이 열어놓고 통상을 추진하고 있습니다."

신헌은 노회한 구로다의 의도를 알 수 없을 뿐만 아니라, 조정의 정책을 아는지라 함부로 말할 수 없었다.

"우리나라는 삼면이 바다에 둘러싸여 있어 갈대만 무성하고 척박한 땅으로 단 한 곳도 물품이 집결되는 곳이 없습니다. 수백 년 동안 실행해온 대로 동래부 왜관에서 교역하는 것만으로도 충분하리라 생각합니다."

구로다는 이제 노골적으로 비웃으며 말했다.

"그간 두 나라의 관계가 막힌 까닭은 바로 조례(條例)가 분명치 못해서였소이다. 조약을 체결해서 규정한다면, 두 나라 사이에 또다시 교류가 끊길 일은 없을 것입니다. 이것은 세계 각국에서 통용하는 만국의 공법입니다. 우리 양국도 그 예에 따르는 것이 좋겠습니다."

신헌은 머리가 복잡해졌다. 세계 각국의 공법이라니? 대체 이들이 말하는 세계란 몇 나라를 말하는가, 그렇다면 일본은 이미 세계 여러 나라와 통상을 하고 있다는 말인가. 그렇다면 더더욱 일본과의 통상을 확대할 수 없겠다는 생각이 들었다.

"지금 관을 열어 통상하자는 논의는 우리나라로서는 아직 경험하지 못한 일이라, 조정으로서도 즉시 승인하기는 어려울 것입니다. 하물며 접견대관 자격으로 나온 본관이 어찌 즉석에서 가부를 말하겠습니까?"

"귀 대관이 전권을 행사할 수 없다면 대사를 토의하여 결정하는 일이 아무래도 늦어질 것입니다. 귀국의 정권을 잡은 대신과 만나 협상해야 결정할 수 있겠소이다."

신헌은 얼굴을 붉히며 말했다.

"본관 역시 접견대관인데, 어째서 다시 다른 대신을 청하여 협상한다는 것입니까? 결코 들어줄 만한 일도, 시행할 만한 일도 아니니 다시는 이런 말을 하지 마십시오."

"그렇다면 이 일을 누구와 의논하여 결정해야겠습니까?"

"당연히 본관이 조정에 보고한 다음에 가부를 회답하는 방법뿐이겠지요."

"그렇다면 대관과 부관 두 분이 직접 조정에 올라가서 임금께 보고하고 토의해서 다시 돌아와 회답해주겠다는 것입니까?"

신헌은 단호히 말했다.

"본관은 이미 명령을 받고 내려왔으니 마음대로 자리를 떠날 수는 없소이다. 그러니 문건으로 교환하는 것이 마땅하겠습니다."

"문건으로 교환한다고 해도 오가는 동안에 날짜가 걸릴 텐데, 우리들의 형편이 실로 난감하니 며칠 안으로 회답해줄 수는 없겠습니까?"

신헌은 잠시 생각해보고 대답했다.

"문건이 오고가고 의논도 하자면 날짜가 걸리겠지만, 딱히 며칠이라고 정할 수는 없겠습니다."

구로다는 난처하다는 낯빛으로 말했다.

"우리들이 명령을 받고 나라를 떠나온 지도 이미 오래되었습니다. 이런 상황에서 날짜를 정할 수도 없이 늦어진다면 어찌 하겠습니까. 귀 대관께서 속히 일을 도모하여 우리가 빨리 돌아갈 수 있도록 해주기 바랍니다."

"알겠습니다. 이런 취지의 문건을 보내겠습니다."

"그럼 우리 측 13개 조약은 원본뿐이니, 기록관을 통해 필사하여 귀국 조정에 올려 검토해주시기 바랍니다."

"그리하겠습니다. 그럼, 오늘 회담은 이것으로 마치겠습니다."

❈

임금의 특명으로 대전에서 어전회의가 열렸다. 전현직 대신, 의정부와 육조 당상관들이 자리 잡았다. 임금이 말했다.

"경들도 알다시피 강화부에서는 연 이틀 일본 사신과 회담을 하고 있소. 우리는 일본과 300년 동안이나 우호 관계를 맺어왔는데, 지난 몇 년간의 서계에 대한 문제를 두고 여러 날 서로 버티고 있으니 실로 그 의도를 모를 일이오. 의정부에서 미리 의논하여 적당한 대책을 세워두어야 할 것이니라."

영중추부사 이유원이 아뢰었다.

"신들이 어제부터 의정부에 모여서 논의했지만, 지금 저들이 순순히 물러날 것 같지는 않습니다."

영돈녕부사 김병학이 받아 아뢰었다.

"저 사람들이 우호 관계를 맺으러 왔다고 말은 하지만, 여러 상황으로 보아 불화를 일으키려는 의도임에 분명합니다. 신들이 며칠째 모여서 의논하고 있으나 저들의 속셈을 알 수 없으니 결론을 낼 수도 없는 형편이옵니다."

판중추부사 홍순목이 결연히 진언했다.

"적국의 외환이 어느 시대인들 없었겠습니까만, 조정이 옳게 처리하고 백성들의 마음이 굳건하다면 저들은 주장을 굽히고 저절로 귀순할 것입니다."

판중추부사 박규수가 분연히 아뢰었다.

"일본이 우호 관계를 맺자고 하면서도 병선을 일곱 척이나 끌고 오니 그 속셈을 헤아리기 어렵습니다. 다만 생각건대, 삼천리강토가 안으로는 정사를 잘하고 밖으로는 외적의 침입을 막는 방도를 잘 세워 부국강병해진다면, 외국의 군함이 어찌 감히 수도 부근에 와서 엿보며 마음대로 위협할 수 있겠습니까. 참으로 분함을 금치 못하겠습니다."

영의정 이최응이 진언했다.

"신들이 강화에서 올라온 장계를 보니 저 사람들의 속셈은 매우 헤아리기 어렵습니다. 나날이 올라오는 장계를 보아가면서 의정부에 모여 처리할 방도를 의논하겠사오니 성상께서는 너무 심려치 마시옵소서."

우의정 김병국이 받았다.

"저들이 우호 관계를 맺기 위해서 그러는 것만은 아닐 것입니다. 내려간 대관이 여러 날 그들을 만나고 있으니 보고를 기다려 대책을 강구해야 할 것입니다."

임금이 고만고만한 논의를 듣다 못해 말했다.

"오늘 전현직 대신들을 들라 한 것은 그 문제 때문인데, 지금까지 아무런 대책이 없었다니 참으로 답답한 일이로다. 여러 대신들이 좀 더 심도 있게 의논하고 마땅한 대책을 세우도록 하라."

신료들이 부복하며 명을 받았다.

"전하, 망극하나이다. 분부 받자와 시행하겠나이다."

임금이 말했다.

"지금 강화부에서 온 장계를 보면, 저들이 13개 조약이 있다고 했는데 아직 그 내용은 알 수 없다. 통상조약을 맺자는 것 같다는데, 이미 동래부 왜관에 통상부를 설치하고 시장을 열었는데 무엇을 또 다시 설치하겠다는 것인가?"

김병학이 분연히 진언했다.

"지금 나라의 우환을 보면 전례 없이 심각합니다. 다만 그것을 사전에 대처하는 방도는 오직 재정뿐입니다. 중앙과 지방의 저축은 도처에서 고갈되었으나 위급한 상황에 따르는 대책을 세울 길이 없습니다. 전하께서는 주변의 나쁜 사람은 멀리하고 좋은 사람을 등용하여 조정의 기강을 세워 나라의 법이 있음을 깨닫게 하고, 대소 신료들이 맡은 바 직무에 책임을 지게 하소서. 군위경(君爲經)에, '백성이 가장 귀하고, 나라가 그다음이며 임금은 가장 가볍다' 라 했습니다. 삼가 원컨대 백성과 나라를 위하여 힘쓰소서."

오랜만에 어전회의에 참석한 김병학은 사뭇 목메어 간언하고는 감정에 겨워 부복하며 흐느꼈다. 대전은 일시에 숙연해졌지만, 영의정 이최응과 몇몇 대신들은 눈살을 찌푸리며 노려보았다. 임금이 숙연히 받아 말했다.

"어찌 아니겠는가! 지금 여러 가지로 난국인 바, 과인은 물론 대소 신료들이 사감과 사욕을 버리고 한마음 한뜻이 된다면 난국을 돌파할 수 있을 것이니라. 하지만 그것이 어찌 하루 이틀에 되는 일이며, 과인 혼자서 한다고 이루는 일이겠는가. 과인도 이후부터 몸과 마음을 새로이 다지며 국정에 임할 것인즉, 대소 신료들도 과인의 뜻에 부응하여 사리사욕을 버리고 오직 백성과 나라를 위하여 헌신해야 할 것이다."

중신들이 부복하며 입 모아 말했다.

"전하, 망극하나이다. 신 등은 충심을 다하여 보필할 것입니다."

"우선 당면한 문제는 일본과의 회담인즉, 지난 예를 참조하여 여러 대책을 세워 묘당에서 잘 의논하여 조처하도록 하라."

강화성 연무당에서 일본 측 요구로 임시 회담이 열렸다. 조선 조정에서 통보가 올 때까지 회담 일정을 잡지 못하던 터였다.

일본 전권대신은 본국의 귀국 재촉에 한시가 급한 터라 일전의 서계와 조약 문제를 하루빨리 매듭지을 것을 요구했다. 처음과는 달리 왠지 조급하게 서두르는 구로다를 본 신헌은 조정에 보고는 할 것이나 처분을 미리 알 수는 없다며 여유를 부렸다. 그러자 구로다는 만족할 만한 회담 결과가 조속한 시일 내에 나오지 않는다면 전쟁이 일어날지도 모른다고 눙치며 응수했다.

신헌은 구로다의 위협적인 언사에 얼굴이 붉힐 정도로 불쾌했다. 하지만 두 번의 회담에서 이들의 심보를 이미 간파했던지라 대수롭지 않게 생각하며 내친 김에 추궁했다.

"지난번에 들으니 귀 대관의 공사선을 뒤따라온 군함의 군사들이 장차 인천과 부평 등지에 상륙하려 한다는데, 그 말이 사실입니까?"

구로다는 여전히 능청맞게 대답했다.

"우리 해군 장교들이 상륙하겠다고 하는 것을 본관이 강력히 만류했소이다. 그러나 회담이 결렬되거나 귀국 군사나 국민들이 우리를 경멸한다면 본관도 어쩌지 못할 것입니다."

신헌도 이제 능청스레 받았다.

"우리 군사나 백성들은 손님을 예우할 줄 아는 사람들입니다. 손님 쪽에서 먼저 시비하지 않으면 불상사가 날 리가 없지요. 남의 나라에 들어오면서 그 나라의 금령은 물어보지도 않고 경솔하게 상륙한다면 그것은 국제법에도 위배되는 것이 아니겠습니까? 노파심에서 말하지만, 귀 대관께서 특별히 단속하여 그런 불상사가 일어나지 않도록 조치해주시를 바랍니다."

구로다는 정색을 하고 받았다.

"그 문제는 염려하지 마십시오. 본관의 명령 없이 우리 해군이 움직이는 일을 없을 것입니다. 오늘 임시 회담은 이것으로 끝내는 것이 좋겠습니다."

"좋습니다. 오늘 회담은 귀측의 요구로 열린 임시 회담이니, 본관도 더 할 말이 없습니다."

|5장 주석|

7) 『고종실록』, 고종 13년 1월 20일, '접견대관이 일본 전권대신과 회견하고 문답한 말을 올려보내다' 편.

6장

운요호 사건의 피해 보상

太極旗

일본과의 수교 문제를 논의한 의정부 신료들은 예전같이 우호 관계를 유지하며 통상을 확대하자는 제안을 굳이 거절할 필요는 없다는 데 의견이 일치했다. 수호조약 내용을 양측이 더 논의하여 적정선에서 타협한다면 큰 문제가 없으리라 판단하여 임금에게 보고했다.[8]

13개 조약을 검토한 임금 또한 별다른 이의를 표명하지 않아 파발 편에 조정에서 작성한 수호조약에 대한 서술책자(敍述冊子)를 내려 보내기로 했다. 또한 조약 체결까지 시일이 많이 소요된다는 일본 측의 불만을 말하는 우의정 김병국의 간을 받아들여 접견대관 재량으로 처리할 것을 명했다.

한편 네 번째 조일수호회담은 조선 측 요청에 따라 1월 26일 연무당에서 계속되었다. 일본 측이 국기에 대한 예를 마치고 회담을 시작했는데, 전권대신 구로다가 말했다.

"귀 대관께 여담 삼아 말씀드리겠습니다. 우리가 회담 때마다 국기를 게양하고 의식을 거행하는 연유는 이것이 곧 국가를 상징하기 때문입니다. 한데 국가 대 국가의 수호회담에 귀국의 국기가 없으니, 본관은 처음부터 의아하고 민망스러웠습니다. 앞으로는 우리 대일본국과 자주 회담을 할 터인즉, 귀국도 국기를 제정하여 의식에 사용하는 것이 옳을 듯하여 감히 고언을 드립니다. 결례가 되었다면 용서하십시오."

신헌을 비롯한 조선 측 관리들은 오히려 민망하고 얼굴이 뜨거워 고개를 들 수 없을 지경이었다. 더구나 구로다의 전에 없던 그 공손한 말투는 여지없는 빈정거림이었다.

통역관 이응준은 구로다의 말을 들으며 일본 국기를 뚫어지게 노려보았다. 이응준은 회담이 시작되던 날부터 일본이 국기를 회담 탁상에 올리는 것을 보고 큰 충격을 받았다. 그뿐만 아니라 수호조약을 필사하기 위해 일본 사신 숙소에 갔을 때도 숙소 앞과 집무실에 국기가 걸려 있는 것을 보고 충격을 넘어 전율을 느꼈다. 그날 용무를 마치고 돌아온 이응준은 신헌에게 건의했다.

"대감, 우리나라도 국기가 있어야 합니다. 이번뿐만 아니라 일본 사람들은 외국에 나오면 국기를 신줏단지 모시듯 하는 것을 보았습니다. 일본뿐만 아닙니다. 전에 우리나라에 들어왔던 서양 선박에도 모두 국기라는 것이 걸려 있었습니다."

신헌도 느끼던 바라 맞장구를 쳤다.

"나도 그 생각을 하던 참이었네. 이번 일이 끝나면 주상께 진언하여 꼭 국기를 만들도록 할 것이야."

신헌은 전날 했던 말을 떠올리며, 아니꼽지만 구로다의 말에 정중히 대답했다.

"고마운 말씀입니다. 우리나라는 지금까지 외국과 정식 회담을 한 적이 없기 때문에 그런 개념이 없었으나, 이제는 국기의 필요성을 절감하고 있습니다. 조정에 돌아가면 주상께 상주할 것입니다."

구로다는 비죽이 웃으며 받았다.

"반갑습니다. 다음 회담부터는 귀국의 국기를 볼 수 있겠습니다."

신헌은 조정에서 내려온 서류를 내놓으며 말했다.

"자, 이제 회담을 시작하겠습니다. 이 서류는 우리 조정에서 일본국 전권대신에게 전하는 수호조약의 비준 서술책자입니다. 검토해 보십시오."

구로다는 밝게 웃으며 받았다.

"감사합니다. 검토하겠습니다."

구로다가 서류를 펼쳐보기 시작하면서 분위기가 차분히 가라앉았다. 구로다는 지금까지 세 차례 회담에서 매번 꼬투리를 잡아 빈정거리고 위협을 가하기도 했다. 비준 서류를 미리 검토해본 신헌은 아무래도 마음에 걸리는 것이 있어 불안했다. 한마디도 언급하지 않은 운요호 문제를 그냥 넘길 구로다가 아니었다. 아니나 다를까, 비준 책자를 읽는 구로다의 표정이 굳어지고 눈동자가 번득이더니 운요호 문제 해결을 위한 내용이 없다며 이의를 제기했다.

신헌은 당시 포격전에 대해 일본의 조치를 기대하고 있었다며 애써 느긋하게 받아쳤다. 운요호 문제를 둘러싸고 양측이 첨예하게 대립했다. 구로다는 당시 포격전을 조선이 선전포고 없이 도발한 전쟁으로 규정하며 일본군 다수가 사상하고 국기가 불에 타는 등 이루 말할 수 없는 피해를 입었다고 주장했다.

신헌은 조선의 영해에 무단 침입한 것이 도발이라고 주장했으나, 구로다는 지난 5월 동래부에 국서를 전하고 그 회답을 받고자 동해와 서해를 돈 것이지, 조선 영해를 침범한 것은 아니라고 주장했다. 덧붙여 국서에 회답하지 않는 것은 자국을 무시하는 엄청난 도발이라며 으름장을 놓았다.

신헌은 분노가 끓어올랐다. 일본이 지난해 5월부터 지금까지 의도적으로 조선의 약점을 잡고 비위를 긁어 사태를 유리한 쪽으로 몰아놓고는 마지막으로 목줄을 죄는 형국이었다. 그것을 번연히 알면서도 이론상으로는 꼬집어 반박할 수 없으니 분하고 안타까워 미칠 지경이었다.

구로다의 우격다짐은 계속됐다. 조선이 원인을 제공하고 도발했으니 사과하고 피해 보상을 하는 건 당연하다는 주장을 물리려 들지 않았다. 같은 말이 끝없이 계속될 판이었다. 답답해진 신헌이 무엇을 어떻게 하자는 것인지 묻자, 구로다는 기다렸다는 듯이 답했다.

"귀국 국왕 전하께서 그 사건에 대하여 우리 천황 폐하께 정식으로 사과하는 문서를 본관에게 내려주신 다음에 수호조약을 토론할 것입니다."

신헌은 불같이 화가 났지만 애써 찍어 눌렀다. 이것은 곧 항복하라는 말이었다.

"그것은 수호회담에서 할 수 있는 말이 아니라고 본관은 생각합니다. 귀국 국왕께서 수호조약 문건에 그 사건을 언급하셨다면, 당연히 우리 조정에서도 그에 대한 답변이 있었을 것입니다."

구로다가 벌떡 일어나며 소리쳤다.

"이것 보시오. 국왕이라니! 감히 대일본국 천황 폐하를 회담장에서 국왕이라고 폄하하다니!"

신헌도 재빨리 대꾸했다.

"천황은 귀국 내에서만 천황 폐하일 뿐이오. 우리 조선국이 인정한 천황은 아니란 말이외다."

구로다는 물론 일본 사신들이 벌떼같이 일어나 외쳐댔고, 구로다가 삿대질을 하며 소리쳤다.

"대일본국은 일찍이 막부 정권을 끝내고 유신 체제를 이룩하며 천황제를 세계만방에 선포했소! 영국과 미국을 비롯한 세계열강이 인정한 황제군주국이란 말이오. 어찌 감히 조선의 접견관이 그 따위 망발을 하는 것이오! 회담은 끝났소이다. 조선과의 회담은 이제 영원히 없을 것이오."

구로다의 말이 끝나기도 전에 일본 수행원은 국기를 접어 국기함에 넣었다. 구로다 일행은 뒤도 안 돌아보고 찬바람을 일으키며 회담장을 나가버렸다.

일본인들의 뒤를 꼬나보던 신헌은 주먹으로 탁자를 내리쳤다. 억제할 수 없는 분노가 그대로 드러나는 얼굴에 눈물이 주르르 흘러내렸다. 하릴없이 관사로 돌아온 신헌은 분한 눈물을 삼키며 조정에 올릴 장계를 썼다.

신의 무능과 불찰로 수교 회담이 결렬되었나이다. 일본 전권대신의 무리한 요구를 신의 재량으로서는 도저히 용납할 수 없었고,

그들은 용납해서도 아니 될 망언을 일삼았나이다. 저들은 수호조약에 대한 토의에 들어가기도 전에 운요호 사건으로 트집을 잡아 주상 전하의 정식 사과와 피해 보상을 요구했으니, 이는 신의 전결권을 벗어난 사안으로 어찌 받아들일 수 있겠나이까. 게다가 신의 용렬한 생각으로 저들이 천황이라 존칭하는 임금을 '국왕'이라 칭하여 회담이 결렬되었으니, 접견대관으로서 신의 재량이 미치지 못하는 바이옵니다. 원컨대, 신을 벌하시고 유능한 대관을 속히 임명하시어 수호조약이 원만히 이루어지도록 하시옵소서.

　　　　　　　　　❀

　신헌은 조정에 올리는 보고서에 회담이 결렬된 내용을 상세히 기술하여 파발마를 띄웠다.

　신헌의 장계를 접한 조정에서는 긴급 어전회의가 열렸다. 임금이 말했다.
　"저들이 운요호 사건에 대하여 과인의 사과를 요구한다니, 대체 이런 적반하장이 어디 있겠는가. 피해와 보상을 말한다면 우리 측 피해가 저들의 100배가 넘는데, 도리어 보상을 하라니 하늘 아래 이런 법이 어디 있단 말이냐. 경들이 잘 논의하여 슬기롭게 넘기는 방법을 모색해보라."
　중신들이 부복하며 명을 받았다. 영의정 이최응이 아뢰었다.
　"저들의 수교조약 초안에는 운요호 사건에 관한 내용은 전혀 없었나이다. 저들이 회담을 시작하면서 그 문제를 거론하며 주상 전하의 사과를 요구한 것은 조약 토론에서 주도권을 잡겠다는 의도라 생각되나이다. 그런 데다가 접견관이 저들의 천황을 국왕이라 폄하했으니, 이는 불에 기름을 부은 꼴이라 하겠나이다. 우선 신헌의 실책을 물어야 할 것입니다."

판중추부사 박규수가 받아 반박했다.

"그것은 신헌의 실책이 아닙니다. 우리 조정에서도 그 문제로 이견이 많았고, 아직도 일본 국왕을 천황으로 칭하자는 데 결론이 난 것은 아니니 신헌은 당연한 말을 했을 뿐입니다."

우의정 김병국이 거들었다.

"그러하옵니다. 지금 이 상황에서 신헌의 책임을 묻는다거나 교체를 해서는 아니 되며, 전하의 사과나 피해 보상도 불가합니다."

임금이 답답하다는 듯이 말했다.

"과인도 신헌의 책임을 묻는다거나 교체를 할 수는 없다고 생각한다. 다만 저들의 요구를 어떻게 처리하면 좋을지 논의해보라는 말이니라."

영중추부사 이유원이 아뢰었다.

"저들의 조약 초안에 일본 국왕의 직접 요구가 없었으니, 주상 전하께서도 사과할 필요가 없습니다. 피해 보상 건도 우리 측에서 먼저 막대한 보상을 요구할 것 같아 저들이 미리 선수를 친 듯합니다."

판중추부사 홍순목이 덧붙였다.

"전하, 그러하옵니다. 선수를 쳐 주도권을 잡으려는 의도가 분명해 보입니다. 조정에서도 처음부터 피해를 보상받을 요량이 아니었으니 현 상태로 무마하되 재발 방지를 약속하는 것으로 타협을 보아 회담을 계속하는 것이 최선이라고 생각하나이다."

신헌의 교체를 주장했다가 주먹 맞은 감투 꼴이 된 이최응이 말했다.

"그것은 우리 측의 짐작일 뿐입니다. 설사 저들이 선수를 쳤다 하더라도 그 문제로 회담이 결렬된 이상 그 정도로 넘어가지는 않을 것입니다. 수호조약에 우리 측이 받아들일 수 없었던 몇 조항을 명기해서 양보하는 안을 제시하고, 신헌으로 하여금 국왕으로 폄하한 데 사과케 하며, 앞으로는 우리 조정에서 저들의 임금을 천황으로 인정하겠다는 의정부의 공식 문서를 제시하는 것이 옳을 듯합니다."

대사간 이재경(李在敬)이 거들어 아뢰었다.

"전하, 그러하옵니다. 이제 일본과의 수교가 재개되면 어차피 저들의 천황 제도를 인정할 수밖에 없습니다. 신 역시 영상의 진언이 가할 줄로 아나이다."

임금이 조금 밝아진 얼굴로 말했다.

"이런 상황에서 그렇게만 된다면 좋겠지만, 과연 저들이 우리 측 제안을 받아들여 회담을 계속하겠는가?"

박규수가 진언했다.

"지금 상황으로는 오직 그 방법뿐입니다. 저들도 분명 수교하여 통상하려는 것이니 우리 제안을 무시하고 빈손으로 돌아가지는 않을 것입니다. 만약 그래도 주상 전하의 사과와 피해 보상을 요구한다면, 청국에 운요호 사건을 국서로 보고하여 중재를 요청하겠다고 천명할 수도 있겠나이다."

김병국이 덧붙여 거들었다.

"판중추 대감의 진언이 옳사옵니다. 의정부의 공식 문서로 양보할 것과 무마할 것을 명시하고, 청국의 중재 요청 건은 문서화할 것이 아니라 저들이 운요호 사건을 계속 주장할 시에 접견대관으로 하여금 구두로 제시하여 회담 중지를 알리는 편이 옳을 것입니다."

임금이 비로소 밝게 말했다.

"우상의 말이 옳다. 즉시 그대로 시행하라."

중신들이 명을 받고 물러가자, 임금이 동부승지 이용원(李容元)에게 분부했다.

"접견대관에게 답을 내릴 것이니 승정원에서는 준비하라."

※

2월 초하루, 강화성의 접견대관 신헌은 임금이 내린 회답과 의정부에서 일본 전권대신에게 보내는 공식 문서를 받았다.

조정의 대임을 받은 대관으로서 사명이 중한 것이야 어느 때인들 그렇지 않았겠는가마는 이번에 일본 사신이 온 것이 비록 수호 때문이라고는 하지만 나라의 안위에 관계되는 바가 없지 않다. 경은 문무의 재주를 갖추고 일찍부터 명망이 드러났기 때문에 조정의 논의가 모두 경이 아니고서는 처리할 사람이 없다고 했던 것이다. 국가 간의 회담에서 전적으로 책임지고 임기응변할 수도

운요호 사건의 피해 보상 101

있으니, 비록 나라의 규제를 벗어나가는 것이 있더라도 옛 규례를 원용한 것이라면 어찌 타당하다고 하지 않겠는가. 경이 조정에 제시한 돌발 사건은 묘당에서 다시 의논해 타산을 세우고 돕도록 하여 사신의 일이 무난히 마무리되도록 했으니, 경은 막중한 임무를 사양치 말라. 과인은 경을 장성(長城)같이 믿고 있으니, 과인의 지극한 뜻을 체득하라.

신헌은 성은에 감격하여 눈물을 흘리며 대궐을 향하여 큰절을 올리고 회담에 임하는 각오를 새로이 다졌다.

이튿날 조선 측 요청으로 제4차 회담이 열렸다. 신헌이 먼저 말했다.
"전일의 회담에서는 본관의 실언이 심했음을 사과드립니다. 앞으로는 귀국의 천황 폐하에 대하여 다시는 그리 발언하지 않겠음을 조선의 접견대관으로서 약속드립니다."
구로다는 여지없이 경멸하는 표정으로 신헌을 바라보다가 말했다.
"귀관의 그 같은 망발은 실로 혼자만의 관념이 아닐 것이오. 귀국 조정에서도 우리 천황 폐하를 인정하지 않기 때문에 지금까지 누차 서계를 배척했고, 그로 인하여 300년간의 우호 관계가 단절되었던 것입니다. 이번 회담에서는 우선 그 문제부터 풀어야만 수호조약이 체결될 수 있음을 분명히 밝힙니다."

신헌은 이미 조정에서 내려온 공문서를 보았던 터라 흔쾌히 받아 말했다.

"물론입니다. 우리 조정에서 귀 대관에게 보내는 공식 문서가 내려왔습니다. 보십시오."

구로다는 다소 긴장된 표정으로 신헌이 내놓은 문서를 받아 읽기 시작했다. 회담장은 잠시 무거운 침묵으로 가라앉았다. 문서를 읽고 난 구로다가 무표정한 얼굴로 말했다.

"귀국 정부가 우리 대일본국을 황제군주국으로 인정하여 천황 폐하로 받들겠다는 결정은 인정하겠소이다. 수호조약에 대해서도 우리가 작성한 대로 받아들이겠다는 약조도 당연하지만 인정하겠소이다. 또한 귀국 조정에서 운요호 사건에 대하여 공식 사과하는 것으로 국왕 전하의 사과에 가름하겠습니다. 그러나 운요호 사건에 대하여 귀국이 우리에게 피해 보상을 요구하지 않고 현 상태로 무마하겠다는 취지는 받아들일 수 없소이다. 피해 보상은 우리가 받아야 하는데, 귀국이 우리에게 보상을 요구하겠다는 것은 적반하장입니다. 또한 우리가 증인으로 잡아간 포로 열여섯 명을 송환하라는 요구에는 귀국에서 피해 보상을 해주면 응하겠소이다."

신헌은 그럴 줄 알았기에 짐짓 느긋하게 받아 말했다. 서둘러서 될 일도 아니고 서두르면 약점을 잡혀 끌려갈 게 뻔했다.

"운요호 사건의 원인 제공에 대하여는 우리 정부와 귀국 정부의 주장이 상충하니 결론을 내릴 수가 없소이다. 그러나 원인이 어느 쪽에 있든 간에 우리 측 피해는 귀국의 피해에 비해 100배가 넘소이다. 그런 엄청난 손해를 감수하면서까지 수호를 재개하고, 조약의 불리한 조목을 양해하면서도 체결에 임하겠다는 우리의 조건을 받아들이지 않겠다면 본관도 더 이상 양보할 수 없소이다."

구로다는 매우 복잡한 표정을 짓더니 이내 느긋하게 웃으며 말했다.

"우리도 피해 보상을 양보할 수 없소이다. 귀국의 피해가 우리의 100배라고 했는데, 그보다 더한 피해라도 그것은 일종의 자해에 불과할 것입니다."

신헌은 그예 불같이 폭발했다. 자해라니! 일본에서 말종 중의 말종을 골라 보내지 않고서야 이런 망나니 사신은 다시없을 것이라는 생각으로 치가 떨렸다. 신헌은 분노를 씹으며 심호흡을 하고 말했다.

"본관은 참으로 이해할 수 없소이다. '자해'라는 말이 대일본국 전권대신의 말이라고 믿어지지 않기 때문입니다. 그렇다면 과연 어느 쪽이 자해를 했는지 가려보는 수밖에는 다른 방법이 없겠소이다."

구로다는 흠칫하는 표정으로 옆자리의 부관을 돌아보고는 말했다.

"좋소이다. 어디 가려봅시다."

신헌은 느긋하게 받았다.

"당사국 대표가 마주 앉아 어느 쪽이 자해를 했는지 가릴 수는 없겠지요. 본관은 조선국 접견대관의 자격으로 양국 수호회담을 2개월간 유보할 것을 건의합니다."

구로다가 흠칫 놀라며 몸을 내밀고 물었다.

"회담을 유보하다니, 그게 무슨 뜻이며 이유가 무엇입니까?"

신헌은 당당하게 말했다.

"양 당사국으로서는 가해와 피해를 가릴 수 없으니, 외국에 중재 요청을 하겠소이다. 우리는 오랜 우방국인 청국에 운요호 사변을 상세히 알려 중재를 요청하겠으니, 귀국도 서양 어느 나라 우방국에 사실을 알리고 중재를 요청해주시기 바랍니다."

구로다를 비롯한 일본 사신들은 서로 마주보며 얼굴빛이 변했다. 생각지도 않았던 암초에 부딪힌 듯 당황하는 빛이 역력했다. 잠시 눈짓을 주고받은 구로다가 금방 냉정을 되찾고는 딱 잘라 말했다.

"그럴 수는 없소이다. 조건이 맞지 않으면 회담은 결렬되는 것이외다."

신헌은 자신 있게 반박했다.

"양국 정부에서 이미 조약을 비준한 이상 어느 한쪽이 극히 사소한 문제로 회담을 결렬시킬 수는 없소이다. 설사 귀 대관께서 본관의 유보 조건을 무시하고 회담을 결렬시킨다고 해도, 본관은 그럴 수 없소. 양국의 수호회담은 귀국 측에서 먼저 청국에 알린 바 있으니, 우리 정부는 그 결과를 우방국인 청국 정부에 알릴 의무가 있습니다. 그러므로 회담이 결렬된 이유가 운요호 사건임을 알리는 것은 당연한 일이지요."

구로다는 가당찮다는 얼굴로 신헌을 노려보다가 말했다.

"좋소이다. 귀 대관의 말에도 일리가 있소이다. 우리도 상의해볼 문제가 있으니, 오전 회담은 이것으로 끝내고 오후에 계속하는 것이 어떻소?"

신헌은 그럴 줄 알았다는 듯 여유 있게 받았다.

"좋습니다. 그렇게 하십시다."

관사로 돌아온 신헌은 오전 회담 내용을 상세히 적고, 구로다의 반응에 따라 접견대관의 판단으로 회담을 2개월 유보할 수도 있겠다는 내용의 장계를 파발마 편에 올렸다.

|6장 주석|

8) 본문의 조일수호회담 내용 역시 실록에 의거했다. 일본은 수년 전부터 조선 침략 계획을 세웠고, 러시아나 미국 등 서양 제국들보다 먼저 조선을 선점하기 위해 야비하리만치 조선 조정을 압박했음을 『고종실록』의 행간에서 확인할 수 있었다. 당시 상황의 이해를 돕기 위해 지은이의 창작을 덧붙였다.

7장
조일수호조약 체결

太極旗

오후 회담장에 나온 구로다의 표정은 밝았다. 형식적인 여담을 몇 마디 주고받은 뒤 구로다는 조선 조정의 제안을 인정하고 받아들이겠다는 입장을 밝혔다. 신헌은 이미 이렇게 되리라 짐작했기에 흔쾌히 받았다. 운요호 사건이 외국에 알려진다는 것은 그야말로 일본의 자해 행위일 터였다.

양국 대관은 정부에서 비준한 조약 초안을 서로 바꾸어 검토하기 시작했다. 검토가 끝난 뒤에 각자 지적한 조항에 대하여 토론하고 수정과 개정 과정을 거쳤지만, 조선 조정에서 웬만한 문제는 일본 측 요구를 들어주기로 약조했기에 조약은 별 문제 없이 통과되었다. 협상을 끝내고 신헌이 말했다.

"귀 대관을 비롯한 모든 분들이 장시간 토론과 검토에 수고 많으셨습니다. 이는 피차 역사에 길이 남을 업적이 될 것입니다."

구로다도 흔쾌히 받았다.

"그렇습니다. 양국의 수호는 앞으로 영원할 것이며, 상호 간에 번영의 기초가 될 것입니다. 10여 일간 계속된 회담에 수고 많으셨습니다."

　구로다가 먼저 일어나 악수를 청했고, 양국 관리들이 모두 일어나 서로 손을 잡아 흔들고는 자리에 앉았다. 신헌이 말했다.

　"오늘은 이미 늦었습니다. 상호 간 서명 날인은 내일 하는 것이 어떻겠습니까?"

　"그렇습니다. 피차간에 조약 내용을 한 번씩 더 검토해보고 서명은 내일 오전에 하는 것에 본관도 동의합니다."

　"감사합니다. 그럼 본관은 내일 회담의 서명 날인이 끝나는 대로 연회를 준비하겠습니다."

❈

　이튿날 2월 3일 진시에 연무당에서 최종 회담이 열렸다. 조선의 접견대관 신헌과 일본 전권대신 구로다는 어제 검토하고 토론하여 마지막으로 작성한 조약 책자를 교환하여 확인했다. 상호 간에 이상이 없음을 인정하여 조일수호조관(朝日修好條款) 2책에 각자 서명 날인함으로써 5차에 걸친 회담을 끝마쳤다.

　훗날 병자수호조약 또는 강화도조약으로 불리는 조선과 일본의 최초 조약은 29년 뒤인 1905년 을사늑약으로 이어져 나라를 통째로 넘겨주는 계기가 되었다. 1868년 도쿠가와 막부를 뒤엎고 메이지유신을 이룩한 일본은 이때부터 정한론을 강력히 주장하는 신흥 정치 세력이 득세했는데, 그 중심에 이토 히로부미가 있었다. 1905년 을사늑약과 함께 이토 히로부미는 조선 초대 통감이 된다.

1876 조일수호조규 체결 당시의 모습

조일수호조약 체결식이 끝난 뒤에 연무당에서 연회가 베풀어졌다. 연회장에는 일본 전권대신 구로다를 비롯한 사신 일행 열 명이 상석에 앉았고, 일본 해군 함정 세 척의 장교 열다섯 명과 호위병 70여 명도 연회에 참석했다.

연회는 오시에 끝났다. 신헌은 조정에서 일본 사신에게 내린 선물 6종을 전했다.[9]

사서(四書) 1질
시전지(詩箋紙, 시나 편지를 쓰는 한지) 5권
색필(色筆) 100병(柄)
채묵(彩墨) 50정(丁)

백세저(白細苧, 희고 가는 모시) 10필

백면주(白綿紬, 가는 무명) 10필

조선 조정에서 내린 선물을 받은 일본 사신은 자국 정부에서 내린 선물 10종을 신헌에게 전했다.

회선포(回旋砲) 1문과 탄약 2000발

전차(前車) 1량(輛)

육연단총(六連短銃) 1정(挺)과 탄약 100발

칠연총(七連銃) 2정과 탄약 200발

비추(緋縐) 2필

추(縐) 2필

수진장금시진표(袖珍裝金時辰表) 1개

금련(金鍊) 1조

청우침(晴雨鍼) 1개

자침(磁鍼) 1개

선물 교환식을 마친 일본 사신 일행은 즉시 그들의 배로 돌아갔고, 해군 장교들과 호위병들은 주둔지를 정리하고 철수하여 그날로 강화도 앞바다에서 사라졌다.

관사로 돌아온 접견대관 신헌은 수호조약이 체결되어 회담이 끝났음을 알리는 장계를 쓰고, 조약 문서를 챙겨 파발마에 띄웠다.[10]

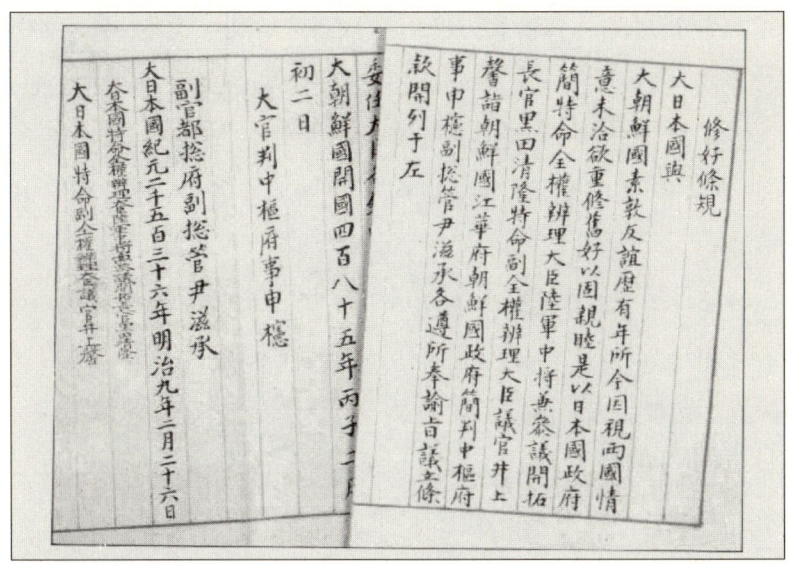

1876년 조일수호조규

문서는 모두 5책 2본이었다.

수호조규 한문본 1책

수호조규 일본문본 1책

비준원본 1책

일본전권대신 의안비준 1책

조규원본 1책

일본전권대신의 편지 1본

기록관 미야모토 고이치의 수록 1본

고종 13년(1876) 2월 5일, 전현직 대신과 의정부 당상, 삼군부사가 급히 임금께 뵙기를 청하고 편전에 들었다. 영중추부사 이유원, 영돈녕부사 김병학, 판중추부사 홍순목, 박규수 그리고 영의정 이최응, 우의정 김병국, 지삼군부사 이경하, 동지삼군부사 조영하 등이었다.

대신들은 조일수호회담이 원만하게 끝난 것을 하례했다. 임금 또한 조정 중신들과 접견대관의 노고를 치하했다. 그런데 돌연 영의정 이최응이 잔뜩 격앙되어 아뢰었다.

"이번 조일 회담은 일본 측에서 먼저 수호를 청하니, 우리나라도 어차피 예전 관계를 회복하려든 참이라 응하게 된 것입니다. 하온데, 조정 관리는 물론 전임 관리와 세간의 유림, 성균관 유생들까지 '조정 중신들이 화의(和議)를 주장하며 서양과 내통하여 나라를 망친다'는 항간의 날조된 유언비어를 민의인 양 성상께 상소를 올렸으니, 이는 조정 중신들을 일망타진하려는 의도인 듯하나이다. 신 등은 자격이 없는 사람으로 감히 큰 직무에 있으면서 평소에도 신뢰받지 못했고, 업무에서도 백성을 감복시키지 못했나이다. 이제 저들이 상소를 올려 조정 중신들의 무능을 탄핵하니, 바라건대 성상께서는 신들의 위축된 심정을 굽어 살피시어 물리쳐주소서."

임금이 굳은 표정으로 듣고는 말했다.

"이번 일본과의 수호는 옛날의 우호 관계를 회복하자는 뜻에서 맺은 것이고, 국익이 되므로 마땅히 타결되도록 조정에서 노력한 것이다. 어찌 도리에 어긋난 상소를 믿고 조정 중신들을 인책할 수 있겠느냐. 다시는 그 문제를 거론하지 말기를 바라노라."

그동안 일본과의 수호 재개에 반대하는 전임 관료와 유림의 상소가 빗발쳤는데, 일본은 서양의 앞잡이이며 서양보다 더한 오랑캐로 수호는 곧 망국이라는 주장이었다. 따라서 일본과 수호를 주장하는 조정 대소 신료들은 나라를 망국으로 몰고 가는 반역의 무리라는 비난이 들끓었다. 이러한 극렬한 상소 뒤에는 집권 이후 쇄국정책을 펴다 실각한 대원군이 있다고 중신들은 믿었다.

논의가 민감한 사안으로 접근하자, 동지삼군부사 조영하가 방향을 틀었다.

"당진포와 강화 앞바다에 있던 일본 군함이 모두 물러갔습니다. 하오니, 양화진과 행주항, 영등포를 방어하던 장수와 군사들을 해산하고, 각 포구에 내렸던 비상령도 해제하여 방어하던 군사들을 원임지로 돌아가게 하시옵소서."

"당연히 그리해야 할 것이다. 경기감영과 강화영에 전교하여 방어진을 해체하게 하고, 각 영의 수장들은 군졸들까지 모아 위로하여 음식을 베풀도록 하라. 과인은 각 도에서 뽑아 올린 화포군과 군관급 이상의 장교와 장수들을 도성으로 들게 하여 위로할 것이다."

중신들은 부복하며 성은에 감사했다.

이튿날 임금이 접견대관 신헌과 부관 윤자승을 불렀다. 신헌과 윤자승이 부복하며 인사를 아뢰자, 임금은 반가이 치하하며 신헌에게 말했다.

"경이 올린 문답장계(問答狀啓)를 보니 과연 임기응변과 대담하는 내용이 빼어났느니라."

"다행히 전하의 위엄에 의지하고 의정부의 계책에 힘입어 전하의 명을 욕되게 하는 것은 면했습니다. 황공하옵니다."

임금이 매우 궁금하다는 듯이 물었다.

"장계한 것 외에, 접견하며 나눈 대화 중에서 따로 할 만한 말이 있으면 자세히 말해보라."

신헌은 머리를 조아리고 아뢰었다.

"전하, 아뢰올 말씀이 많사옵니다. 첫째, 일본 전권대신이 '지금은 천하 각국에서 무력을 사용하는 때인데 귀국은 산과 강이 험하여 싸우고 지키기에 유리한 점이 있지만, 군비가 매우 허술합니다' 라고 하면서 부국강병의 방도를 누누이 말했습니다."

임금이 심각하게 받았다.

"그 말은 수호를 재개하는 성심에서 나온 것 같구나. 사실 우리나라는 군사 수효가 매우 부족하고 군비 또한 부실하니, 이는 시급히 해결해야 할 문제다."

신헌도 심각하게 받아 진언했다.

"그러하옵니다, 전하. 신은 지금 어영청을 맡고 있는데 정병(正兵)이 많지 못합니다. 금위영도 마찬가지며 훈련도감은 비록 좀 크기는 하지만 정병을 낸다면 역시 얼마 되지 않고, 외방(外方) 또한 마찬가지입니다. 신이 무장으로서 이미 걱정스러운 것을 보고도 사실대로 진달하지 않는다면 그 죄는 만 번 죽어도 마땅할 것입니다. 지금 천하의 대세를 보건대, 우리는 여러 차례 각국의 무력에 수모를 당했거니와, 이러한 실상이 타국에 전파되기라도 하면 그들의 멸시가 앞으로 어떠할지 신은 몹시 걱정되옵니다."

임금은 침통한 얼굴로 말했다.

"어찌 아니겠느냐. 하지만 이는 하루아침에 이룰 수 있는 일도 아니고, 참으로 답답하구나."

신헌은 분연히 아뢰었다.

"병서에 이르기를, '공격하기엔 부족하나 지키기에는 여유가 있다(攻則不足 守則有餘)'라고 했으니, 천하에 어찌 자기 나라를 지켜내지 못하는 백성이 어디 있겠습니까. 이것은 이른바 하지 않을 뿐 할 수 없는 일이 아닙니다. 바라건대, 전하께서 성지(聖志)를 분발하여 변란에 대비하도록 과감한 처분을 내리신다면 다행이겠습니다. 신은 이미 늙고 또 눈이 어두워 군사를 거느리는 반열에 있기에는 부족하나, 몸소 눈으로 보아 스스로 그만둘 수도 없으므로 감히 두려움을 무릅쓰고 아룁니다."

임금은 감격하여 말했다.

"경의 말이 매우 마땅하다. 조정이 굳건하고 백성이 하나가 된다면 어찌 나라를 지키지 못하겠느냐. 병력을 늘리고 군비를 확충하는 국가의 중대사는 때를 가리지 않고 시행할 문제다. 이럴 때일수록 경과 같은 무장의 임무가 크다는 것을 명심하도록 하라."

"전하, 성은이 망극하나이다. 미력이나마 진충보국하겠나이다."

"그래, 다른 사항은 없는가?"

부대관 윤자승이 아뢰었다.

"전하, 신 부대관 윤자승, 회담장에서 느낀 바를 아뢰옵니다."

임금은 반색을 했다.

"오, 그래, 부대관이 느낀 바는 무엇이냐?"

"예, 전하. 신은 이번 조일수호회담에서 큰 충격을 받았나이다. 다름 아니옵고, 일본 사신들은 회담장에 나올 때마다 국기라는 것을 보물인 양 받들고 나왔는데, 자리에 앉자마자 국기를 함에서 꺼내 깃대에 달아 대관 앞에 세우고는 일어서서 경건하게 의식을 행하고는 했습니다."

임금은 놀라는 표정으로 윤자승의 말을 가로챘다.

"아니, 회담장에도 국기를 내다가 세웠다는 말이냐? 과인은 군함의 선수 깃대에 매다는 것으로 알았는데……."

"그러하옵니다. 저들은 국기 대하기를 자국의 임금 대하듯이 공경했사옵니다. 국기에 대한 의식을 행한 뒤에 회담을 시작했고, 끝나면 역시 경건하게 모두 일어서서 경례를 하는 가운데 수행원이 국기를 풀어 공손히 접어 비단 함에 넣으면 경례를 풀곤 했나이다."

임금은 놀란 표정으로 듣고는 참 이상하다는 듯이 말했다.

"대체 국기라는 것이 무엇인데, 그렇듯이 임금 대하듯 한단 말인가. 이번 수교회담의 문서 중 외무대승이라는 자가 쓴 수록에도 국기에 대한 언급이 있었느니라."

신헌이 아뢰었다.

"전하, 그렇사옵니다. 앞으로는 국기가 없으면 국가 간의 행사도 할 수 없으며, 외국에 나간 선박도 국기를 달지 않으면 그 나라에 입국할 수 없다고 하옵니다. 국기라는 것은 곧 그 나라의 상징인데, 외국인이라도 그 나라 국기에는 경의를 표하는 것이 국제법이라고 하나이다. 또한 국기를 게양한 군함은 그 나라 영토의 일부로서 어느 나라를 방문하든 멸시하거나 적대시할 수 없다 하옵니다."

임금은 이들의 말을 들을수록 국기라는 것이 그토록 대단한 의미를 갖고 있다는 데 놀라움을 감추지 못했다.

"과인도 몇 번 들은 바는 있으나, 대체 국기라는 것이 그토록 대단한 의미를 갖는다니 놀라울 뿐이다. 그렇다면 우리도 하루빨리 국기라는 것을 만들어야 하지 않겠느냐?"

윤자승이 받아 아뢰었다.

"전하, 그러하옵니다. 일본은 이번에도 지난해 있었던 운요호 사건에서 자국의 국기가 훼손되었다고 근거 없는 트집을 잡는 바람에, 곤욕을 치렀나이다."

임금은 심각한 얼굴로 말했다.

"그것은 과인도 알고 있다."

신헌이 진언했다.

"이참에 일본 국기를 그려 8도의 감영은 물론 해안 각 포구와 진에도 내려보내 군사들에게 익히도록 해야 할 것입니다. 이 문제는 수호조약에도 명기되어 있는 바입니다."

"그 문제는 의정부에서 이미 논의했을 것이니라."

윤자승이 아뢰었다.

"전하, 우리나라도 국기를 만들자면 청국을 의식할 수밖에 없을 것이니, 청국 예조와 미리 의논하는 것이 좋겠습니다."

"그러잖아도 이번에 왔던 중국 칙사에게 원접사(遠接使) 정기세(鄭基世)가 국기 문제를 거론한 것으로 알고 있다. 청국에서 곧 통보가 있을 것이니, 일의 상황을 봐가며 국기를 제작하도록 할 것이다."

신헌이 진언했다.

"이번 수호회담에서 역관 이응준이 일본 군함을 서너 차례나 방문했고, 일본 관사에도 들어가 조약조규를 필사하면서 그들의 국기를 유심히 살펴보고 그 뜻을 알아보는 듯했사옵니다. 국기를 제작하자면, 전하께서 이응준을 한번 인견하시옵소서."

임금이 반색하며 받았다.

"그래? 역관 이응준이 일본 국기를 연구했단 말이냐."

윤자승이 받아 아뢰었다.

"전하, 그러하옵니다. 우리도 하루빨리 국기를 만들어야 한다고 이응준은 신에게 몇 번이나 말했사옵니다. 그에게는 이미 어떤 구상이 있는 걸로 알고 있나이다."

임금은 흡족하게 말했다.

"과인도 역관 이응준을 몇 번 본 적이 있다. 중국어와 일본어에도 능통하여 사신 접견에 자주 참석했었지. 경들이 이응준을 한번 데리고 오라. 만나볼 것이다. 달장간에 걸쳐 노고가 많았으니, 며칠 쉬도록 하라."

두 신하는 성은에 감사하며 임금 앞에서 물러났다.

임금은 동지사(冬至使, 해마다 동짓달에 청국에 보내는 사신)로 청국에 갔던 사신들을 만나보았다. 정사 남정순(南廷順), 부사 이인명(李寅命), 서장관 윤치담(尹致聃)으로, 이들은 지난해 10월 29일 동지사로 중국에 갔다가 이틀 전에 귀국했다.

정사 남정순은 덕종(德宗) 황제 즉위 이후 변방에서 소요 사태가 끊이지 않아 어수선한 분위기가 역력한 청나라의 상황을 소상히 고했다. 남정순의 말을 들으며, 무언가 깊이 생각하던 임금이 물었다.

"청국 외교관 중에 황준헌(黃遵憲)을 만나보았는가?"

부사 이인명이 받아 아뢰었다.

"전하, 그러하옵니다. 귀국하기 직전에 황준헌이 청해서 그의 관사에서 만나보았나이다. 조선에서 얼마 전에 귀국했다면서 국기 문제를 거론했습니다. 한성에 머물 때 조일수호회담에서 국기 문제로 어려움이 있었던 것을 안다면서, 조선에도 이제는 국기가 있어야 한다고 말했나이다."

남정순이 거들었다.

"황준헌은 접견관 정기세의 부탁을 받았다면서, 조선 국기를 제작하려면 황제 폐하의 윤허를 받아야 하니 정식으로 사신을 보내라고 했나이다."

임금은 얼굴이 굳어지며 잠시 생각하다가 말했다.

"조선 국기를 제작하는 데 황제 폐하의 윤허가 있어야 하다니, 그게 대체 무슨 뜻인가?"

세 신하는 잔뜩 움츠리며 서로 눈치를 보더니, 이인명이 아뢰었다.

"전하, 신도 이해가 되지 않아 황준헌에게 물었나이다. 조선 국기를 만드는 데 황제 폐하의 윤허까지 받아야 할 만큼 국기가 대단한 물건이냐고 했나이다. 그가 말하길, 국기는 나라를 상징하는 표징으로 곧 그 나라의 국왕이나 다름없다고 했나이다."

임금은 안석에 기대며 매우 불쾌한 낯빛으로 물었다.
"그러면 청국에서 하라는 대로 국기를 제작해야 한다는 말인데, 어찌 그럴 수가 있단 말인가!"
임금의 통탄에 세 신하는 납작 엎드렸다.
"전하, 망극하나이다."
잠시 침묵하던 임금이 말했다.
"알았다. 그 문제는 의정부에서 의논하라."

|7장 주석|

9) 『고종실록』 고종 13년(1876) 2월 4일, '접견대관이 일본 전권대신에게 하사품을 보내다' 편.

8장
청국의 황룡기

太極旗

사흘 뒤 신헌과 윤자승은 역관 이응준을 대동하고 임금을 배알했다. 이응준은 임금을 멀리서 뵙기는 했어도 면전에서 대하기는 난생처음인 터라 잔뜩 긴장하여 고개를 들지 못했다. 임금은 40대 중반의 이응준을 바라보다가 말했다.

"그대가 역관 이응준인가?"

이응준은 납작 엎드리며 머리를 조아렸다.

"전하! 미천한 소신을 찾아 계시오니, 성은이 망극하나이다."

"허허허, 미천하다니? 역관도 조정의 관리이거늘 어찌 미천하다고 하겠는가. 그래, 그대가 일본 국기를 여러 번 보고 관찰했다고 들었는데, 그 모양이 무엇을 뜻한다고 보았는가?"

"전하, 소신의 아둔한 눈으로 본들 무엇을 알았겠나이까. 하오나 흰 바탕에 오직 붉은 빛깔의 둥근 원은 그대로 태양을 보는 듯했나이다."

임금은 고개를 주억거리며 듣고는 말했다.

"과인도 그리 보았노라. 일본이라는 국호와 잘 어울리는 상징이야."

임금은 잠시 생각하는 듯하다가 이응준에게 물었다.

"역관은 우리나라도 국기가 있어야 한다고 말했다는데, 그 모양은 구상해보았는가?"

이응준은 신헌을 돌아보다가 엎드려 겸손하게 아뢰었다.

"전하, 소신이 어찌 감히 국기를 구상하겠나이까. 다만 우리나라도 국기가 있어야 한다면, 과연 어떠한 모양이 되어야 하는가를 생각해보기는 했나이다."

임금이 안석에서 상체를 일으키며 물었다.

"그래, 어찌 생각했다는 것이냐?"

이응준은 잠시 멈칫하더니 쭈뼛거리며 답했다.

"황공하오나, 일본 전권대신의 말대로 국기는 나라를 상징하는 것으로 한 번 정하면 둘도 없이 귀한 나라의 보물이 됩니다. 소신이 여러 가지로 생각은 해보았사오나 구체적으로 떠오르는 것은 아직은 없나이다."

임금은 심각하게 듣고는 말했다.

"그대의 말을 듣고 보니 과연 그렇도다. 나라와 국기는 일맥상통하는 깊은 뜻이 있어야 한다. 함부로 생각하고 정할 문제가 아닐 것이야."

신헌이 진언했다.

"전하, 그러하나이다. 청국에서 국기 문제를 논할 사신을 보내라 했사오니, 일단 다녀온 다음에 구체적으로 논해도 될 것이옵니다."

잠시 깊은 생각을 하는 듯하던 임금이 말했다.

"국기를 창안하고 제작하는 문제는 조정에서 드러내놓고 논할 사안이 아니다."

윤자승이 받아 아뢰었다.

"전하, 그러하옵니다. 청국에서 국기를 논할 사신을 보내라 한 데에는 다른 뜻이 있을 것입니다. 이는 결코 드러내서 논할 문제가 아닐 것으로 사료되나이다."

근엄한 얼굴로 이응준을 잠시 바라보던 임금이 말했다.

"역관은 들으라. 그대가 이미 국기를 만들기 위해 여러 구상을 했다는 것은 과인도 알고 있다. 지금부터는 그리 막연히 생각할 것이 아니라, 구체적으로 대조선국 국호에 맞는 국기를 구상해보라. 이는 과인의 특명이니라."

이응준은 우레 같은 임금의 명을 받고 얼결에 엎드리며 부르르 떨었다. 임금이 일개 역관에게 '특명'을 내린 것이다. 잠시 정신을 수습한 이응준은 납작 엎드리며 아뢰었다.

"전하, 어명을 거두어주시옵소서. 소신이 어찌 감히 막중한 특명을 감수하겠나이까. 소신의 짧은 소견을 벌하여 주시옵소서."

놀랍기는 신헌도 마찬가지였다. 역관으로서 일본 국기를 여러 번 보았다지만, 중인 신분의 역관에게 나라의 상징인 국기를 창안하도록 특명을 내린 것은 가히 파격적이었다. 그러나 윤자승은 이미 이응준의 자질을 알고 있던 터라 임금의 특명은 당연하다고 생각하며 느긋이 지켜보았다. 임금은 여전히 엄한 얼굴로 하명했다.

"과인은 그대의 자질을 믿는다. 판부사와 부총관도 들으라. 그대들도 역관 이응준이 적임자임을 알고 천거했을 것이다. 은밀히 편의를 봐주도록 하라."

두 신하는 엎드려 명을 받았다.

"전하, 명심하겠나이다."

임금은 거듭 명했다.

"5월에 진하사가 청국에 들어갈 것이다. 그때 역관 이응준을 질정관(質正官, 사신과 함께 가서 사물의 여러 가지를 알아오는 임시 벼슬)으로 임명할 것이니 조정에서도 그동안 준비하도록 하라."

세 신료는 명을 받았다.

"전하, 황공하옵나이다. 분부 받자와 명심하겠나이다."

그로부터 반년 뒤인 1876년 8월 16일, 청나라 덕종 황제 즉위 경축 진하사 겸 사은사로 중국에 간 사신 네 사람이 돌아와 임금께 보고를 올렸다. 정사 한돈원(韓敦原), 부사 임한수(林翰洙), 서장관 민종묵(閔種默), 질정관 이응준이었다.

덕종 즉위 2년차가 된 청나라는 정국이 안정되는 듯했고 서양과의 왕래가 잦은 한편 영국과 통상조약을 맺기 위한 준비가 한창이었다. 한돈원의 보고를 듣던 임금은 문호를 개방하는 청나라에 많은 관심을 보였지만, 정작 조선의 문호 개방은 이르다고 생각했다. 임금은 이응준에게 물었다.[11]

"질정관 이응준은 임무를 어찌 수행했는지 말해보라."

처음부터 잔뜩 움츠렸던 이응준은 화들짝 놀라 머리를 조아리고는 아뢰었다.

청나라가 강요한 청룡기

"전하! 소신은 너무도 참담하여 몸 둘 바를 모르겠나이다. 신의 무능을 벌하여주시옵소서."

임금은 놀란 얼굴로 물었다.

"참담하다니, 그게 무슨 말인가?"

"전하, 황공하오나, 청국 예부에서는 자기 나라 국기를 색깔만 달리하여 조선 국기로 사용하라고 했나이다."

임금은 깜짝 놀라 절로 목소리를 높였다.

"아니, 청국 국기를 그대로 사용하라니. 황제의 윤허가 그러하단 말인가?"

한돈원이 아뢰었다.

"전하, 황공하옵나이다. 청국 예부에서 황제 폐하의 윤허를 받았다면서 황색 바탕에 청룡이 그려진 삼각기를 조선 국기로 사용하라고 했나이다."

임금은 그예 진노하여 말했다.

"대체 청국에는 언제부터 국기라는 것이 있었기에 우리더러 그것을 쓰라고 한단 말이냐?"

이응준은 잔뜩 주눅이 들어 아뢰었다.

"전하, 청국에도 국기를 제정한 것이 불과 10여 년 전부터였다고 하옵니다. 그것도 국기를 따로 제정한 것이 아니라, 전부터 군부에서 쓰던 삼각형 황룡기를 국기로 제정했다 하옵니다."

"황룡기라면, 중국 사신들이 올 때 들고 오던 그 삼각기 아닌가. 그것이 청국의 국기란 말이냐?"

한돈원이 아뢰었다.

"그러하옵니다, 전하. 청국은 청색 바탕에 황룡을 그린 삼각기를 쓰고, 조선은 청국 황제의 표징색인 황색 바탕에 동방의 색인 청색으로 용을 그려 넣은 기를 쓰라고 하며 그려주었나이다."

질정관 이응준이 일어나 품속에서 비단 보자기를 꺼내들고 임금께 올렸다.

"전하, 이것이 청국 예부에서 그려준 청룡기이옵니다."

임금은 내관이 풀어놓은 보자기에서 기를 꺼내 펼쳤다. 삼각형의 황색 비단에 청룡이 그려진 깃발이었다. 얼굴을 붉히며 들여다보던 임금이 진노하며 말했다.

"대체 이것을 조선의 국기로 쓰라 했단 말인가?"

비통한 임금의 탄식에 이응준이 눈물을 뿌리며 아뢰었다.

"전하, 소신의 용렬함을 용서치 마시옵소서. 신은 죽기를 무릅쓰고 낯이 익은 마건충(馬建忠)을 찾아가서 부당하다고 항의했으나, 마건충은 외려 당당하게 조선은 청국의 속국이므로 종주국의 국기를 사용해야 한다고 주장했나이다. 신은 다시 황준헌을 찾아가 삼각기를 사각으로 고쳐 쓰겠다고 했으나 저들은 그것마저 단호히 거절했나이다."

임금은 얼굴이 변하도록 대로했다.

"뭣이라! 속국이라 했느냐? 어찌 이럴 수가 있단 말인가. 엄연히 자주권이 있는 나라이거늘, 청의 것을 그대로 쓰라니……."

한돈원이 쓰러지듯 엎드리며 아뢰었다.

"전하, 신 등의 불충을 용서치 마시옵소서."

사신들은 모두 엎드려 눈물을 뿌렸다.

"전하, 내리시는 벌을 달게 받겠나이다."

임금이 안석에 기대며 침통하게 받았다.

"이것이 어찌 경들의 불충이며 죄라 하겠는가. 그만 물러들 가라."

|8장 주석|

11) 『고종실록』에 청국 국기에 관한 기록은 없다. 그러나 청국과의 사신 왕래, 국기의 필요성을 절감한 임금과 조정의 상황으로 보아 국기 문제를 논하기 위해 조선 사신이 청국에 갔음을 짐작할 수 있다. 따라서 정여창과 마건충의 강요로 청국의 황룡기를 빛깔만 달리한 청룡기로 만들어 국기로 쓰라고 조선 사신에게 내렸음을 문헌에서 볼 수 있다.

9장

조선 국기
탄생하다

太極旗

고종 15년(1878) 3월 12일, 청국 사신 정사 정여창(丁汝昌)과 부사 마건충을 좌의정 김병국이 모화관에서 영접했다. 전에는 한 해에 한 두 번은 왔으나 최근에는 발걸음이 없다가 2년 만에 오는 사신이었 다. 청국 국기 황룡기를 모화관 깃대에 게양하고 의식을 끝낸 뒤에 접견실에서 마건충이 김병국에게 물었다.[12]

"외국에서 사신이 오면 국기를 관사에 게양하고, 접견실에도 게 양하여 사신을 맞는 것이 예법이거늘 어찌 하여 조선 국기가 없는 것이오?"

김병국은 움찔하여 입을 벌린 채 아무 말도 못했다. 순간적으로 당황한 역관 이응준이 재빨리 대답했다.

"대인, 죄송합니다. 황공하옵게도 황제 폐하께서 내리신 청룡기 가 지난번 경복궁 화재에 그만 소실되고 말았습니다. 그리하여 아직 도 국기를 제작하지 못하고 있던 참이었습니다."

두 해 전 마건충에게 직접 청룡기를 넘겨받은 이응준은 엉겁결에 말했지만, 사신을 맞는 자리에도 국기를 써야 한다는 것을 모르고

조선 국기 탄생하다 135

있었다. 설사 알았더라도 임금은 빛깔만 다른 청국 국기를 조선 국기라고 들고 나가게 하지는 않았을 것이기에 둘러댔지만, 참 그럴듯한 대꾸였다고 생각하며 혼자 비죽이 웃었다. 마건충이 눈을 부라리며 말했다.

"경복궁에 화재가 났다는 말은 들었소이다. 그러면 진작 우리 예부에 알려서 황제 폐하의 윤허를 받고 국기를 제작해야지, 어찌 지금껏 미뤄두고 있었단 말이오?"

김병국은 그제야 정신을 차리고 받았다.

"경복궁 화재로 우리 조정은 지금까지 안정을 못 찾고 있습니다. 역대의 국새는 물론 선대왕들의 유품이며 나라의 중요한 물품까지 모조리 전소되었는데, 무슨 정신에 국기를 챙기겠습니까? 이제 비로소 수습이 되어가니 국기를 제작하겠소이다."

정여창이 말했다.

"우리 황제 폐하께서 내리신 청룡기를 궁에서 보관하다 소실되었다니 그렇다 치고, 나라에 어찌 국기가 하나밖에 없단 말이오? 대청국의 황룡기를 본뜬 조선 국기를 그대로 제작하여 나라의 행사에 써야 하거늘, 어찌 하여 국기가 단 하나밖에 없느냐 그 말이외다."

이응준이 대답했다.

"우리 조선은 그동안 외국 사신을 접할 일이 별로 없었고, 나라 안 행사에는 전부터 국기를 사용하지 않았던 터라 소홀했던 것이 사실입니다."

마건충은 같잖다는 듯이 비웃으며 말했다.

"그렇다면 지금이라도 늦지 않았소이다. 청룡기를 많이 제작하여 궁궐 깃대에도 게양하고, 특히 일본과의 접견이나 회담에는 꼭 조선 국기인 청룡기를 사용해야 하오. 또한 실내의 식장에서도 사용해야 한다는 것을 명심하시오."

김병국은 치미는 부아를 억누르며 받았다.

"알겠소이다. 예조에 명하여 국기를 제작하도록 하겠습니다. 자, 연회가 준비되었으니 가시지요."

김병국은 사신 일행 10명을 연회장으로 안내했고, 이응준은 말을 몰아 대궐로 달려갔다. 이응준은 입궐하여 예조판서 윤자승에게 모화관에서 있었던 일을 고하고 대책을 물었다.

"마건충이 고리눈을 부릅뜨고 물어서 얼결에 청룡기가 경복궁 화재로 불탔다고 했는데, 어찌 하면 좋습니까?"

윤자승은 잠시 생각하다가 빙긋 웃고는 말했다.

"자네 참, 잘 둘러댔네. 그 애물단지가 처치 곤란이었는데, 이제 불태워 없애게 되었으니 얼마나 속이 시원한가. 내가 편전에 들어 주상 전하께 자네가 한 일을 말씀드릴 테니 걱정 말게. 전하께서도 기뻐하실 게야."

임금에게 외교 능력을 인정받아 청국과 일본 사신을 자주 접견하던 윤자승과 통역관 이응준은 각별한 사이였다. 비록 당상관과 중인인 역관 사이지만, 윤자승은 이응준의 특별한 자질을 사랑하여 중인으로 업신여기지 않고 동료로 인정해주었다. 이응준도 연치가 17년이나 연상인 윤자승을 스승처럼 따르고 믿을 언덕으로 여기며 기대던 터였다.

이번에 온 중국 사신은 일본의 요구로 조선이 개항하는 포구, 왜관 설치, 통상 교역 상황을 조사하는 것이 주요 임무였다. 사신 일행은 보름에 걸쳐 공사 중이거나 개항한 포구를 돌아보고 청국으로 돌아갔다.

❈

4월 7일, 예조판서 윤자승과 역관 이응준이 임금을 알현했다. 윤자승이 아뢰었다.

"잔하, 신 등을 찾아 계시오니까?"

임금은 밝게 웃으며 받았다.

"그렇다. 과인이 역관 이응준에게 듣고 싶은 말이 있느니라."

이응준은 엎드려 명을 받았다.

"전하, 황공하옵나이다."

임금은 여유 있게 웃으며 말했다.

"허허허, 그리 급할 것은 없느니라. 지난번 청국 사신이 왔을 때, 그대가 둘러댄 말은 참 재치 있고 뜻이 깊었다."

이응준은 너무 황송하여 몸 둘 바를 몰라 쩔쩔매었다. 임금은 지금 중인인 역관을 중신을 대하듯 존중하는 것이 아닌가. 이응준은 덜덜 떨며 아뢰었다.

"전하, 미천한 소신은 하해와 같은 은총에 황감하여 숨이 막히나이다. 소신을 그저 역관으로만 대해주시옵소서."

임금은 자애롭게 웃으며 말했다.

"역관도 조정의 신료이거늘, 어찌 미천하다 하는가? 그대는 내로 라하는 어느 중신보다 더 많은 일을 해냈고 앞으로도 할 사람임을 과인은 알고 있느니라. 너무 괘념치 마라."

"전하, 성은이 망극하나이다."

이응준은 황감하고 감격하여 엎드려 눈물을 흘렸다.

임금이 흡족하게 바라보며 말했다.

"그대의 재치 있는 말 한마디로 과인의 체증이 내려갔느니라. 이제 청국 황제가 내렸다는 애물단지 청룡기를 불태워 없애버렸으니, 우리나라 국호에 맞는 국기를 만들어야 한다. 그동안 조정의 국사가 너무 다난하여 국기에 몰두할 수 없었는데 이제는 여유가 생겼느니라. 그대는 과인의 특명을 어찌 수행하고 있었는지 말해보라."

이응준은 바짝 긴장하여 관복 깃을 여미고는 아뢰었다.

"전하, 미천한 소신이 막중한 특명을 받자왔사오나 황공하옵게도 아직은 별다른 성과를 이룰 수는 없었나이다. 다만 신이 삼국시대와 고려 왕조부터 지금까지 군부에서 썼던 군기와 나라에서 표징으로 삼았던 문양을 조사해보았나이다."

임금은 안석에서 몸을 내밀며 물었다.

"그래, 어떤 문양들이 있던가?"

"예, 전하. 고구려는 삼족오(三足烏) 기를 국기로 삼아 나라의 행사와 군부에서 사용했고, 신라와 백제, 고려도 나라와 군부를 상징하는 기가 있었나이다. 하오나 그러한 기들에서는 특별한 것을 발견할 수 없었나이다. 하여, 우리 조선에 들어와 사용한 군기와 나라의 행사, 사찰이나 조묘(祖廟)에 사용한 문양을 조사해보았나이다. 그 중에서 소신의 눈에 띈 문양이 태극문(太極紋)이었나이다."

임금은 고개를 주억거리며 듣고는 물었다.

"태극문이라 했는가? 태극문이라면 과인도 더러 본 기억이 나는구나. 특히 태호복희씨의 복희팔괘(伏羲八卦)에 태극 문양이 있지 않은가?"

"그러하옵니다, 전하. 태극문과 팔괘는 아득한 옛날부터 중국은 물론 우리 조상들께서도 주역을 보시며 이용했고, 인간의 질병을 다스리는 의학에서 천상력에 이르기까지 그 주체가 곧 세상만물의 이치와 다름없는 줄로 아나이다."

임금은 매우 흡족하게 말했다.

"예판은 어떻게 생각하는가. 복희씨의 태극문이라! 대단한 발상이 아닌가."

"전하, 그러하옵니다. 과연 역학에 밝은 이응준다운 발상이옵니다. 태호복희씨는 제5대 환웅천황(桓雄天皇) 태우의(太虞義)의 열두째 아드님으로 천지 만물의 생성 변화와 그 이치를 담은 팔괘를 처음으로 창안하신 우리 민족의 선조이십니다."

"참으로 그러하다. 그러면 역관은 태극문과 팔괘로 우리 국기를 어떻게 만들지 구체적으로 연구해보았는가?"

이응준은 황감하여 머리를 조아리며 아뢰었다.

"아직 구체적인 것은 생각해보지 않았나이다. 다만 태극 문양이 새겨진 유적이 있는 몇 곳을 돌아보았사온데, 그중에서 개성에 있는 노국공주 정릉의 돌계단 석물에 있는 태극 문양과 태조 대왕께서 국초에 중건하신 양주 회암사 터 돌계단에 있는 태극 문양이 가장 눈에 띄었나이다. 만약에 국기를 만든다면, 그러한 태극 문양을 가운

회암사지 계단의 태극 문양

데 두고 그 둘레로 8괘 중에 4괘를 넣는 것이 어떠할까 구상해보았나이다."

임금이 반색을 하며 물었다.

"오, 그래? 벌써 그런 구상을 해보았단 말이냐?"

이응준은 옆에 앉은 윤자승을 돌아보고는 겸손하게 아뢰었다.

"그러하옵니다. 하오나 그 모양이 과연 조선의 국호와 일맥상통할지는 생각해보지 못했나이다."

임금이 다급히 물었다.

"그러면, 그대가 지금 그 모양을 그려볼 수 있겠느냐?"

"전하께서 하명하시면, 비록 그림에는 손방이오나 흉내는 내보겠나이다."

임금은 즉시 내관 유재현(柳載賢)을 돌아보며 명했다.

"내관은 어서 지필묵을 준비하라."

임금은 다소 긴장된 표정으로 말했다.

"과연 어떠한 모양이 될지 매우 궁금하구나. 아니 그러한가, 예판?"

윤자승도 들뜬 목소리로 아뢰었다.

"전하, 어찌 아니겠습니까. 신은 지금 가슴이 뛰나이다."

윤자승은 청국 황제가 내렸다는 청룡기를 받아 들고 분노에 떨던 임금을 떠올리며 잔뜩 긴장하고 있었다. 만약 이응준이 그린 모양이 임금의 기대에 미치지 못한다면, 난감한 일이 벌어질 수도 있음이었다. 한갓 역관에게 이토록 큰 기대를 걸고 있는 임금임에랴.

이윽고 내관은 지필묵을 챙겨 이응준 앞에 놓고 먹을 갈기 시작했다. 묵묵히 앉았던 이응준은 옥판선지(玉板宣紙)를 펴 양쪽에 서진(선지가 말리거나, 날리지 않게 누르는 박달나무 막대)을 놓았다. 임금 앞에서 붓을 들기는 난생처음이라 잠시 숨을 고른 그는 간필(簡筆, 보통 글씨를 쓰는 붓)을 잡았고, 윤자승은 주먹을 움켜쥐며 숨을 삼켰다. 내관은 꿇어앉아 묵묵히 먹을 갈고, 임금은 안석에 기대며 눈을 감았다.

이응준은 붓에 먹물을 찍어 벼루에 붓끝을 놓아 다듬고는 옥판선지 중앙에 둥글게 원을 그렸다. 왼손 등을 오른쪽 팔꿈치에 받치고 단숨에 그린 원은 보름달처럼 매끄러웠다. 원을 뚫어지게 들여다보던 그는 정중앙에 작은 점을 찍고, 원의 상하 중앙 변에도 점을 찍고는, 다시 먹물을 찍어 상변의 점에서 원 중앙으로 부드러운 곡선을 그리며 오른쪽으로 파고들다가 다시 왼쪽으로 파고들며 거꾸로 된 곡옥(曲玉) 모양을 그렸다. 만월은 금방 한 쌍의 정교한 곡옥이 물고 물리듯이 태극 문양으로 나타났다.

윤자승은 참았던 숨을 가만히 내쉬며 굳은 몸을 풀었고, 이응준은 그려진 태극 문양을 뚫어질 듯 보다가 붓에 먹물을 찍어 옥판선지 변의 상하좌우 중앙에 점을 찍었다. 간필을 놓고 작두필(雀頭筆, 약간 굵은 붓)을 잡은 그는 왼손 등을 오른쪽 팔꿈치에 받치고 원의 좌측 바깥쪽에 세 개의 막대를 세로로 그리고, 원의 우측 바깥쪽에는 좌측의 막대를 절반으로 나누어 여섯 개의 세로 막대를 그렸다. 잠시 숨을 고른 그는 붓에 먹을 찍어 붓끝을 다듬고는 원의 상단 그 지점에 가로로 절반의 막대 두 개를 그리고, 가운데에 긴 막대를 그렸으며, 그 밑에 절반의 막대 두 개를 그렸다. 다시 먹물을 찍어 원의 하단 그 지점으로 붓을 옮겨 막대 하나를 가로로 긋고는 그 아래에 절반의 막대 두 개를 그리고 그 밑에 긴 막대 하나를 그린 다음 붓을 놓았다. 꿇어앉은 이응준의 가슴 앞에 놓였던 하얀 옥판선지에는 태극 문양과 함께 상하좌우에 4괘가 그려진, 천근 무게가 실린 듯한 그림이 그려져 있었다.

윤자승은 참고 참았던 긴 숨을 토해냈고, 먹을 갈던 내관은 벌어진 입을 다물지 못했다. 이응준이 부복하며 아뢰었다.

"전하, 소신이 구상했던 국기 모형을 그려보았나이다."

안석에 기대앉아 눈을 감고 있던 임금이 비로소 눈을 뜨며 받았다.

"오, 그래? 어디 보자."

내관이 일어서서 이응준 앞에 놓인 태극 그림을 양손으로 잡아 받들고 임금께 올렸다.

임금은 그림을 받아 보며 감탄했다.

"오! 과연, 과연 태극 문양이로구나. 이제 보니 종묘의 계단과 태실에 있는 바로 그 태극 문양이로다. 이것이 바로 우리 겨레의 문양이니라."

윤자승은 감격에 겨워 아뢰었다.

"전하, 그러하나이다. 태극 문양은 우리 겨레의 상징으로, 고려조의 궁궐을 비롯하여 왕릉이나 사찰에서도 태극 문양을 이용한 유적을 더러 볼 수 있었나이다. 또한 우리 조선에 들어서도 사찰이나 서원의 건물, 군기 등에 태극 문양을 사용하여 관련 그림과 기록을 볼 수 있나이다."

"그러한가? 태극 문양을 일찍부터 여러 방면으로 이용했단 말이더냐?"

이응준이 받아 겸손하게 아뢰었다.

"전하, 그러하옵니다. 소신은 통역을 위해 사신들이 가는 곳이면 어디든 따라다녔사온데, 평양이며 개성, 경주 등 여러 도읍지에서 태극 문양을 사용한 건물이며 그림을 보았나이다. 소신이 그린 그림은 단지 그 문양들을 종합하여 옮겨 그렸을 뿐입니다."

임금은 고개를 끄덕이며 듣고는 말했다.

"과연 그렇기는 하다. 하지만 그 태극 문양을 국기로 사용하겠다는 발상이 뛰어나구나. 태극 문양에 채색을 해야겠는데, 과연 어떠한 색을 써야 하겠는가?"

이응준이 부복하며 받았다.

"예, 전하. 태극 문양에는 청·홍을 쓰는데, 좌측이 청색이며 우측은 홍색이 되옵니다. 상하좌우의 4괘는 그대로 검은색이 될 것입니다."

"그러면 지금 채색을 해보라. 내관은 어서 청홍의 물감을 가져오라, 어서."

임금의 재촉을 받은 내관은 황황히 어전을 물러갔다.

이응준은 태극 문양을 펴놓고 내관이 가져온 물감으로 채색을 시작했다. 먼저 오른쪽에 청색을 넣었다. 거꾸로 선 곡옥 모양이 새파랗게 드러났다. 그는 붓을 놓고 새 붓을 들어 홍색 물감을 찍어 붓끝을 다듬고는 흰 여백을 메워나갔다. 붓을 잡은 손이 미세한 떨림도 없이 당당했다. 홍색 곡옥이 청색 곡옥의 꼬리 끝에 머리를 감춘 선명한 모습이 드러났다.

"오!"

멀리서 지켜보던 임금이 감탄했다. 옆에서 지켜보던 윤자승과 내관의 입에서도 동시에 탄식이 터졌다. 꾸덕꾸덕하게 물기가 마른 태극 문양을 받아든 임금은 감탄을 금치 못했다.

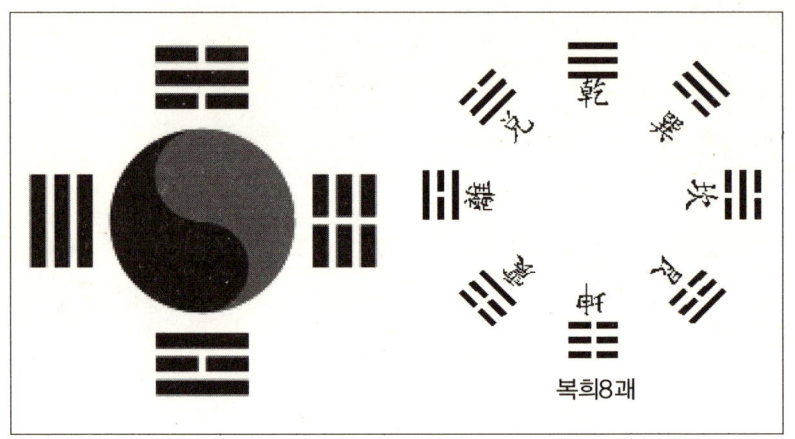

복희8괘

"오! 음양의 조화가 한눈에 들어오는구나. 과연 훌륭하도다."

이응준이 아뢰었다.

"전하, 그렇습니다. 청·홍은 하늘과 땅을 뜻하고, 이는 곧 음과 양을 뜻하나이다."

임금은 매우 궁금한 듯이 물었다.

"그렇다면 4괘에도 당연히 깊은 뜻이 있겠구나."

이응준은 거침없이 아뢰었다.

"그렇습니다. 건(乾, ☰)괘는 하늘을 뜻하고, 계절은 봄이며, 방위는 동(東)입니다. 곤(坤, ☷)괘는 땅을 뜻하고, 여름과 서(西)입니다. 감(坎, ☵)괘는 물을 뜻하는데 이는 곧 달이며, 겨울이고 방위는 북입니다. 이(離, ☲)괘는 불을 뜻하고 곧 해이며, 가을이고 남이 되옵니다. 태극과 4괘는 곧 천지일월과 우주만물을 망라한 무궁한 진리로서 천지 만물을 아우르는 깊은 뜻을 담고 있나이다. 신이 처음에 창안한 모양으로는 태극 문양만 그려 보았나이다. 하온데, 태극 문양만으로는 일본 국기와 너무 흡사하여 복희씨의 8괘 중에서 십자형의 괘를 취하여 4괘를 넣어보았나이다."

감동 어린 표정으로 듣고 난 임금이 감탄했다.

"오! 과연 그러하도다. 예로부터 태극문이 여러 방면에 쓰인 원인을 알 만하구나. 그런데 과인의 느낌으로는 4괘의 상하좌우 배치가 너무 답답한 것 같은데, 아니 그러한가, 예판?"

윤자승은 국기 모형을 잠시 들여다보다가 아뢰었다.

"전하, 참으로 그러하옵니다. 4괘를 태극 문양에서 약간 띄워보는 것이 어떨까 싶나이다."

임금이 고개를 저으며 말했다.

"그도 그렇지만, 4괘의 위치가 저 모양 그대로는 감괘가 위에서 누르고, 이괘가 아래서 치받으니, 물이 불을 끄는 이치가 된다."

이응준은 급기야 얼굴이 벌겋게 달아오르도록 흥분하여 머리를 조아리며 아뢰었다.

"전하, 신의 미천한 생각이 거기까지는 미치지 못했나이다. 신의 용렬함을 꾸짖어주시옵소서."

임금은 이응준의 솔직함이 가상해서 온화하게 웃으며 치하했다.

"용렬하다니, 가당치 않다. 혼자의 생각보다 세 사람의 생각을 종합하면 매사에 좋은 결과가 나오는 법이니라. 과인의 생각으로는 4괘의 위치를 바탕의 4각 귀 쪽으로 옮기는 것이 어떨까 한다. 예판의 생각은 어떤가?"

윤자승은 옆에 앉은 이응준을 돌아보았고, 이응준이 대답했다.

"전하, 참으로 옳으신 지적이십니다. 신이 다시 그려보겠나이다."

임금도 흔쾌히 말했다.

"그리하라. 내관은 어서 먹을 갈라."

이응준은 옥판선지를 다시 펴놓고 서진으로 좌우를 지질렀다. 내관이 갈고 있는 먹을 세필에 찍어 원을 그리고 한 쌍의 곡옥 모형을 그렸다. 붓을 놓고 작두필을 들어 먹물을 적당히 먹여 선지 왼쪽 상단의 귀와 중앙의 원 중간에 건괘를 그리고, 대각선으로 오른쪽 하단 귀 중간에 곤괘를 그렸다. 다시 먹을 찍어 오른쪽 상단 귀에 감괘를 그리고, 왼쪽 하단 귀에 이괘를 그렸다.

내관이 받들어 올린 그림을 받아 본 임금은 감탄했다.

"오! 과연 훌륭하다. 상하좌우가 확 트인 느낌이 들지 않는가. 자, 어서 청홍의 색을 넣어보라."

이응준은 내관이 들고 온 그림을 놓고 붓에 홍색 물감을 찍어 오른쪽 곡옥 모형에 색을 칠했다. 홍색 곡옥을 물끄러미 들여다보던 이응준은 호흡을 가다듬고는 붓을 바꾸어 청색 물감을 묻혀 왼쪽 곡옥 모형에 푸른색을 넣었다.

옆에서 보던 윤자승과 내관도, 보료에 앉아 지켜보던 임금도 감탄했다. 물감이 마르기를 기다리던 내관이 그려진 국기를 받들어 임금께 올렸다. 받아 보는 임금의 얼굴에 환희가 가득했다.

"오! 이렇게 아름다울 수가 있는가. 참으로 훌륭하도다!"

윤자승도 감격에 겨워 아뢰었다.

"전하, 감축 드리옵니다. 국기의 필요성을 몸으로 절감한 신은 너무 감격하여 가슴이 벅차나이다."

"과인 또한 그러하다. 이응준, 그대는 참으로 큰일을 해냈느니라."

이응준도 감격에 겨워 떨리는 목소리로 아뢰었다.

"전하, 성은이 망극하나이다. 소신은 다만 전하의 특명을 받들었을 뿐입니다. 과찬은 거두어주시옵소서."

"그대의 마음을 과인이 어찌 모르겠는가. 예판, 과인은 이 태극 문양을 국기로 정해도 좋을 듯싶은데, 어찌 생각하는가?"

윤자승은 즉시 받아 아뢰었다.

"전하, 지당하신 어의이십니다. 신의 생각도 같사옵니다."

"어찌 아니겠는가. 그래도 묘당에 내려 중론을 거쳐야 할 것이야."

윤자승은 잠시 생각하다가 아뢰었다.

"당연히 중론을 거쳐야 합니다. 하오나, 청국 청룡기를 없애는 데 반대하던 신료들은 역시 반대할 것입니다. 신의 생각으로는, 우선

의정부 당상들에게만 중론을 묻는 것이 옳을 것입니다."

임금은 고개를 주억거리며 듣고는 말했다.

"일리가 있다. 우선은 청국에 알려지지 않는 편이 좋을 것이야. 예판이 날을 잡아 의정부에 내리도록 하라."

이응준은 부복하며 주청했다.

"전하, 아뢰옵기 황공하오나, 태극 문양을 소신이 구상하여 그렸다는 것은 숨겨주시옵소서."

임금이 의아한 표정을 짓자 윤자승이 거들었다.

"전하, 역관의 진언이 옳사옵니다. 역관은 다만 전하의 특명을 수행했을 뿐, 결과는 전하께서 창안하신 것입니다."

임금은 비로소 알겠다는 듯 흔쾌히 받았다.

"알겠다. 당분간은 그리하겠노라. 과인이 보관하다가 도승지를 통해 예조에 내릴 터이니, 예판은 의정부 당상들과 논의하라."

"명심하겠나이다."

임금은 근엄하게 말했다.

"역관 이응준은 들으라. 경은 오늘 사직을 위하여 큰일을 했다. 경의 공은 누대에 길이 남을 것이니라."

이응준은 깊게 엎드리며 성은에 감복했다.

"전하, 성은이 망극하나이다. 하오나 어찌 소신의 공이라 하시나이까. 신은 다만 막중한 특명을 수행했을 뿐입니다. 주상 전하의 크고 깊으신 뜻이 아니었다면 소신은 감히 땅띔도 못했을 일이었나이다."

윤자승이 덧붙였다.

"그러하옵니다. 전하께서 청국 청룡기를 거부하신 굳은 의지가 없었다면 어찌 오늘이 있었겠나이까. 이제 나라를 상징하는 국기가 제정되었으니, 어떤 외교 행사에서도 떳떳하고 자랑스러울 것입니다. 전하, 감축드립니다."

지난번 조일회담에서 국기로 인하여 낯 뜨거운 수모를 당한 윤자승은 일본 국기보다 더 아름답고 뜻깊은 국기가 제정되어 감회가 새로웠다. 나라를 상징하는 국기가 왜 필요한가를 눈으로 보고 몸과 마음으로 체득한 외교관임에랴. 이응준의 귀띔을 받은 윤자승이 진언했다.

"전하, 국기에 관한 문제는 당분간 숨기는 것이 가할 줄로 사료되나이다. 우리가 국기를 제정했다는 것이 청국에 알려지면 시끄러운 일이 벌어질 듯싶나이다."

이응준이 거들었다.

"전하, 그러하옵니다. 청국은 청룡기를 직접 만들어주면서 조선의 국기라고 했사온데, 저들이 알면 가만있지 않을 것입니다."

임금은 분연히 말했다.

"참으로 그러하다. 차차 기회를 보아가면서 적절한 시기에 자연스럽게 공포할 것이니라. 설사 청국이 알게 되더라도 청룡기를 조선의 국기로 쓸 수는 없는 일이다. 경들은 그 점에 대해서도 대책을 세워보라."

"명심하겠나이다."

이응준은 다시 엎드리며 아뢰었다.

"전하, 국기는 정해졌으나 한 가지 남은 문제가 있나이다."

임금은 의아해서 물었다.

"남은 문제라니, 대체 무엇이 남았다는 말인가?"

"전하, 기에는 깃대가 있어야 하나이다. 깃대가 좌우 어느 쪽으로 가야 하는지도 아예 정해야 할 것입니다."

임금도 그제야 생각난 듯이 반색을 하며 받았다.

"참으로 그렇다. 국기를 깃대에 달아야 하는데, 예판은 깃대가 어느 쪽으로 가야 한다고 생각하는가?"

윤자승은 잠시 생각하다가 아뢰었다.

"전하, 신 역시 이제 생각이 났습니다. 하오나 일본 국기를 보기는 했어도 깃대가 과연 어느 쪽에 있었는지는 기억나지 않습니다."

임금도 난감하다는 표정으로 이응준에게 물었다.

"그럼, 역관은 어떻게 생각하는가?"

이응준은 기다렸다는 듯이 받아 아뢰었다.

"전하, 일본 국기는 깃대가 왼쪽에 있었나이다. 하오나 우리가 그들을 따라 왼쪽으로 할 필요는 없을 것이옵니다. 신의 생각으로는 깃대를 오른쪽으로 하는 것이 어떨까 싶나이다."

임금은 고개를 주억거리며 듣고는 말했다.

"일본 국기는 왼쪽이라. 그래, 우리가 구태여 그들을 따를 필요는 없을 것이야. 예판 생각은 어떤가?"

"예, 전하. 신 역시 그리 생각되옵니다. 우리는 깃대를 오른쪽에 쓰는 것이 가할 것으로 사료되나이다."

임금은 앞에 앉은 두 신하를 흘끗 보고는 결정했다.

"그럼 되었다. 조선 국기의 깃대는 오른쪽에 두는 걸로 정하겠으니, 예판은 그리 알고 명기하라."

두 신하는 엎드려 명을 받았다. 임금은 두 신하를 굽어보며 만족스럽게 말했다.

"고맙구나. 오늘은 참으로 뜻깊은 날이었다. 그만 물러들 가라. 중전께도 어서 우리 국기를 보여드려야겠구나."

❀

이응준은 1832년 생으로 금산(金山) 이 씨다. 자는 원명(元明)이며, 철종 1년(1850) 19세에 증광시(나라에 경사가 있을 때 보던 과거)에 차석으로 급제했다. 그의 조부는 이시친(李時親)이며, 아버지는 이후(李厚)인데, 역관이었다.

이응준은 어려서부터 영특하여 한학에 몰두했고 아버지에게 중국어를 배워, 증광시에 급제할 때는 이미 능통할 정도였다. 등과한 이후 20세에 역관이 되어 일본어를 배우기 시작했고, 두 해 뒤에는 잡과에서 일본어 역과(譯科)에 급제하여 통역관으로서의 입지를 굳혔다.

중국어와 일본어 역관이던 그는 자연스레 양국 사신들을 자주 접촉했고, 사신의 통역관으로 중국에 자주 드나들며 대륙의 문물에 눈뜨기 시작했다. 조선은 대원군의 10년 쇄국정책으로 닫혀 있었지만, 중국은 이미 서양 여러 나라와 교류하여 서양 물품이며 문화가 서민들의 저변에 스며들던 무렵이었다.

1876년 조일수호조약 때 역관으로 일본 군함을 방문하고 일장기를 본 그는 조선에도 국기가 있어야 함을 맨 먼저 깨달은 관료였다. 그 후 일본과의 수교 회담에서 일본의 국기에 대한 예절과 존중을 눈으로 보고 느껴 임금께 국기의 필요성을 역설했고, 임금의 밀명을 받아 조선 국기를 연구하고 구상했다. 그리하여 마침내 태극문과 8괘 중의 4괘를 조합한 국기의 모형을 임금 앞에서 그려낼 수 있었다.

국기를 그린 뒤부터 이응준은 임금의 총애를 받았지만, 중인 신분의 역관이라 벼슬에 오를 수는 없었다. 그러나 임금의 특명으로 전환국(돈 만드는 일을 맡은 관청) 방판(종7품) 벼슬에 올라 재주관(문서를 주고받는 사신)으로 중국에 파견되는 등 외교관으로 활약했다.

이응준은 질정관으로 청국에 갔을 때, 청국 외교관 황준헌과 국기 문제로 자주 접촉했다. 황준헌은 이응준의 영민함을 알아보고 많은 조언을 했는데, 특히 영어를 배우라고 권했다. 앞으로는 서양에 문호를 열 수밖에 없으며, 그리되면 우선 영어 실력이 외교관의 기본이 될 거라는 얘기였다. 이응준도 그 뜻을 받아들여 황준헌이 준 교본으로 영어를 배우기 시작했다.

고종 26년 3월 30일, 이응준은 사신단의 재주관으로 청나라에 갔다가 돌아오는 즉시 체포되어 의금부에 수감되었다.

청나라 예부에서 보낸 자문에 의해서였다. '조선 국왕이 역관 이응준에게 농락당하여 2만여 금의 뇌물을 예부에 주고, 사신 파견을 중지하기로 윤허를 받았다'는 것이다. 이응준은 이 일을 무마하기 위하여 재주관으로 떠나기 전에 이미 총리각국사무아문(청나라 외교관서)에 전보를 치고, 한편으로는 원세개에게도 부탁을 했다. 청나라는 이를 조사하면서 '이응준은 왕을 속이고 재물을 가로챘으나 뇌물을 먹인 사실이 없으니 이것은 역관의 사원, 서리들과는 모두 관련이 없다. 이는 오직 이응준이 협잡을 부려서 제 뱃속을 채운 것이다. 이 문제의 근본을 따져야 하겠지만, 이를 깊이 파고들어 다른 말썽을 만들어낼 필요는 없을 것 같다' 고 결론을 내렸다.[13]

청나라 예부의 말대로 깊이 파고들어 말썽을 만들 필요가 없었는지, 『고종실록』 어디에도 이 사건을 다룬 기록이 없을뿐더러, 이후 이응준에 대한 기록도 없다. 당시 2만금이면 엄청난 돈인 데다, 청국과의 외교 관계에 얽힌 거금을 일개 역관 이응준이 중간에 가로챘다는 것은 이해가 되지 않는다.

조선의 국기를 창안하고 제작하여 임금의 총애를 받던 이응준은 조정의 관리들에게 질시를 받았을 것이다. 게다가 청국의 청룡기를 국기로 사용하라는 권유를 무시하고 조선 국기를 만든 그를 청국의 정여창과 마건충은 눈엣가시로 보았을 것이다. 세종 때 노비 출신의 장영실이 세종의 총애를 입어 대호군(종3품)에 올랐지만, 하루아침에 역사의 뒤안길로 사라진 사건과 비슷하다 할 수 있다.

|9장 주석|

12) 조선 국기가 태동하는 과정 역시 실록에는 기록이 없다. 그러나 역사적 상황에 비추어 고종 16년이던 1879년에 처음으로 국기가 창안되어 그려졌음을 필자는 확신한다. 이응준은 몇 년간 고서며 태극 문양의 실체가 있는 유적이며 건축물 등을 돌아보고 구상하여 마침내 임금의 명으로 어전에서 직접 그렸을 것으로 필자는 보았다.

국기를 최초로 그리는 과정 역시 실록에는 기록이 없다. 다만 당시의 역사적 상황으로 보아 고종 15년과 16년 사이에 임금의 명에 의해 이응준이 국기를 그렸을 것으로 필자는 본다. 이때는 운요호 사건이 일어난 지 3~4년이 흐른 뒤였고, 이응준이 임금의 명을 받아 국기를 구상한 지도 2~3년이 지난 뒤였다.

13) 『고종실록』 고종 26년(1889) 3월 30일, '북경 예부에서 뇌물의 문제에 대해 자문을 보내다' 편.

10장
제2차 일본 수신사

太極旗

고종 17년(1880) 8월 28일이었다. 임금은 지난 5월 28일 조일 수교 이후 제2차 일본 수신사로 다녀온 김홍집(金弘集)의 보고를 들었다.14) 임금이 김홍집의 노고를 치하한 후 물었다.

"이번 사신단에는 청국 사신이 함께 일본에 입국했기에 국기를 지참하지 못했는데, 경을 대하는 일본 접견관은 국기를 언급했는가?"

김홍집은 처연하게 아뢰었다.

"일본은 회담 때마다 국기를 회담장에 게양하고 의식을 행한 뒤에 회담을 시작하곤 했나이다. 당연히 우리도 청룡기를 회담장에 게양했는데, 그들은 청국 국기라고 업신여기는 표정이 역력했나이다. 차마 말을 못하고 말았지만, 다음부터는 어떠한 일이 있더라도 외국과의 회담에는 우리 국기를 게양해야 한다는 것을 뼈저리게 느꼈나이다."

임금은 침통하게 말했다.

"어찌 아니겠는가. 청국과의 마찰을 피하기 위해 이번에는 부득이 그리했지만, 다음부터는 당연히 우리 국기를 사용해야 할 것이다."

김홍집은 단호히 진언했다.

"전하, 그러하옵니다. 빛깔만 다른 남의 나라 국기를 어찌 국기라 하겠나이까. 신은 이번에 외국에 나가서 국기라는 것이 얼마나 소중한 것인가를 가슴 아프도록 깨달았나이다."

임금도 분연히 받았다.

"당연한 일이다. 다음부터는 떳떳하게 우리 국기를 사용할 수 있을 것이야. 그건 그렇고, 덧붙여 올린 문서를 보니 통상 물품에 세금을 정하는 일을 아직 바르게 귀결 짓지 못했다고 했는데 어찌 되었는가?"

김홍집은 송구한 듯 관복 자락을 여미며 복명했다.

"문서로 이미 대략 아뢰었지만, 일본에서 한창 조약을 수정하는 중이라 관세는 미처 정할 수가 없었나이다."

"그래? 그러면 우리의 개항에 관해서는 어떻다고 말했는가?"

"하나부사 요시모토가 한번 사적으로 묻기에 우리 조정의 의견은 전과 다름이 없다고 대답했더니 더는 말하지 않았습니다."

임금이 매우 궁금하다는 듯이 물었다.

"일본이 유구국(琉球, 오키나와 제도)을 폐하고 본토와 합병했다는 소문이 사실인가?"

"그러합니다. 유구국을 폐하고 오키나와현으로 만들었나이다."

일본은 지난해에 수백 년 동안 조선에 조공을 바치던 유구국을 폐하고 오키나와현으로 편입시켰다.

제2차 일본 수신사 김홍집

임금은 쓸쓸한 낯빛으로 혼잣말처럼 말했다.
"대마도에 이어 유구국까지 본토로 편입하여 우리와 소통의 싹을 자르고 말았구나."
임금의 자조에 김홍집은 자기 죄라도 되는 양 목을 움츠렸다. 임금이 물었다.
"일본에서는 각국의 말을 배우는 학교를 널리 설치하여 가르친다고 하는데, 그 학교의 규모는 확인해보았는가?"

수신사로 갈 때 임금에게 많은 주문을 받았던 김홍집은 80여 일 동안 많은 것을 조사하며 직접 돌아보고 말을 들었다.

"신은 처음으로 일본에 갔지만, 참으로 놀랍게도 학교를 설치해 각 나라 말을 모두 가르치고 있었습니다. 신은 이번에 일본에 가서 참으로 많은 것을 보고 느꼈나이다. 앞으로 기회가 되는 대로 전하께 보고 드리겠나이다."

임금은 고개를 주억거리며 듣고는 말했다.

"과인은 경을 믿겠으니 명심하라. 그대 같은 생각을 가진 젊은 인재를 돌보아 힘을 모으라. 과인이 뒷받침할 것이다."

김홍집은 엎드려 아뢰었다.

"전하, 신이 비록 미욱하오나 성상의 가르침 받자와 명심하겠나이다. 신을 믿으시옵소서."

임금은 숙연히 받았다.

"고맙다. 경도 과인을 믿으라."

5일에 한 번씩 중신들이 모여 정무를 보고하는 차대에서 좌의정 김병국이 아뢰었다.

"지방 토호들의 무단(武斷, 무력으로 억압함)은 곧 나라 법으로 엄금하는 것이니, 첫째도 백성을 위해서고 둘째도 백성을 위해서입니다. 하온데 근래에는 가까이는 왕도(王都)에서부터 멀리는 읍촌에 이르기까지 토호와 벼슬아치들이 탐욕을 부려 무고한 백성에게 해

독을 끼치는 행위가 극에 달했습니다. 조금이라도 재산이 있으면 모두 빼앗기고 뿔뿔이 흩어지니 수재(水災)나 한재(旱災), 도적의 근심보다도 더합니다. 이른바 토호가 누구인지는 많은 백성들이 알고 있는데도 한결같이 규찰하고 적발하는 일이 없으니, 어찌 이런 법이 있겠습니까. 지금부터라도 중앙과 지방에 포고령을 반포하고 감찰관을 파견하여 모조리 색출하고 토색질한 재물과 재산을 백성들에게 되돌려 주어야 할 것입니다. 통촉하시옵소서."

임금은 대로하여 질책했다.

"아니, 토호와 벼슬아치들의 착취가 도적의 근심보다 더하다니! 어찌 이럴 수가 있단 말인가. 더구나 그것이 어제오늘의 일이 아닐진대, 어쩌자고 지금껏 보고만 있었단 말이냐!"

중신들은 모두 납작 엎드려 입에 발린 말을 했다.

"전하, 망극하나이다."

"당장 시행하라. 포고령을 내리고, 감찰관을 파견하여 피해를 당한 백성들을 조사하여 빼앗긴 쌀 한 됫박이라도 찾아내 되돌려주도록 하라."

"전하, 명을 받자와 시행하겠나이다."

대원군이 실권한 지 7년 만에 나라 경제는 파탄 지경에 이르렀다. 척신과 간신들은 버젓이 벼슬을 팔고, 지방 벼슬아치들은 백성을 쥐어짜 재물을 긁어모으기에만 정신이 팔렸다. 게다가 10년간 시아버지 밑에서 숨도 제대로 못 쉬던 민 왕후는 외척 민 씨들을 요직에 앉히기에 급급했고, 늦게 본 아들 세자(훗날 순종)를 위하여 못하는 일이 없었다. 미신을 좋아하던 중전은 판수와 무당을 궁중에 불러들이기 시작하여 근래에는 궁궐이 그들의 소굴이 되다시피 했다. 거의 매일 세자의 무병장수를 비는 굿판이 벌어지고, 8도 명산대찰에는 궁중 나인들이 쌀을 바리바리 수레에 싣고 가서 치성을 드렸다.

대원군이 온갖 원성을 들어가며 경복궁을 중건하면서 10년 동안 내수사(궁중에서 쓰는 재물을 맡은 관아)와 선혜청(대동미, 대동포, 대동목의 출납을 맡은 관아)에 비축해두었던 재물은 이미 바닥난 지 오래였다.

고종 14년(1877), 예조판서에 오른 중전의 친척 오라버니 민규호(閔奎鎬)는 조세를 올릴 대로 올리고, 돈을 긁어모으기 위해 궁리하다가 마침내 감역(監役)이라는 전에 없던 벼슬자리를 만들어 감투를 팔아먹기 시작했다. 평생에 감투 한번 쓰는 것이 소원이던 8도의 선비 나부랭이들은 쌀섬과 돈 꾸러미를 들고 달려들어 다투어 감투를 샀다. 그러나 아무 실권도 없는 그야말로 감투뿐인 벼슬임을 알자 불과 몇 달 만에 아무도 사려 들지 않았다.

민규호는 생각다 못해 고을 원을 팔기 시작했다. 원 한 자리에 2~3만 냥을 받았는데, 인구가 많고 땅이 비옥한 지방의 원은 10만 냥을 받기도 했다. 막대한 돈을 내고 원을 산 벼슬아치는 부임하자마자 본전을 뽑기 시작하니, 죽어나는 것은 땅마지기나 있는 백성들이었다. 그나마 처음에는 원 노릇을 몇 달은 했으나, 나중에는 부임하자마자 새로운 원이 뒤따라오니 백성들의 원성은 하늘에 닿았다.

민규호는 원을 팔아치우는 것으로는 모자라 과거령을 내려 문과와 무과 가릴 것 없이 마구 합격시키고는 문과 한 자리에 10만 냥, 진사 한 자리에 3만 냥씩 받아 챙겼다. 그토록 물불 가리지 않고 돈을 긁어 중전에게 바치던 민규호는 이듬해(고종 15년) 10월 영의정에 임명되었으나 이레 만에 갑자기 죽고 말았다.

그러나 민규호가 죽었다고 가렴주구와 토색질이 끝날 리 없었다. 그를 본받고 그동안 돈으로 벼슬을 산 8도의 벼슬아치들 모두 백성의 고혈을 짜기에 혈안이 되었으니, 나라 꼴이 처참할 지경이었다.

지방의 벼슬아치뿐만 아니라 중앙 조정의 당상관들도 매한가지였다. 특히 임금의 백부 영의정 이최응의 집 주변에는 고기 썩는 냄새와 곡식이 상하는 냄새가 진동하여 굶주린 백성들이 썩는 냄새라도 맡으려고 모여들어 북새통을 이루었다. 그 집 하인들이 썩은 고기와 떠서 문내가 나는 곡식을 내다버리면 굶주린 자들이 개미 떼처럼 달려들어 나중에는 썩은 고기와 쌀도 버릴 수 없어 골머리를 앓는다는 소문이 날 지경이었다.

세상이 이 지경이 된 것을 번연히 알면서도 중신이라는 사람들은 천연덕스럽게 임금 앞에 앉아 시국을 논하는 실정이었다. 그나마 좌의정을 몇 번이나 역임하다가 사직하기를 되풀이하던 김병국은 지난 8월 18일에 다시 좌의정에 앉았는데, 나라 꼴을 보다 못해 임금 앞에서 실상을 고한 것이다.

영의정 이최응을 비롯한 탐관오리들은 김병국의 폭탄 발언에 등골이 서늘하면서도 믿는 구석이 있는지라 속으로는 비웃고 있었을 것이다.

대사간 홍종운(洪鍾雲)이 아뢰었다. 홍종운은 사헌부 지평과 홍문관 교리, 의정부 참찬 등을 거치다가 하루 전 대사간에 임명되어 이 회의에 참석했다. 조정은 지난 6월부터 넉 달 새에 대사헌과 대사간을 모두 네 번이나 갈아치웠다.

"부산을 개항한 후에 백성들이 미곡을 몰래 파는 것을 법으로 금한 바 있습니다. 한데 요즘 연해 여러 곳에서는 마땅히 금할 것을 금하지 못하고 혹은 금하지 말아야 할 것을 금합니다. 지방 수령들이 그것을 기화로 마음대로 조종하면서 뇌물을 받는 데에만 뜻을 두어 미곡을 몰래 실어 나르는 것을 눈감아주는 자가 있는가 하면, 없는 죄를 꾸며내어 제멋대로 강탈하는 자도 있습니다. 수령들의 행태가 이러하니 백성의 원성과 비방이 들끓고 있습니다. 해당 도의 감사가 살피지 못할 리가 없는데도 이러하니, 이것이 어찌 변방을 살피고 직무를 수행하는 도리라 하겠습니까. 이 또한 감찰관을 파견하여 그 실체를 엄중히 조사해야 할 것입니다."

임금이 한심하다는 듯이 말했다.

"백성들이 임의로 일본 상인에게 미곡을 파는 것을 법으로 금하고 있는데, 그것이 어찌 공공연히 자행되고 있단 말이냐. 게다가 해당 수령들이 이를 빌미로 협잡을 하다니, 참으로 한심한지고. 이는 별도로 감찰관을 파견하여 실체를 파악하고 엄히 논죄해야 할 것이다."

양심에 찔린 우참찬 민태호는 이최응의 눈짓을 받고 얼른 엉뚱한 문제를 아뢰었다.

"지금 지방에서 올라오는 공물과 세금을 모두 기한 내에 바치게 하더라도 각종 지출을 감당해내지 못할 터인데, 하물며 가을철이 벌써 반이나 지났는데도 아무런 소식이 없습니다. 각 영의 군사들에게 다달이 주는 급료마저 오랫동안 주지도 못했습니다. 올라오는 세곡 중에서 도착하는 대로 우선 급료 먼저 지급하라는 명을 내리시옵소서."

임금은 침통하게 말했다.

"각 영 군졸들의 급료를 주지 못한 지가 이미 여러 달 되었다는 것은 과인도 들었다. 이 일을 생각할 때마다 잠자리가 편안치 못하다. 올라오는 세곡 가운데 포구에 도착하는 대로 급료 먼저 나누어 주어서 구휼하도록 해당 부서는 엄히 규찰하도록 하라."

하나마나한 하명에 해당 부서의 신료가 대답이 없자, 임금도 민망스러운지 엉뚱한 데로 말을 돌렸다.

"일본에 갔던 수신사가 임무를 잘 수행하고 무사히 돌아왔으니 다행이니라."

뒤가 구려 전전긍긍하던 이최응이 얼른 대답했다.

"그러하옵니다, 전하."

임금이 숙연히 말했다.

"수신사 김홍집이 일본에서 많은 것을 듣고 보았다 하니, 그의 말을 참조해서 우리도 많은 것을 개선해야 할 것이다. 경들은 명심하라."

중신들은 고개를 숙이며 임금의 명을 받았다.

|10장 주석|

14) 『고종실록』 고종 17년(1880) 8월 28일, '수신사 김홍집을 소견하다' 편.

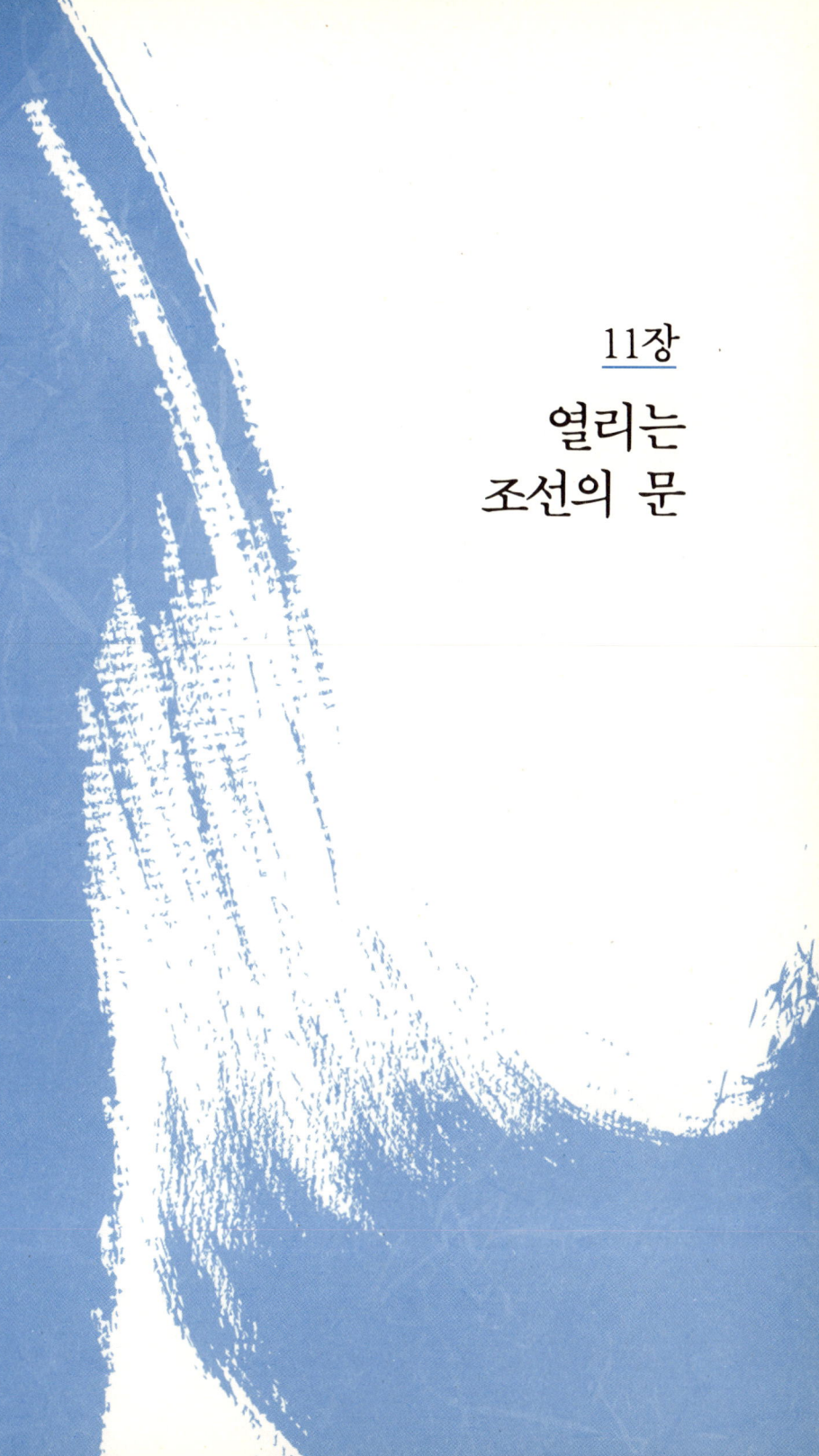

11장

열리는
조선의 문

太極旗

고종 17년(1880) 11월 16일, 일본 판리공사(辦理公使) 하나부사 요시모토가 일행 41명을 대동하여 한성에 들어왔다. 반접관(伴接官) 김홍집이 맞이하여 청수관(淸水館)에 들였다. 조선 주재 초대 판리공사로 부임하는 하나부사의 수하 조직은, 사무관 4명, 주재 함장 1명, 전어관(傳語官) 2명, 호위병 22명, 순사 10명, 종자 2명이었다.[15]

임금은 중희당(重熙堂)에서 하나부사를 접견하고 천황의 국서를 받았다. 일본과는 아득한 옛날부터 이웃 나라이자 숙적으로 어쩔 수 없이 교류했지만 정식으로 천황의 국서를 받기는 처음이었다. 이로써 조선 개국 이래 외국으로는 최초로 일본이 공사관인 청수관을 설치하고 40여 명의 관리가 상주하게 되었다.

조일수호조약 이후 조정에서는 좌의정 김병국을 필두로 신헌, 윤자승을 비롯하여 김홍집, 민겸호, 김윤식 등 신진세력들이 부국강병론을 제기하기 시작했다. 부국강병이야 어느 시대 어느 정치인과 군주인들 생각하고 주장하지 않았을까마는, 임진왜란 이후 조선의 부국강병책은 당파 싸움으로 유명무실했다. 몇몇 뜻있는 인사들이 군부의 개혁과 군사력 증강을 주장했지만, 이 일로 소외당하기 일쑤였고 끝내는 정치 일선에서 밀려나기도 했다.

조선시대의 군사 체계에서 무기는 말할 것도 없지만 말 역시 매우 중요했다. 아무리 강력한 무기를 장비했어도 전쟁에서 말이 없으면 전혀 기동할 수 없기로는 고대나 현대나 마찬가지다. 조선 초기 세종 때에는 군마와 관마가 3만 필이 넘었다. 그리하여 반강제로나마 명나라에 말을 5000필 또는 2000~3000필씩 수출하기도 했다. 군마와 관마만 3만 필이니, 고관대작과 민간의 말을 포함하면 적어도 6만 필 이상이었을 것이다.

그 많던 말이 다 사라지고, 400여 년이 지난 고종 15년 때 실록을 보면, 전국의 말이 4500여 필이라는 보고가 조정에 올라와 있다. 나라의 기동력이 이러하니 군대와 무기도 그만한 수준일 수밖에 없을 터였다.

임금은 신진 세력의 부국강병책에 적극 동조하여 힘을 실어주었다. 이에 따라 조정에서는 김윤식을 영선사로 삼아 5군영에서 군사 69명을 뽑아 청나라 톈진(天津)의 군사기예학교에 입학시키는 등 군사 개혁을 시도했다. 또 청나라의 군사기예교관을 초빙하여 신식 군사훈련을 계획하는 등 발 빠른 움직임을 보이기 시작했다.

조선 주재 판리공사로 부임한 하나부사는 조선 조정의 이러한 계

조선 주재 일본 공사 하나부사 요시모토

획을 탐지하고 깜짝 놀랐다. 게다가 이미 조선 군사 69명이 청국의 군사학교에 입학한 것을 알고는 당황했다. 자칫하다가는 청국에 선수를 빼앗길 다급한 상황이었다.[16]

하나부사는 즉시 민겸호(閔謙鎬)를 찾아갔다. 민겸호는 통리기무아문(統理機務衙門) 경리사 겸 병조판서로 형조판서와 판의금부사, 금위대장, 어영대장 등 요직을 두루 거쳤으며 일본어에 능통했다. 일찍이 조선의 주재 공사를 희망했던 하나부사 역시 조선말에 능통했으나 겉으로는 조선말을 함부로 하지 않았다.

민겸호는 하나부사를 반갑게 맞으며 인사를 건넸다.

"공무에 바쁘다보니 자주 찾아뵙지 못했습니다. 어떻게 조선의 공직에 적응이 되셨습니까?"

하나부사가 호탕하게 웃고는 받았다.

"기후와 주변 환경에는 그런대로 적응하지만 공직 업무에는 어려움이 많습니다. 특히 병조를 맡으신 대감께 많은 협조를 부탁드립니다."

외국 주재 공사를 처음 둔 조정에서는 공사와 어떤 업무를 주고받아야 하는지 갈피를 못 잡고 있던 참이었다. 병조판서 민겸호 역시 일본 공사를 그동안 잊고 있었기에 약간은 무안하여 말했다.

"아직 피차 업무를 파악하지 못한 때문이 아니겠습니까. 사실 우리 병조에서는 귀국 공사관과 공유할 업무가 별로 없었으니까요."

하나부사는 비로소 진지하게 말했다.

"대감 말씀대로 지금까지는 그러했습니다. 본관 역시 각 항구의 개항 문제와 통상에만 신경을 썼으니까요. 하지만 이제부터는 병조판서이신 대감과 주고받아야 할 업무가 많아질 듯합니다."

민겸호는 예상치 못한 말에 긴장했다. 병조와의 업무가 많아진다면 군사적인 문제를 거론하는 것일 터였다. 청국과 이미 군사 교류를 시작하려던 민겸호로서는 당황할 수밖에 없었다.

"공사께서 본 아문과의 업무를 논하신다면, 본관도 기껍습니다마는 과연 어떤 업무를 말씀하시는 겝니까?"

하나부사는 정색을 하고 말했다.

"본관은 조선 주재 공사로서 일조(日朝) 통상과 인적 교류도 중요하지만, 군사 교류도 중요한 업무입니다. 아직까지는 조선 조정과 그 문제에 대해서는 전혀 거론한 바 없고, 사실은 그럴 여유가 없었던 것이 사실입니다. 하지만 이제부터는 양국 간 군사 교류와 협력이 본관의 주 업무가 될 것입니다. 병판대감이 많이 협조해주시기 바랍니다."

민겸호는 하나부사의 일방적인 말을 곰곰이 새겨듣고는 말했다.

"양국 간 군사 협력과 교류라면 당연히 서로 도와야 할 막중한 일입니다. 공사께서는 어떠한 협력과 교류를 말하는 것입니까?"

하나부사는 그럴 줄 알았다는 듯이 지체 없이 받았다.

"본관이 알기로는 조선에서 청국의 군사기예학교에 학도를 파견한 것으로 알고 있습니다."

민겸호는 순간적으로 긴장하여 잠시 멈칫하다가 대답했다.

"그렇습니다. 우리 조정에서도 군제를 개편하여 신식 군사 제도를 받아들일 요량이었는데, 마침 청국에서 톈진에 군사기예학교를 설치하며 유학생을 요청하여 제1차로 가려 뽑은 군사를 파견했습니다."

"본관도 톈진에 군사학교가 설치된 것을 알고 있었습니다. 그러나 신설된 학교라 시설이나 교육제도가 아직은 미흡할 것으로 압니다. 우리 일본에서는 벌써 십수 년 전부터 신무기에 따른 신식 군사 훈련을 실시하는 무관학교를 여러 곳에 세웠습니다. 조선에서 원한다면 청년들을 얼마든지 받아들여 교육할 용의가 있습니다."

민겸호는 이미 예상한 말이라 대충 얼버무렸다. 청국에 유학생을 파견한 것은 전적으로 중전의 뜻으로, 중전은 일본에 유학생을 파견할 뜻이 없음을 그도 알고 있었다.

"공사의 뜻은 알겠습니다. 본관이 조정에 건의하여 중론을 타진해보겠습니다."

하나부사는 계획했던 사항을 하나하나 말했다.

"병판대감의 주선으로 좋은 결과가 있기를 기대하겠습니다. 그도 그렇지만, 본관이 보기에 조선의 군사 제도는 우선 교련에 문제가 있다고 봅니다. 정기적으로 훈련을 한다고는 하지만 체계적이지 못하고 옛 제도를 그대로 시행하고 있습니다. 그러한 훈련 제도를 시급히 개혁해야 한다고 생각합니다."

민겸호는 머쓱했다. 사실 말이 훈련이지 최근 들어서는 그나마 훈련 지시조차 내린 적이 없었다. 군사들에게 근 한 해 동안 급료를 못 주고 있으니 병조에서 군사훈련을 감독할 명분이 없던 터였다.

"본관이 어찌 그러한 상황을 모르겠습니까. 이제 차차 개선할 것입니다."

"그 문제에 대하여 본관이 한 가지 제안 드리겠습니다. 현 시점에서 가장 쉽고 빠르게 시행할 수 있는 제도라고 생각되어 드리는 말씀입니다."

하나부사가 잠시 말을 끊고 건너다보자, 민겸호가 마지못해 물었다.

"어떤 제도를 말씀하시는 것입니까?"

"군사를 선발하여 외국에 유학생을 파견하는 것도 좋지만 그것은 시간을 요할 뿐만 아니라 비용이 많이 듭니다. 그보다는 군사훈련과 신무기를 다루는 기술을 조선에서 행하고 가르치는 것입니다."

민겸호는 역시 짐작한 제안이지만 그래도 귀가 솔깃하여 물었다.

"우리 스스로 행한다면, 과연 어떠한 제도를 말씀하시는 것입니까?"

"귀국이 원한다면 우리 일본국 육군에서 유능한 훈련 교관을 조선에 파견하여 군사훈련과 신무기 다루는 법을 교육할 수 있습니다. 그리되면 비용을 줄일 수 있을뿐더러 많은 군사를 한꺼번에 교육할 수 있으니 가장 쉽고 빠른 제도가 아니겠습니까?"

민겸호는 처음에는 하나부사를 뜨악하게 생각하고 대했지만, 듣고 보니 혹한 마음이 들었다. 청국의 군사 교관을 초빙하려는 계획을 세워 추진하려던 참이었는데, 조건만 맞는다면 일본 군사 교관을 굳이 마다할 이유도 없었다. 사실 군사력으로 본다면 청국보다 일본이 신무기나 기술 면에서 앞선다는 것을 아는 터였다.

"어찌 아니겠습니까. 귀국에서 훈련 교관을 파견해주신다면 고마운 일이지요. 그리되면 공사 말씀처럼 비용도 줄이고 많은 군사를 훈련할 수 있으니 그야말로 일석이조입니다. 본관이 조정에 건의하여 공론에 부치겠습니다."

하나부사는 흔쾌히 말했다.

"대감께서 본관의 제안을 받아들이시니 다행입니다. 이 일이 성사되면 앞으로 우리 일본과 조선은 군사 동맹국이 될 수도 있을 것입니다."

민겸호는 일단 일본의 교관을 받아들이고 보자는 생각이 굳어졌다. 그 뒤에 청국이 어찌 나올지는 두고 볼 일이었다.

"좋습니다. 본관이 책임지고 일이 성사되도록 할 것입니다. 그러나 한 가지 문제가 있습니다. 신식 훈련을 받자면 신식 무기가 있어

열리는 조선의 문 177

야 할 것입니다. 우리는 아직 군사들을 훈련할 만한 신무기가 없는 상태입니다. 그 문제를 어찌 하면 좋겠습니까?"

하나부사는 잠시 생각하다가 말했다.

"역시 그런 문제도 있겠습니다. 그렇다면 본관이 육군성에 그 문제를 타진하여 성사되도록 하겠습니다. 걱정 마시고 일단 조정의 인가만 받으십시오."

"알겠습니다. 우의가 담긴 공사의 뜻을 주상 전하께 전해 올리겠습니다."

하나부사는 의외로 일이 쉽게 풀리자 기분이 좋았다. 조선이 굳이 청국 교관을 고집한다면 앞으로 전개될 일조 관계에 큰 차질을 빚을 것이 자명하고, 그러면 조선을 노리는 열강과의 경쟁에서 뒤처질지도 모를 일이었다.

"감사합니다. 우리 일본은 조선의 군부 개혁과 혁신에 최선을 다해 협력하겠습니다."

민겸호는 일본 공사의 과분하다 싶은 선심에 섬뜩한 느낌이 들었지만, 강병 정책을 위해서는 어차피 청국이나 일본의 도움이 필요한 형편이었으므로 받아들이기로 결심했다.

※

이튿날 민겸호는 예조판서 홍우창과 대전에 들어 일본 공사와 만난 일을 상세히 아뢰었다. 듣고 난 임금이 말했다.

"과연 일본의 군사력이 신무기 면에서 청국을 앞선다고는 하지만, 일본 교관을 받아들여 훈련을 시키면 청국에서 보고만 있겠는 가?"

홍우창이 아뢰었다.

"전하, 그 점은 심려치 마시옵소서. 일본은 이미 도성에 공사관을 설치하여 40여 명의 주재관들이 업무를 보고 있나이다. 그중 시종 네댓 명 외에는 모두 군사들이니 군관 중에서 교관을 선택하여 훈련하면 청국으로서도 저지할 명분이 없을 것입니다."

민겸호도 거들어 아뢰었다.

"그러하나이다, 전하. 만약 청국이 그 문제를 거론하고 나온다 하더라도, 일본에는 군사교육을 받기 위한 유학생을 파견하지 않겠다고 약속하면 반대하지 못할 것입니다. 또한 일본 교관이 군사훈련을 일단 실시하면 청국도 일본을 무시하지는 못할 것입니다."

임금은 그제야 밝게 말했다.

"알았다. 일본 공사가 청국을 의식하지 못했을 리가 없을 것이고, 스스로 찾아와 도와주겠다고 했으니 거절할 필요는 없을 것이다. 병판과 예판이 알아서 잘 처리하라."

두 판서는 엎드려 명을 받았다.

그로부터 열흘 뒤인 4월 23일, 조회에서 민겸호가 아뢰었다.[17]

"전하께서 분부하신 대로 신과 예조판서가 총리대신 그리고 경리청 당상들과 상의하여 군사들의 신식 훈련 안을 확정했나이다. 일본의 훈련 교관은 공사관 소속의 육군 소좌 호리모토 레이조(掘本禮造)가 임명되었으며, 5영에서 가려 뽑은 정예병 80명을 제1차 훈련 병사로 편성했습니다. 훈련대의 명칭은 5영의 대장들과 상의하여 별기군으로 정했나이다."

임금이 흡족하게 받았다.

"오, 별기군이라? 참 좋은 명칭이로다. 그러면 일본 공사의 말대로 군사들에게 신식 소총을 지급하기로 했는가?"

예조판서 홍우창이 받아 아뢰었다.

"그러하나이다. 하나부사 공사가 자국의 육군성에 무라다(일본제 신식 소총) 소총 100정을 주문했는데, 대엿새 후에 도성에 도착할 것이라 했습니다."

"잘되었다. 군사 조련의 규칙과 범절은 절목(節目)을 빈틈없이 마련하고 병사를 통솔할 장령(將領)은 문관과 무관에 구애하지 말고 적임자를 가려 뽑아 임명하도록 하라. 그들이 장차 전 조선군의 교관이 될 장령이 아니겠느냐."

병조판서 민겸호가 받았다.

"그러하옵니다. 명심하여 시행하겠나이다."

이날 임금의 윤허를 받아 별기군이 창설되었고, 5월 3일부터 훈련도감의 하도감(下都監)을 본부로 하여 신식 군사훈련이 시작되었다. 이에 따라 병조에서는 일본 육군 소좌 호리모토 레이조가 조선국왕의 특명으로 별기군 교관에 임명되었음을 서계로 작성하여 일본 외무성에 통보했다. 이것이 우리나라 역사상 최초로 신식 소총을 장비한 근대식 군대의 창설이었다.

1881년에 설치된 신식 군대 별기군

1881년 12월 25일, 5영(훈련도감, 어영청, 수어청, 금위영, 총융청)을 폐지하고 무위영과 장어영을 설치하는 등 조정은 과감하게 군제를 개편했다. 5영이 2영으로 축소되면서 5영의 종사관과 각 영의 별장(別將)들이 파직되었고, 많은 군졸들이 군영에서 쫓겨났다. 군사를 늘려도 시원찮을 판국에 있는 군사마저 줄인 것은 그들에게 한 달에 쌀 한 말씩 주는 급료마저 줄 형편이 못 되었기 때문이다. 이것이 당시 조정의 실상이었다.

이때부터 별기군은 신식 군대로, 2영의 군대는 구식 군대로 부르기 시작했다. 병조에서는 아예 내놓고 이 둘을 차별하기 시작했는데, 신식 군대는 군복이며 급료를 제때 지급했지만 구식 군대는 군복은커녕 1년이 넘도록 급료를 주지 않았다. 노골적인 차별에 군사들의 불만과 분노는 극에 달했고, 대우가 좋은 별기군을 '왜별기(倭別技)'라고 불러 빈정거리며 증오했다.

※

고종 19년(1882) 3월 15일, 청국에 파견된 영선사(領選使, 신문화를 받아들이려고 청나라에 파견된 사신) 김윤식(金允植)이 올린 서보(書報)가 조정에 들어왔다. 통리기무아문(고종 17년 12월 21일 의정부를 폐지하고 청나라 관제를 받아들여 통리기무아문을 설치하고 영의정을 총리대신으로 개칭했다) 총리대신 김병국은 이를 임금께 올렸다.

청국 사신 정사 정여창과 부사 마건충이 미국 사신 슈펠트(R. W. Schufeldt)와 함께 미국 군함 스와타라(swatara) 호를 타고 텐진을 출발했습니다.

서보를 읽은 임금이 말했다.
"미국 사신은 처음 들어오는데, 이들을 어찌 맞으면 좋겠는가."
경리아문사 민영익(民泳翊)이 아뢰었다.
"경리사 조준영(趙準永)을 반접관으로 임명하고, 역관 이응준을 사역원에서 파견하시옵소서. 또한 그들이 묵을 객관은 인천 관사로 정하고 음식물을 공급하고 접대하는 일도 호조와 예조로 하여금 참작하여 처리하게 해야 할 것입니다. 그리고 올라올 때의 연접관과 돌아갈 때의 호송관은 해당 지방관으로 임명하는 것이 어떻겠습니까?"

임금이 물었다.

"그러면 미국 사신과 청국 사신이 인천 관사에 함께 머문단 말인가?"

경리아문사 김홍집이 받아 아뢰었다.

"전하, 두 나라 사신이 같은 관사에 묵을 수는 없습니다. 청국 사신은 전과 같이 모화관으로 들게 하시옵소서."

임금이 윤허하자 이어서 총리대신 김병국이 진언했다.

"미국 사신과 회담할 접견대관을 미리 임명하여 대비케 하는 것이 옳을 것입니다."

임금은 잠시 생각하다가 말했다.

"일본과의 수호조규는 신헌이 잘해냈는데, 이번 미국과의 우호조약에는 누가 적임일지 경들이 추천해보라."

중신들이 몇 사람을 추천했지만 임금은 마음에 들지 않아 직접 낙점하여 말했다.

"이번에도 일본과 회담 경험이 있는 신헌을 접견대관으로 삼았으면 하는데 경들의 의견은 어떠한가?"

조영하가 아뢰었다.

"판중추부사 신헌은 지병으로 등청을 못한 지가 여러 달인데, 과연 어떠할지 저어되나이다."

경리아문사 이재면(李載冕)이 주청했다.

"신이 알기로는 최근 들어 많이 좋아졌다고 들었나이다. 아직 날짜가 있으니 신헌으로 대관을 삼고 부관으로는 김홍집을 삼는 것이 어떠하시겠습니까?"

임금은 기꺼이 윤허했다.

"과인도 신헌의 병세를 들었다. 신헌을 접견대관으로, 경리사 김홍집을 부관으로 삼을 것이다."

임금이 허락하여 접견대관과 부관이 정해졌고, 종사관에는 부주사 서상우(徐相雨)가, 통역관에는 이응준이 임명되었다.

❊

미국은 오래전부터 수교를 청했지만 조정에서는 아예 상대를 하지 않을 정도로 배척했다. 그러나 미국은 수차 통상 수교를 요청하다가 고종 17년(1880) 3월 26일에는 해군 제독 슈펠트가 부산항에 정박하여 동래부사에게 서계를 접수했다. 그러나 동래부사가 이를 거절하자, 동래부 주재 일본 영사 곤도 모토스케(近藤眞鋤)를 통해 조정에 직접 접수하려 했으나 조정에서는 이 역시 거절했다.

슈펠트는 일본으로 가서 일본 정부에 청을 넣어 조선과의 통상수교 중재를 부탁했다. 이에 일본 정부에서는 조선 주재 판리공사 하나부사에게 전문을 보내 조미 통상을 권고했으나 조정은 또다시 거절했다. 이어서 5월 9일에는 프랑스 군함 한 척이 부산항에 들어와 통상을 요구했으나 역시 거절했다.

　이듬해 1881년 9월, 청국 북양대신 이홍장(李鴻章)은 조선 정부에 유학생 파견을 요청했다. 톈진에 개설된 수사학당(水師學堂)에 조선 학도를 받아주겠다는 제안이었다. 이에 대하여 조정에서는 반대했지만, 중전이 적극 찬동하여 학도를 보내기로 결정했다. 그리고 감독관으로 영선사라는 직함을 만들어, 김윤식을 영선사로 삼았다. 그는 유학생 감독관 신분이었지만, 사실 중전의 명을 받아 조선으로서는 처음으로 청국 주재 공사 직을 수행하게 되었다.

　김윤식이 전에 없던 영선사라는 직함으로 청국에 주재할 수 있었던 것은 이홍장의 요청 때문이었다. 조선이 일본과 수호조약을 맺은 뒤에 신속히 개항하고, 특히 부산항에는 영사관은 물론 일본 경찰서를 설치하고 통상을 늘려 인적 교류가 많아지자 이홍장은 당황했다.

　조선의 종주국을 자임하던 청의 실세 이홍장은 일본의 세력이 급속도로 확산되자 이를 견제할 목적으로 서양과의 통상을 종용하기 시작했다. 오랜 쇄국정책으로 국제 교린에 어두웠던 조선 조정은 서양을 오랑캐로 적대시하며 통상을 거부했지만, 청국의 뜻을 거역하기는 어려웠다.

　청국 주재 영선사 김윤식은 이홍장과 수차 회담했다. 또한 청국 주재 서양인들과의 교류를 넓히고 그들의 문물을 접하기 시작했다. 김윤식은 보고 듣고 느낀 점을 상세히 문서로 작성하여 비밀리에 임금께 보고했고, 보고서는 중전 민 왕후에게 전해졌다.

　1882년 2월에 김윤식은 이홍장의 입회하에, 톈진에 들어와 있던 미국 해군 제독 슈펠트와 3차에 걸쳐 회담하는 등 조미통상수교에

앞서 예비회담을 열었다. 그 결과 미국 사신 슈펠트가 청국 사신 정여창의 안내로 조선에 입국한 것이다.

|11장 주석|

15) 『고종실록』 고종 17년(1880) 11월 16일, '일본 관리공사 하나부사 요시모토와 수원들이 청수관에 들어오다' 편.

16) 고종 17년 때부터 조선은 민 왕후의 주도로 군부 개혁과 제도 개선을 시작했다. 청국에 군사 유학생을 파견하고, 일본 육군성의 교관을 받아들여 일본의 신식 소총으로 군사들을 훈련시키는 등 청국과 일본을 견제하며 군사력 강화를 시도하고 있었다.
그러나 의도는 좋았지만 국력이 뒷받침되지 못했고, 조정은 군사들에게 매월 쌀 한 말의 급료마저 줄 형편이 못 되었다. 조선 조정의 실정을 꿰뚫어본 일본은 급기야 군부를 개혁해야 한다는 미명하에 조선 군부 5영을 혁파하고 무위영과 장어영으로 개혁하여 군사를 정예화해야 한다는 건의서를 제출했다. 그렇잖아도 재정이 바닥나 전전긍긍하던 민 왕후를 비롯한 척신 세력은 일본 공사 하나부사의 제안을 얼씨구나 하고 받아들였다. 수백 년 전통의 군부 제도를 개혁하기는커녕 병력을 대폭 감축한 것이다.
이 개혁은 2년 뒤인 고종 19년에 일어난 임오군란의 불씨가 되었으며, 조선이 청국과 일본의 각축장이 되는 계기가 되었다. 그뿐만 아니라 27년 뒤인 1907년에 일제에 의해 조선 군대가 무장해제되고 끝내는 군대가 해산되는 망국의 단초가 된다.

17) 『고종실록』 고종 18년(1881) 4월 23일, '일본 육군 소위 호리모토 레이조를 군사들을 훈련하는 교사에 임명하다' 편.

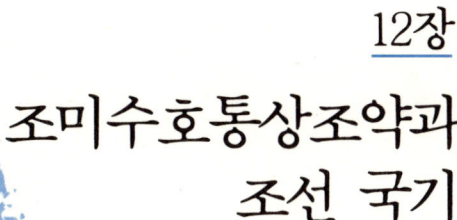

12장

조미수호통상조약과
조선 국기

太極旗

고종 19년(1882) 3월 28일 사시, 인천부에서 조미조약 예비회담이 열렸다.

조선 측에서는 접견대관 신헌과 부관 김홍집, 종사관 서상우, 통역관 이응준이 입장했다. 미국 측에서는 전권대신 해군 제독 슈펠트와 보좌관 두 명이 입장하여 자리를 잡고 수인사를 나누었다. 이어 양국 대표 앞에 탁상용 국기가 게양되었고 그들은 각기 국기에 대한 예를 행하고 자리에 앉았다. 의자를 당겨 앉은 슈펠트는 조선 국기를 그윽하게 보더니 고개를 갸웃거리며 물었다.

"저 국기가 조선의 국기입니까?"

순간 신헌의 표정이 굳어졌다. 이응준은 당황하는 신헌을 돌아보고는 속으로 쾌재를 부르며 웃음을 참느라 얼굴이 벌게졌다. 김홍집은 슈펠트와 신헌, 이응준을 둘러보며 그저 느긋하게 앉아 있었다. 신헌이 이응준을 힐끗 돌아보고는 말했다.

"그렇습니다만, 어찌 물으십니까?"

슈펠트는 의자에서 일어나 늘어진 조선 국기를 잡아 펴보고는 자리에 앉으며 말했다.

"저 국기는 청나라 국기와 거의 같지 않습니까?"

신헌은 상기된 얼굴로 당황하며 태평스레 앉아 있는 김홍집을 노려보다가 어정쩡하게 대답했다.

"모양은 청국 국기지만, 빛깔은 사뭇 다릅니다. 그러니 청국 국기는 아닙니다."

슈펠트는 표정이 굳어지며 말했다.

"조선국은 저 국기를 언제부터 사용했습니까?"

신헌이 미처 대답을 못하고 어물거리자, 김홍집이 나섰다.

"전권대신 각하, 죄송합니다. 이 국기는 청국 국기가 맞습니다. 우리 조선은 국제 회담을 별로 열지 못했기에 국기의 필요성을 느끼지 못했고 그래서 아직 국기가 없습니다. 그리하여 청국 국기에 동방의 색인 청색으로 용을 그린 기를 조선 국기로 사용하라는 황제 폐하의 하명이 있어 오늘 처음으로 회담장에 게양한 것입니다."

슈펠트는 비로소 이해했다는 듯 고개를 끄덕이다가 말했다.

"조선은 자주독립국입니다. 독립군주국에서 남의 나라 국기를 색깔만 달리하여 국제 회담에 사용한다는 것은 있을 수 없는 일입니다. 그럼 묻겠습니다. 대조선국 국왕 전하께서는 청룡기를 조선 국기로 인정하신 것입니까?"

거의 반년간 와병 중이었던 신헌은 국기에 대해 아는 바가 없어 당황하여 멍해졌고, 김홍집이 이응준과 눈을 맞추고는 대답했다.

"전권대신 각하, 그것은 아닙니다. 우리 국왕 전하께서는 아직 국기를 제정하신 적이 없습니다. 청룡기는 다만 임시로 사용할 뿐입니다."

슈펠트는 비로소 빙긋이 웃으며 받았다.

"이제 알겠습니다. 본관은 대조선국과 수호회담을 하는 것이지 대청국과 회담하는 것이 아니기 때문에 청나라 국기에 대하여 이의를 제기한 것입니다. 아메리카합중국은 자주독립국 대조선국과 우호조약을 맺으려는데, 이 기를 조선의 국기로 인정하여 회담을 할 수는 없습니다."

일본과의 수호조약에서 국기 때문에 망신을 당한 신헌은 울화통이 치밀어 안절부절못했다. 그러나 이응준은 자신의 의도대로 사태가 진전되자 끓어오르는 환희로 온몸이 떨릴 지경이었다. 김홍집이 말했다.

"다음 본회담에는 조선 국기를 게양하겠습니다. 오늘은 예비회담이니 국기 문제는 접어두고 진행하는 것이 어떻겠습니까?"

아직도 얼굴에 병색이 완연한 신헌은 그제야 뭔가 내막이 있음을 알아차리고는 말했다.

"그렇습니다, 전권대신 각하. 본회담에는 본관이 책임지고 조선 국기를 게양하겠습니다."

슈펠트도 그제야 웃으며 말했다.

"좋습니다. 오늘 회담은 그대로 진행합시다. 그러나 저 청룡기는 그대로 둘 수 없으니 내리는 것이 좋겠는데, 어찌 생각하십니까?"

이야말로 울고 싶은데 뺨 때린 격이었다. 김홍집이 얼른 받아 말했다.

"지당하신 말씀이십니다. 그럼 내리겠습니다."

이응준은 감격에 겨워 말이 떨어지기도 전에 벌떡 일어나 청룡기를 집어 들고 밖으로 나가 대기 중이던 수행원들에게 내주었다. 예비회담은 순조로웠다. 양국이 합의한 14개 조항을 검토하고 조율하여 자구를 수정하는 등 회담은 신시(오후 3시)에 끝났다.

※

내막은 이렇다. 미국 사신과 청국 사신이 인천부에 들어온 이튿날이었다. 임금이 미국 사신 접견부관으로 임명된 김홍집과 통역관 이응준을 불렀다. 두 사람은 임금 앞에 부복했다.

"전하, 찾아 계시오니까?"

임금은 침울한 얼굴로 말했다.

"이제 며칠 후면 조미수호회담이 시작된다. 회담에 관한 문제는 접견대관 신헌이 경험도 있는 데다 부관인 그대가 있어 마음이 놓이느니라. 하지만 국기가 문제인데, 청국 사신 정여창은 틀림없이 청룡기를 회담장에서 사용하라고 할 것이야. 그리되면 우리 국기는 영영 청룡기가 되고 말 터인데, 경들은 어찌 생각하는가?"

임금 앞에 여러 차례 불려나와 이제 이력이 붙은 역관 이응준은 선뜻 받아 당당하게 아뢰었다.

"전하, 아니 되옵니다. 청국의 국기가 어찌 조선의 국기로 될 수 있겠나이까?"

국기에 대한 내막을 자세히 알고 적극 동조하던 김홍집이 거들었다.

조미수호통상조약 당시 미국 전권대신 슈펠트 제독

"그러하옵니다, 전하. 그리되어서는 아니 됩니다."
임금은 답답하다는 듯이 말했다.
"아니 되기 때문에 경들을 부른 게 아닌가. 대체 어찌 하면 좋겠는가, 대책이 있는가?"
이응준은 잠시 생각하다가 아뢰었다.
"일단 청국 사신을 한번 만나보는 것이 어떠하겠나이까?"
"과인도 그리 생각하느니라. 하지만 대답은 뻔하지 않겠는가?"

김홍집이 주청했다.

"전하, 신이 정여창을 만나겠나이다. 일단 만나서 의향을 들어보고, 회담장에 국기를 사용하지 않겠다고 말해보겠나이다."

임금은 씁쓸하게 받았다.

"그리된다면 좋겠지만, 영선사 김윤식의 보고에 의하면 회담장에는 청룡기를 게양해야 한다는 이홍장의 다짐이 이미 있었다. 그러니 답답하다는 것이니라."

이응준이 단호히 말했다.

"전하, 그렇더라도 어떠한 일이 있어도 회담장에 청룡기를 사용할 수는 없나이다. 일단은 정여창을 만나 그 의중을 알아본 뒤에 조치를 취하는 편이 옳을 것입니다."

김홍집이 거듭 나섰다.

"그러하나이다. 신이 정여창을 만나고 나서 대책을 세우는 것이 순서일 것입니다. 신을 보내주시옵소서."

잠시 생각하던 임금이 윤허했다.

"그리하라. 경이 가서 잘 타진하도록 해보라. 과인은 경들의 뜻에 따를 것이다."

김홍집은 단호히 아뢰었다.

"전하, 심려치 마시옵소서. 청국 사신 일행이 내일쯤 모화관에 들 것입니다. 신과 이 역관이 모레쯤 찾아가겠습니다."

임금은 흔쾌히 받았다.

"그리하라. 만난 후에 바로 입궐하여 결과를 아뢰도록 하라."

이틀 뒤인 3월 25일, 김홍집과 이응준은 청국 사신 정여창이 머물고 있는 모화관에 찾아가 국기 문제를 논했다. 김홍집은 조미수호회담장에서 청룡기를 사용하지 않겠다는 임금의 뜻을 전했다. 조선 임금의 뜻이라는 김홍집의 말에 정여창은 펄쩍 뛰었다. 정여창은 슈펠트와 함께 출발할 때, 북양대신 이홍장에게서 조미 회담장에는 황제가 조선의 국기로 사용하라고 내린 청룡기를 꼭 게양하도록 하라는 특명을 받았다. 게다가 청룡기를 조선 국기로 쓰게 하자고 맨 처음 제안한 마건충이 부사로 따라왔으니, 조선 국왕의 말인들 먹힐 리가 없었다.

김홍집이 거듭 임금의 뜻임을 강조하자, 정여창은 발끈하여 대들었다. 회담장에 청룡기를 사용하라는 것은 황제 폐하의 명이라며, 불응 시에는 그 책임은 조선 국왕에게 있다고 으름장을 놓았다. 잔뜩 화가 난 김홍집과 달리 이응준은 통역을 하면서 내심 뛸 듯이 기뻤다.

김홍집과 이응준은 내쫓기다시피 모화관을 나왔다. 할 말도 못하고 쫓겨난 처지에 싱글싱글 웃는 이응준을 보고 김홍집이 냅다 한 소리 했다.

"자넨 무엇이 그리 좋아 웃는가?"

이응준은 여전히 싱글거리며 대답했다.

"대감, 정여창과 마건충의 말을 통역하며 생각했는데, 아주 잘되었습니다. 길거리에서 말할 수는 없으니 대감 댁으로 가십시다. 전하를 뵙기 전에 상의할 일이 있습니다."

두 사람은 말을 달려 구리개 김홍집의 집으로 들어갔다. 사랑방에 마주 앉은 김홍집은 다그쳐 물었다.

"이 역관은 아까 일이 잘 되어간다고 자신 있게 말했는데 대체 무엇이 잘된다는 말인가?"

이응준은 정색을 하고 대답했다.

"우리는 정여창의 말이 사실이든 아니든 청나라 황제의 명이라면 거역할 수 없습니다. 그러니 일단 청룡기를 회담장에 꽂아놓고 미국 대표의 거동을 보는 겁니다. 슈펠트는 청국에 자주 드나들며 회담도 여러 번 했을 것이니, 청국의 황룡기를 잘 알 것입니다."

이응준이 일단 말을 끊자 김홍집은 답답하다는 듯이 짜증을 냈다.

"기를 꽂으면 그만인데 무엇을 어쩌자는 것인가?"

이응준은 자신 있게 말했다.

"외교관은 누구나 자국 국기는 물론 상대국 국기도 소중히 여깁니다. 특히 우리는 미국과 첫 회담이니, 회담장에 게양된 우리 국기를 반드시 눈여겨볼 것입니다. 만약 그가 우리 측 기를 청국 국기로 알아본다면 틀림없이 어떤 반응을 보일 것입니다. 제 생각으로는 미국 사신은 청룡기를 조선 국기로 인정하지 않을 것입니다. 우리는 그때 청룡기를 들고 나온 동기를 사실대로 말하고 슈펠트에게 협조를 구하는 겁니다."

김홍집은 그제야 바짝 긴장하며 머리를 들이밀고 재촉했다.

"그래서, 어쩌자는 것인가?"

"사실대로 말해 양해와 협조를 구하고, 정식 회담에서는 틀림없이 조선 국기를 게양하겠다고 약속하는 겁니다."

김홍집은 신통할 것도 없다는 듯이 시큰둥하게 받았다.

"슈펠트가 청룡기를 알아보지 못하면 어쩌겠는가?"

이응준은 호기 있게 말했다.

"그때는 대감께서 나서야 합니다. 여기 게양된 기는 청나라 국기에 빛깔만 달리한 기인데, 양국 수호회담에 이런 기를 사용하게 돼 유감이라고 말하며 대화를 유도해야 합니다."

"그러고는 사실대로 말한다, 이건가?"

"그렇습니다. 청국의 강요로 어쩔 수 없이 청룡기를 들고 나왔다고 하면, 슈펠트는 틀림없이 조선 국기로 인정하지 않을 것입니다."

"그렇겠지. 그리되면?"

"조선 국기를 미처 준비하지 못했지만, 본회담에는 조선 국기를 게양하겠다고 다짐하는 겁니다."

김홍집은 아무래도 미심쩍다는 듯이 받았다.

"그러면 청국에서 가만있겠는가? 당장 정여창이 들고일어날 게 뻔하단 말일세."

이응준은 스스로 흥분하여 언성을 높였다.

"참 답답하십니다. 회담 당사국인 미국 대표가 청룡기를 조선 국기로 인정할 수 없다고 해서 쓰지 못했는데, 정여창이 아니라 황제라도 뭐라고 하겠습니까. 설사 말썽이 생긴다 해도 이번 기회에 우리도 강력히 대응해서 태극문 기를 인정받아야 합니다."

김홍집은 고개를 끄덕이며 듣기는 했지만, 방금 정여창에게 국기 문제를 타진했던 터라 마음이 놓이지 않았다.

"그리만 된다면 좋겠지만, 청국 황제가 내린 명이라고 억지를 부리는데 우리 뜻대로 될지 걱정이란 말일세."

이응준은 자신 있게 말했다.

"미국 대표는 일본이나 청국 관리들과는 다를 것이라고 생각합니다. 그 두 나라는 우리와 얽히고설킨 이해관계가 있지만, 미국은 지리적으로도 멀리 떨어져 있을 뿐만 아니라 서양에서도 가장 백성을 생각하고 남의 나라를 존중하는 양심적인 나라로 알려져 있습니다. 게다가 우리와는 아무런 관계도 없는 백지상태이니 우리도 청국과 무관한 자주국가임을 강조할 필요가 있습니다. 미국은 오히려 우리가 청국의 속국이라는 것을 달가워하지 않을 것입니다."

김홍집은 이응준의 논리 정연한 사상에 새삼 놀라며 멍하니 바라보다가 비로소 결심하며 스스로에게 다짐하듯이 말했다.

"자네 생각이 맞네. 내가 슈펠트를 설득해서라도 청룡기를 배척하고 우리 태극문 기를 조선 국기로 인정해달라고 부탁할 것이야. 일단 부딪쳐보세."

이응준도 의연히 받았다.

"그렇습니다. 달리 방법이 없습니다. 일단 국기 문제를 비밀로 했다가 본회담에서 우리 국기를 사용하고, 나중에 정여창이 알고 문제를 일으키면 슈펠트로 하여금 무마하게 하는 방법도 있을 것입니다."

김홍집은 거듭 놀라는 표정으로 이응준을 바라보며 말했다.

"자네 참, 대단한 계책을 생각했네. 고마우이! 이로써 조선의 국기는 정해졌네."

이응준은 겸연쩍은 얼굴로 받았다.

"과찬이십니다. 궁하면 통한다고 합니다. 무슨 생각인들 못하겠습니까?"

"그렇기는 하네만은 참 대단한 생각을 한 것이네. 이것이 곧 이이제이(以夷制夷, 오랑캐로 하여금 오랑캐를 제어하게 함)가 아니겠는가."

이응준은 너털웃음을 웃고는 받았다.

"이이제이라! 대감 말씀을 듣고 보니 그도 그렇습니다."

김홍집도 따라 웃으며 말했다.

"어찌 아니겠는가. 어서 입궐하세. 전하께서도 기뻐하실 것이야."

두 사람은 그 길로 입궐하여 임금께 이이제이의 계책을 보고했다. 듣고 난 임금도 크게 기뻐하며 그대로 시행하라고 윤허했다.

4월 6일(양력 5월 22일) 조미수호통상조약 본회담이 제물포항에 정박한 미국 군함 스와타라 호에서 열렸다. 조선 측 대표단이 먼저 입장하고, 이어 미국 전권대신 슈펠트가 두 명의 종사관을 대동하고 입장했다. 출입문으로 들어선 슈펠트는 정면 단상에 게양된 양국 국기를 보고는 걸음을 멈추었다. 잠시 서서 국기를 바라보던 슈펠트가 감탄하여 말했다.

"오! 조선국 국기, 참으로 아름답습니다."

양국은 이틀 전 제2차 예비회담에서 양국 국기를 회담장 정면 단상에 나란히 게양하기로 합의했다. 그날도 슈펠트는 조선 국기가 없다고 실망했다. 김홍집은 국기를 제작 중이라 미처 준비하지 못했지

조미수호회담때 걸린 '이응준 태극기'

만 본회담에는 국기를 게양할 수 있다고 양해를 구했다. 그러나 사실 조선 국기는 이미 제작되어 있었는데, 정여창의 간섭을 피하기 위해 본회담까지 연막전술을 쓴 것이다.

당시 슈펠트는 미국 국기도 탁상에 게양하지 않겠다면서, 본회담에서는 커다란 양국 국기를 단상에 나란히 게양하자고 제의했다. 접견대관 신헌은 슈펠트의 제안을 받아들였고, 제2차 예비회담은 순조롭게 진행되어 본회담에 이른 것이다. 슈펠트의 감탄에 신헌도 활짝 웃으며 받아 말했다.

"전권대신 각하, 조선 국기가 아름답습니까?"

"그렇습니다. 참으로 아름답습니다."

회담 좌석으로 들어와 서로 손을 잡고 인사를 나눈 뒤에 슈펠트가 말했다.

"저렇게 아름다운 국기를 갑자기 구상하여 제작하지는 않았을 듯 한데, 이미 준비를 하고 있었나요?"

김홍집이 받았다.

"그렇습니다. 일본과의 수호조규 때 국기의 필요성을 절감하고 우리 국왕 전하의 특명으로 조선의 국호에 맞는 국기를 구상하기 시작했습니다. 그리하여 몇 번의 수정을 거쳐 마침내 국기를 완성하였습니다."

슈펠트는 비로소 이해가 간다는 듯이 말했다.

"이제 알겠습니다. 조선국 최초의 국기를 우리 성조기와 나란히 게양하고 수호조약을 체결하게 되어 본관은 매우 기쁩니다."

청룡기를 배척하기 위한 치밀한 계획이 있었음을 알게 된 신헌도 감격하여 말했다.

"본관도 기쁘고 감격스럽습니다. 앞으로 조미 우호 관계는 더욱 발전하여 돈독해질 것입니다."

양국 대표는 국기에 대한 의식을 거행하고 회담에 들어갔다. 2차에 걸쳐 예비회담을 열었으므로 본회담은 조인만 하면 끝나는 상황이었다. 양국은 영문과 한문으로 작성된 조약 문서를 서로 바꾸어 검토하고 조인함으로써 역사적인 조미수호통상조약을 맺었다.[18] 이날 체결된 조약은 14개 항목이었다. 이로써 조선 개국 491년 만에 처음으로 미국과 수교를 맺으며 서양에 문호를 개방하는 계기가 되었다.

『고종실록』 고종 19년(1882) 4월 6일 '조미조약이 체결되었다' 편에 기록된 조미조약 관련 내용을 인용한다.

대조선국과 대아메리카합중국은 우호 관계를 두터이 하여 피차 인민들을 돌보기를 간절히 바란다. 이러므로 대조선국 군주는 특별히 전권대관 신헌, 전권부관 김홍집을 파견하고, 대미국 대통령은 특별히 전권대신 해군 총병 슈펠트를 파견하여, 각각 받들고 온 전권 위임 신임장을 상호 검열하고 모두 타당하기에 조관을 작성하여 아래에 열거한다.

미국과 수호조약을 맺은 이튿날 전권부관으로 회담을 성사시킨 김홍집은 역관 이응준을 대동하고 청국 공관인 모화관을 찾아가 사신 정여창에게 조미회담의 결과를 알렸다. 조약 사본을 훑어본 정여창이 말했다.
"대체로 국제 규약에 위배되지 않은 무난한 조약으로 보입니다. 거듭 말하지만, 우리 대청국과 관계되는 문제가 발생할 때는 즉시 보고하여 조선 독단으로 처결하는 일이 없어야 할 것이외다."
김홍집은 은근히 배알이 꼬였지만, 청국의 중재로 조미수교가 체결된 터라 인정할 수밖에 없었다.
"알고 있습니다. 그런 일은 없을 것입니다."
옆에 있던 마건충이 말했다.
"미국 사신 슈펠트가 청룡기를 조선 국기로 인정할 수 없다고 해서 회담이 지연되었다 하던데, 어찌 되었소이까?"
김홍집은 이미 각오한 바라 태연히 받았다.

"그랬소이다. 미국 전권대관은 청국의 국기를 그대로 본뜬 조선 국기를 인정할 수 없다며 회담을 거부했소이다. 하여 부득이 청룡기를 내리고 예비회담을 진행했소이다."

정여창이 물었다.

"그래서 급히 조선 국기를 새로 제작하여 본회담장에 게양했다고 하던데, 어떤 모양인지 우리가 봐야 되겠소이다."

이응준이 그럴 줄 알았다는 듯 품속에서 국기를 꺼내며 받았다.

"어찌 아니겠습니까. 당연히 보셔야지요."

마건충은 이응준이 내미는 비단 보자기를 받아 탁상에 놓고 급히 풀어헤쳤다. 그러고는 옥판선지에 그려진 작은 국기를 펴서 정여창에게 주었다. 조선 국기를 받아 들여다보는 정여창의 눈이 화등잔만 해졌고, 마건충의 얼굴도 묘하게 일그러졌다. 정여창이 말했다.

"이 그림은 복희팔괘의 문양을 모방한 것이 아닌가!"

마건충이 거들었다.

"왜 아니겠습니까. 8괘에서 4괘만 빼서 그렸습니다. 이것을 나라를 상징하는 국기로 볼 수는 없을 것입니다. 팔괘도는 우리 중국에서 오래전부터 군왕의 치세 원리였고 주역에서도 이용한 고전입니다."

정여창이 물었다.

"이 문양을 누가 창안한 것이오?"

김홍집은 속이 뒤집혔지만 애써 억눌렀다. 태호복희씨의 선천도를 본뜬 것이며 복희씨는 환웅천황의 자손이라고 반박하고 싶었지만 참고 대답했다.

"우리 주상 전하께서 고전을 참고하셨고, 태극 문양은 이미 삼국 시대부터 우리나라에서 여러 면으로 인용하던 문양이었소. 국초에 건축된 우리 종묘 건물에도 태극 문양이 새겨져 있어 주상 전하께서 쾌히 윤허하시었고, 그림은 역관 이응준이 그렸소이다."

마건충이 말했다.

"어쨌든 이 기를 조선의 국기로 더 이상 사용할 수는 없소이다. 미국과의 행사에는 어쩔 수 없으니 사용해도 되지만, 국내 행사와 다른 나라와의 행사에는 황제 폐하께서 내리신 청룡기를 사용해야 합니다."

김홍집은 발끈해서 반박했다.

"황제 폐하께서 청룡기를 조선의 국기로 사용하라는 칙명을 내린 적은 없소이다. 단지 귀국의 예부에서 청룡기를 그려주었고, 마 대인이 그것을 주장했을 뿐이오."

마건충은 얼굴이 시뻘겋도록 흥분하여 대들었다.

"대청국의 예부는 곧 황제 폐하의 칙령을 행사하는 부처외다. 예부의 영이 곧 황제 폐하의 칙령임을 모른단 말이오?"

"그것은 귀국의 국내에서나 통하는 법일 것입니다. 지금까지의 예를 보더라도 황제 폐하의 칙서가 따로 있었고, 예부의 자문이 따로 있었소이다. 어찌 예부의 영이 황제 폐하의 칙령과 같단 말입니까?"

마건충이 머쓱하여 미처 대답을 못하자, 정여창이 나섰다.

"좋소이다. 그러면 우리가 귀국해서 청룡기를 조선 국기로 정하라는 황제 폐하의 칙령을 내리도록 하겠소이다."

이응준이 단호히 나섰다.

"이제는 그럴 필요가 없습니다. 조선은 미국과의 수호회담에서 이미 국기를 제정하여 사용했고, 미국은 그 기를 조선 국기라고 인정했습니다. 한 나라에 어찌 두 종의 국기를 사용할 수 있겠습니까. 우리 주상 전하께서도 태극 문양의 기를 국기로 제정하여 조정에 선포했으니 번복할 수 없습니다."

얼굴이 벌게진 마건충이 씩씩거렸다.

"황제 폐하께서 친히 내리신 청룡기가 경복궁 화재 때 소실되었다고 해서 다시 제작하여 국기로 사용하라고 내 분명이 말했소이다. 그때는 그렇게 하겠다고 해놓고 이제 와서 무슨 억지를 부리는 게요? 대청국은 이따위 옛것을 모방한 치졸한 그림을 조선의 국기로 인정할 수 없소이다."

김홍집도 흥분하여 반박했다.

"조선의 국기를 제정하는데, 왜 청국의 규제를 받아야 한다는 것입니까? 조선은 약소국이기는 하지만 수천 년의 역사를 가진 독립국입니다. 우리는 주상 전하께서 반포하신 국기를 사용할 것이고, 청국에서 계속 이렇게 주장한다면, 이미 수교를 맺은 일본과 미국은 물론 앞으로 수교할 서양 모든 나라에 중재를 요청하겠소이다."

정여창과 마건충은 단박에 머쓱해졌다. 황제의 명이 있기는커녕 마건충과 황준헌의 계략으로 예부의 허락을 받아 청룡기를 조선 국기로 정하라고 압력을 넣던 터였다.

정여창과 눈짓을 주고받던 마건충이 말했다.

"좋소이다. 조선이 정녕 그렇게 주장한다면, 우리가 귀국해서 황제 폐하께 그대로 품신하겠소이다. 그때까지 회답을 기다리시오."

김홍집은 저들의 심보를 간파하고 회심의 미소를 지으면서도 싸늘하게 대답했다.

"그것은 우리와 상관없는, 마 대인이 할 일입니다."

김홍집이 당차게 나오자, 정여창이 체면치레로 대꾸했다.

"아무튼 조선 국왕께서는 큰 실책을 범했소이다. 이 그림을 조선 국기로 정하겠다는 주문(奏聞)을 황제 폐하께 올린 후에 반포했어야 했단 말이외다."

이응준이 나섰다.

"미국과의 수교회담에서 청룡기를 조선 국기로 인정할 수 없다고 하여 급히 국기를 제정해 사용했을 정도로 여유가 없었던 것은 정사께서도 아시는 바가 아닙니까? 또한 우리는 미국이 국기로 인하여 회담을 거부한다는 사정을 정사께 말씀드렸고, 두 분 대인께서도 그 점을 인정하셨습니다. 이로써 조선의 국기를 제정하여 반포했으니 번복할 수는 없게 되었습니다."

두 사신은 서로 눈짓을 주고받았고, 정여창이 말했다.

"조선 국왕 전하께서 이미 국기를 반포했으니 어쩔 수 없게 되었소이다. 원칙은 조선에서 정식으로 주문 사신을 보내야 하지만, 비단에 국기를 그려주면 우리가 귀국하여 황제 폐하께 조선 국기가 이렇다는 것을 품신하겠소이다."

김홍집이 그제야 긴장을 풀며 말했다.

"정사께서 그렇게 이해해주시니 참으로 고맙습니다. 우리 주상 전하께서도 크게 기뻐하실 것입니다."

조선 임금이 기뻐한다는 것은 곧 그만한 보답이 있을 것이라는 뜻이었다. 게다가 주문 사신 행차까지 자신들이 대행하겠다고 자청해버린 터였다.

마건충의 표정은 한결 누그러졌지만, 끝까지 물고 늘어졌다.

"이 그림을 조선 국기로 인정하고 단점을 지적하겠소이다. 이 둥근 원의 붉은색은 자칫 일본 국기와 혼동하기 십상이외다. 그래서 내 생각인데, 원의 둘레에 8괘를 그려 넣으시오. 그래야만 당신들이 주장하는 복희팔괘와 태극의 오묘한 생성원리의 이치가 부합되리라 믿는데 어찌 생각하시오?"

김홍집과 이응준은 멍해졌다. 느닷없이 뒤통수를 맞은 기분이었다. 사실 이응준은 8괘를 그려 넣어보았다. 하지만 그림 자체만으로도 너무 복잡하고, 자칫 팔괘도의 뜻을 그대로 드러내 국기의 의미가 훼손될 우려가 있다고 본 차였다. 국기를 그리며 괘의 위치를 바꾸고 곡옥의 모형을 길고 깊게 휘는 등 이미 많은 의견을 나눈 두 사람은 표정으로 의사를 주고받았다. 김홍집이 말했다.

"마 대인 말씀대로 우리도 그렇게 그려보았소이다. 그러나 너무 복잡하고 국기로서의 의미도 맞지 않아 4괘만 넣은 것입니다."

정여창이 거들고 나섰다.

"의미로 말한다면 8괘를 다 넣는 것이 더 깊은 뜻이 있을 것이외다. 게다가 이 그림은 일본 국기를 모방했다고 볼 수도 있다는 것이 단점입니다."

이응준은 잔뜩 배알이 꼬여 대꾸했다.

"다른 의미를 두고 논한다면 몰라도 일본 국기와 혼동된다는 말에는 동의할 수 없습니다. 소관은 조선의 국기가 문양 자체도 그렇거니와 뜻으로 보아도 일본 국기를 능가한다고 생각합니다."

마건충이 같잖다는 낯빛으로 말했다.

"그것은 역관의 생각일 뿐이오. 국기는 나라의 상징인데, 개인의 생각을 고집할 때가 아니란 말이외다."

이들이 트집을 잡고 있음을 알아차린 김홍집은 빨리 수습하고 싶은 마음으로 말했다.

"마 대인의 뜻을 알겠소이다. 이미 국기로 반포된 이상 본관의 뜻과는 무관하니, 주상 전하께 그리 품신할 것입니다."

마건충이 묘하게 비죽이 웃고는 덧붙였다.

"그뿐만 아니외다. 우리가 청룡기 주장을 포기하는 대신, 대청국 황제 폐하의 표징색인 황색을 국기의 바탕색으로 써야 하외다."

이응준은 느닷없이 뺨이라도 줴질린 듯이 멍해졌다가 이내 분기가 탱천했다. 입만 열면 대국이라고 자칭하는 족속들이 하는 짓마다 좀도둑 심보를 드러내고 있지 않은가. 하기는 여진족 오랑캐 근성이 세월이 흐른다고 변하랴 싶기는 했다.

"마 대인, 조선의 국기에까지 황제 폐하의 표징색인 황색을 쓴다고 해서 대청국과 조선의 관계가 달라질 게 무에 있습니까? 대인의 뜻은 충분히 이해했으니 그만하시지요."

마건충이 발끈해서 대꾸했다.

"역관, 그대 말대로 달라질 게 없다면서 왜 그만하라는 게요? 8괘도 그렇지만 황색 바탕만은 포기하지 않겠소이다."

정여창이 미간을 찡그리며 나섰다.

"좋소이다. 그럼 이렇게 합시다. 이미 반포했다는 이 모양과, 황색 바탕에 8괘를 넣은 모양도 함께 그려주시오. 그러면 우리가 귀국하여 황제 폐하께 품신하겠소이다. 선택은 폐하께서 하실 것입니다."

김홍집은 당장 이 자리에서는 그럴 수밖에 없다고 생각했다. 고집불통인 마건충이 자기주장을 굽힐 리가 없다. 그러나 이들의 귀국길에 인삼을 비롯한 푸짐한 선물 보따리를 안긴다면 뒷수습은 안심해도 될 일이었다.

"알겠소이다. 그렇게 하리다. 본관 또한 마음대로 할 수 있는 사안이 아닙니다."

마건충은 잔뜩 심술이 나서 쐐기를 박았다.

"우리는 사흘 뒤에 귀국할 것이니 차질 없이 준비해주시오."

"어찌 아니겠소이까. 그럼, 이만 돌아가겠소이다. 남은 기간 편히 쉬시도록 배려하겠습니다."

두 사람은 진땀을 빼고 모화관을 나와 분노를 씹으며 입궐했다.

미국과 수호조약을 맺은 이듬해인 고종 20년(1883) 10월 27일, 조선은 영국과 통상조약을 체결했다. 조정에서는 경리사 조영하와 김홍집을 전권대신에 임명하여 통상회담에 응하게 했고, 영국 전권대신은 영국 해군 제독 윌스(George Willes)와 애스턴(William Aston)이었다.

같은 날 조선과 독일의 수호조약이 체결되었다. 조선 조정에서는 독판교섭통상사무(督辦交涉通商事務)로 의정부 좌참찬 겸 규장각 제학인 민영목(閔泳穆)을 선발하고, 대독일국 황제는 요코하마 주재 총영사 차페(Zappe)를 전권대신으로 임명하여 조약을 체결했다. 회담장에는 조선 국기를 게양하고 회담을 체결했다.

사흘 뒤에는 청국 사신 마건충이 베이징 주재 러시아 공사 뷔초프와 함께 군함을 타고 들어와 러시아와의 무역통상조약을 요청했다. 이에 조정에서는 조영하와 김홍집을 전권대관으로 파견하여 회담에 응하게 했고, 경리사 조준영과 주사 이조연(李祖淵)을 반접관으로 보냈다. 이날 조선과 러시아는 무역통상조약을 가체결했고, 1년 뒤에 정식 수호통상조약을 체결하게 된다. 이로써 조선은 불과 1년여 만에 미국, 영국, 독일, 러시아와 통상조약을 체결하여 500여 년간 닫혔던 문을 활짝 열었다.

| 12장 주석 |

18) 고종 16년 4월 7일에 이응준이 임금 앞에서 그린 국기는 3년여 세월이 흐르는 동안 4괘의 위치가 바뀌고 태극 문양이 길어지고 깊게 휘는 등 모양이 많이 변형되었다. 조미 조약에 사용된 조선 국기는 두 달 뒤인 7월 19일, 미국 해군부 항해국이 제작한 문서 『해상 국가들의 깃발들(Flags of Maritime Nations)』에 실렸다(〈조선일보〉 2004년 1월 7일자). 이로써 조선국 최초의 국기 실체가 드러났는데, 태극기 연구가인 서울대 이태진 명예교수와 단국대 김원모 명예교수, 동국대 한철호 교수는 이 국기가 조미 조약 당시 게양된 조선 국기로서 이응준이 그린 태극기의 원형이라는 데 동의했다.

13장
임오군란

太極旗

고종 19년(1882) 6월 5일 이른 아침이었다. 선혜청 앞 넓은 마당에 군사들이 속속 모여들어 무리 지어 앉아 이야기를 주고받았다. 13개월 만에 무위영 소속 병졸들에게 한 달 치나마 급료를 준다는 통보에 이른 아침부터 군사들이 모여든 것이다.

1년이 넘도록 급료를 못 받은 군사들은 오랜만에 쌀 구경을 하게 되어 기분이 좋았다. 그동안 선혜청 곳간은 텅 비어 있었는데, 6월 초이튿날 전라도 조미(租米, 조세로 거둔 쌀)가 마포나루에 도착하여 선혜청 곳간에 들어온 것이다.

군사들은 손에손에 자루를 들고 모여들어 마당이 꽉 찼는데도 곳간문은 열리지 않았다. 해는 어느새 중천에 올라 따가운 햇볕이 내리쬐고 있었다. 복더위에 장마철이지만 한 달 가까이 비 한 방울 내리지 않은 하늘은 구름 한 점 없이 새파랗고, 해는 제 세상을 만난 양 맘껏 이글거렸다. 햇볕을 피해 마당가 담 밑이나 작은 나무 그늘 밑에 자리 잡은 군사들은 그래도 좀 나았지만, 늦게 와서 마당 가운데 앉은 자들은 땡볕에서 땀을 삐질삐질 흘리면서도 자리를 뜰 수 없었다.

 곳간 정면 마당가에 서 있는 해묵은 향나무 그늘 밑에도 예닐곱 사람이 모여앉아 잡담을 나누고 있었다. 우락부락하게 생긴 군사 하나가 벌떡 일어서며 구시렁거렸다. 처음에는 그늘이라 앉았지만 차차 해가 들어 땡볕을 뒤집어쓰게 되자 신경질이 난 모양이었다.

 "대체 저 우라질 놈들은 곳간 문을 은제 열겠다는 게야. 벌써 해가 한나절이잖어?"

 옆에 앉았던 훈련도감 포수 유복만(柳卜萬)도 일어서서 엉덩이를 털며 말을 받았다.[19)]

 "누가 아니래나. 기왕 줄 거면 아침 일찍부터 주면 가서 일이나 하잖어. 이게 무슨 개지랄이란 말여."

 마주섰던 군사가 받았다.

 "차라리 빌어먹는 게 났지, 이게 나라의 군사 꼴이여? 낼버텀 당장 새우젓 장사라도 할라네. 으른들은 그렇더라도 어린 새끼들이 배고프다고 보채는 꼴을 더 볼 수만은 없어."

 아직은 그늘 밑이라 죽치고 앉아 손등으로 땀을 훔치던 동료 포수 강명준(姜命俊)이 말가리를 들었다.

 "이 사람아, 우린 벌써 이틀째 피죽도 못 끓여보았어. 이게 뭐 말라비틀어진 병정인가. 왜별긴가 뭔가 하는 놈들은 요차를 꼬박꼬박 타먹고, 군복도 새것으로만 내준다네. 우리들이 입은 이 군복은 그놈들이 입다 내버린 넝마란 말일세."

 그 옆에 앉았던 포수 정의길(鄭義吉)은 다리가 저린지 연방 콧등에 침을 찍어 바르다가 그예 일어서며 종주먹을 쥐고 부르짖었다.

"그 민겸혼가 뭔가 하는 어리뱅이는 뭔 속셈으로다 왜놈들을 끌어들여 이 모양을 만드는가 말이여. 신식 훈련은 뭔 개떡 같은 신식 훈련, 즈이들끼리 짝짜꿍이루다 돈냥이나 바친 놈들만 골라 뽑은 오사리 잡탕 집단이여. 그건 군대도 아녀."

강명준이 비죽비죽 비웃으며 받았다.

"이 사람아, 그게 어리뱅이 민가 놈 짓인 줄 알았나? 구중궁궐에 들어앉은 백여우 짓이라네. 시아버지 밑에서 숨도 못 쉬다가 제 세상 만났으니 무슨 짓인들 못하겠나. 두고 보게나, 이제 나라 팔아먹을 날도 머지않았을 것이여. 불과 한 달 동안에 미국, 영국, 러시아, 독일과 조약인가 뭔가를 맺어 백성들 꼴이 이 모양이 아닌가 말이여."

아직도 그늘 밑이라 태평하게 앉았던 김춘영(金春永)도 일어서며 거들었다.

"이제서 보면 운현 대감이 그래도 나라를 잘 다스렸어. 그때는 벼슬아치들이 기를 못 펴고 오직 나랏일만 했잖어. 벼슬아치들이 긁어모은 재산 모조리 뺏어 경복궁 짓고, 텅 비었던 내탕고며 선혜청 곳간을 가득가득 채웠잖아. 그 많던 재물을 중전과 민가 놈들이 다 빼먹고 군졸들 요차도 못 주게 되었잖는가 말이여."

유복만이 삿대질을 하며 나섰다.

"이 사람아, 민가들뿐만 아녀. 경기관찰사 김보현(金輔鉉)이 농간질을 해서 경기도 조미를 죄다 빼돌린 것이여. 김보현 집 곳간에는 우리 무위영 1만 병졸이 3년 먹을 쌀이 쌓였다네. 그게 어디 경기관찰사 맘대루 감히 대놓고 도적질을 했겠는가? 다 믿는 구석이 있어서 보란 듯이 빼돌려도 탈이 없는 것이여. 김보현 곳간이 곧 중전의 곳간이란 말일세."

김춘영이 푸념했다.

"우리끼리니까 말이네만, 이게 무슨 나라꼴인가. 이런 나라는 망해야 혀. 백성을 돌보지 않고 병정을 괄시하는 나라에 그 누가 충성을 하고 목숨을 바치겠나. 망해야 하는 겨. 망하고 새로운 나라가 서야 하는 겨."

강명준은 주먹을 부르쥐고 삿대질을 했다.

"자고로 암탉이 울면 집안이 망한다구 했어. 중전이 상감을 깔고 앉아 제 척족과 간신들을 끌어들여 농간질을 치니 나라가 이 꼴인 것이여. 장안의 무당, 판수가 대궐을 제집 드나들 듯하고, 글줄이나 꿰는 무당 서방은 현감, 군수 감투를 쓰고 나발을 불며 행차한다네. 어디 그뿐인가. 족집게 무당이라고 소문이 나면 대번에 기와집을 한 채씩 안겨준다네. 이도저도 다 때려치우고 무당 기둥서방이나 해먹어야겠어."

"이 사람아, 무당 기둥서방은 아무나 하는 줄 알아? 요새 잘나가는 무당은 당상관도 종 부리듯 한다네. 길거리 광대들도 하루아침에 양반이 되어 벼슬을 하고, 인모 탕건에 통영갓을 쓰고 거들먹거리며 대궐 드나드는 꼴 못 보았는가?"

김춘영의 말에 강명준이 눈을 크게 뜨고 물었다.

"아니, 무당 판수는 중전이 불러댄다지만, 광대는 또 뭔가?"

"아따, 이 사람아. 젊은 상감이 중전 하나루다 만족하겠는가. 이 상궁, 장 상궁 말고도 얼굴 반반한 궁녀가 어디 한둘이겠나. 그러니 중전이 상감을 옆에 꿰차는 방법을 찾다가 마침내 광대를 생각했다는 것이여. 광대며 재인들을 불러들여 밤마다 놀이를 시키면서 옆에 지키고 앉아 구경하게 하니 상감인들 어찌 하겠나."

강명준은 가래침을 돋우어 칵 뱉고는 말도 씹어 뱉었다.

"니에미, 시러배 잡것들……. 나라의 군사가 광대패만도 못한 나라가 정녕 나란가. 백성이 무슨 죄가 있어 이 꼴을 보구 살아야 하는가."

유복만이 그늘에 앉은 김춘영을 끄잡아 일으키며 말했다.

"이제서 곳간 문이 열렸구먼. 우리도 어여 줄을 서세."

군졸들이 우루루 몰려 줄을 서자, 구군복(具軍服) 차림에 산수털 벙거지를 쓰고 등채(군복 차림을 했을 때 손에 드는 지휘봉)를 든 군관이 큰 소리로 위엄 있게 말했다.

"소란 피우지 말고 두 줄로 서라. 날이 더우니까 두 군데서 주겠다."

한 줄로 서던 군사들이 헤쳐모여 두 줄로 섰다. 그래도 넓은 마당에 구불구불 늘어서고 골목까지 줄을 섰다. 포수 유복만의 패 대여섯은 마당 한가운데 두 줄로 나누어 섰는데, 저만큼 앞에서 쌀을 받은 군졸들이 소리를 지르기도 하고 받은 쌀자루를 마당에 내팽개치며 배급을 주는 자들에게 대들기도 했다.

하도 소란스러워 유복만과 정의길은 곳간 앞으로 가보았다. 요차는 한 달분으로 화인(火印, 장되. 장되 열 되가 화인 한 말) 한 말을 주는데, 이상하게도 쌀을 멍석에 쏟아놓고 말질을 하는 것이 아니라 쌀섬에서 퍼 담아주고 있었다. 그런데 자세히 보니 누렇게 뜬 쌀에 등겨와 모래가 섞여 있었다. 더욱이 정량 한 말도 아니라며 군사들이 항의했다. 병졸들이 소란을 피우자 감독 군관이 소리쳤다.

"쉬잇, 조용히들 하고 내 말을 들어라. 쌀에 등겨가 좀 섞였고, 어느 섬에는 모래가 섞이기도 했다. 쌀에는 으레 등겨가 섞이게 마련이지만, 모래가 섞인 것은 아마도 마포나루에서 하역할 때 백사장에서 쏟아진 쌀섬이 더러 있어 그런 모양이다. 그러나 그것을 일일이 가려가며 줄 수도 없으니 복불복으로 생각하고 그냥 받아 가야 한다. 이제 곧 경상도 조미가 올라오면 수일 내에 또 급료를 줄 것이니, 우선 오늘은 주는 대로 받아가거라. 더 이상 소란 피우면 배급을 중단하겠다."

배급을 중단하겠다는 감독의 말에 군졸들은 찔끔했다. 당장 여러 날 굶어 늘어진 식구에게 죽이라도 끓여 먹여야 살 형편이었으니 도리 없었다. 모래가 섞였을망정 쌀을 받은 병졸들은 구시렁거리며 쌀자루를 등에 메고 허청허청 걸어갔다.

어차피 들통이 나버리자, 감독 군관은 말잡이와 창고지기에게 맷방석을 내오게 하여 깔고는 쌀섬을 쏟아 훌훌 섞어 배급을 주기 시작했다. 쏟는 쌀섬마다 모두 누렇게 떴고, 열에 네다섯 섬에는 모래와 등겨가 태반이었다. 배급은 계속되었고 쌀을 받은 군졸들이 계속 수런거리자, 이내 구군복 차림의 군관 하나가 더 나와 감독관이 둘이 되었다. 새로 나온 감독관은 줄을 선 군졸들에게 거듭 호통을 쳤다.

"소란 피우지 말고 오늘은 그냥 받아 가야 한다. 쌀에 모래가 섞인 것은 우리로서도 알 턱이 없고 어찌 할 수도 없다. 이제 곧 경상도 조미가 올라오면 두 달 치 요차가 나갈 것이다. 우선 그때까지만 참아라."

군졸들은 그나마 두 달 치 요차를 곧 준다는 말에 분노를 삭이며 모래와 등겨가 섞인 쌀자루를 메고 불만을 늘어놓으며 흩어졌다. 이윽고 유복만 일행이 말잡이 앞에 섰다. 유복만 옆줄에 섰던 강명준이 쌀을 자루에 받아 들고 한 주먹 꺼내 보았다. 쌀은 누렇게 떠서 문내가 코를 찔렀고, 그나마 모래와 등겨가 절반이었다. 게다가 쌀 말은 분명 밀대(곡식을 말에 담고 평평하게 고르는 방망이)로 밀어 한 말이었는데 자루에 들어온 쌀은 한 말 분량이 아니었다.

손바닥의 쌀과 쌀자루를 들어본 강명준은 그만 눈이 뒤집혀 주먹에 쥔 쌀을 창고지기의 면상에 냅다 뿌리며 일갈했다.

"이 우라질 놈아, 이걸 사람 먹으라고 주는 게냐? 개돼지도 이런 건 못 먹겠다. 게다가 이게 화인 한 말이냐, 이 날도적놈아."

창고지기는 등겨와 모래가 눈에 들어갔는지 잠시 눈을 비비고는 대들었다.

"이놈이 어디서 행짜여, 행짜가! 쌀이 썩었는지 모래가 섞였는지 내가 알게 뭐냐, 이놈아. 우린 나눠주라니까 그저 말질만 할 뿐이다."

강명준이 그예 욱하고 달려들어 창고지기 볼따구니를 후려갈기며 외쳤다.

"이 종놈 새끼가 어따 대고 놈자를 놔."

강포수의 떡메 같은 주먹을 맞은 창고지기는 짚동처럼 나자빠졌고, 옆에서 지켜보던 유복만도 쌀을 받아 꺼내보고 이를 갈았다.

"에라, 이 육시랄 놈들아. 대체 어느 놈이 이걸 쌀이라고 요차로 주라더냐. 어디, 네놈이 이걸 먹어보아라."

유복만은 자기 앞의 창고지기에 달려들어 뒷덜미를 움켜잡고는 모래 섞인 쌀을 아가리에 쑤셔 넣었다. 그때 옆에 있던 군관이 등채로 유복만의 면상을 후려갈기며 호통 쳤다.

"이놈들이 감히 어디서 행패여, 행패가. 요차를 받기 싫으면 돌아가란 말이다, 이놈아."

옆에 섰던 다른 군관이 거들고 나섰다.

"이놈들이 아직 배지를 덜 곯은 모양이구나. 쌀이 싫은 놈들은 물러나고 받을 놈만 나서거라."

얼굴에 난 상처를 손바닥으로 훑어본 유복만은 피가 벌건 손바닥을 군관 앞으로 들이밀며 대들었다.

"군관 나리, 당신도 우리와 같은 군병인데 이걸 요차라고 주면서 사람을 쳐? 어디, 한번 더 쳐보시지. 자, 쳐보라고."

유복만에게 밀려 뒷걸음질을 치던 군관이 빈 쌀섬에 걸려 벌러덩 나자빠지자, 다른 군관이 막아서며 소리쳤다.

"이놈이 감히 어디라고 대들어. 네 이놈, 당장 오라를 지울 것이다."

군관이 허리춤에서 오라를 풀어들자, 강명준은 오라를 낚아채며 대들었다.

"군관 나리, 이거 같은 신세인데 왜 이러시오. 우린 선혜청 창고지기 놈과 따질 테니 당신은 저만치 물러서시오."

주위에 둘러섰던 군사들이 웅성거리기 시작했고, 유복만이 나자빠진 군관의 멱살을 잡아 일으키며 일갈했다.

"저만치 물러서서 감독이나 제대로 하시오. 우린 저놈들이 어찌해서 이따위 쌀을 주게 되었는지 그 까닭은 알아야 되겠소이다."

유복만이 군관을 떠밀어내자, 김춘영은 돌아서서 군사들에게 외쳤다.

"여러분, 우리는 개돼지가 아닙니다. 열석 달 만에 주는 요차가 썩은 쌀에 모래가 절반인데, 이걸 먹고 살 수 있겠습니까?"

군사들이 그예 팔을 걷어붙이며 이구동성으로 나섰다.

"못 산다. 우린 나라를 지키는 군사다."

"쌀을 빼돌린 도적놈들을 잡아내자."

팔뚝질을 하던 군사 하나가 말을 들여다보다가 들고 나가 돌계단에 패대기를 쳤다. 말이 박살이 났는데, 말 밑창의 둥근 판이 두 개였다. 군사들이 달려들어 집어보니, 하나는 말의 원래 밑판이었고, 다른 하나는 겹으로 밑창에 깐 것으로 두께가 한 치 오 푼(약 4.5센티미터) 정도였다. 말 밑바닥에 두꺼운 판을 깔았으니 쌀이 그만큼 못 담기는 것은 정한 이치였다. 남은 말 하나도 박살을 내보니 똑같았다.

군사들은 그예 쌀 맷방석을 둘러싸며 와 함성을 질렀고, 유복만과 강명준은 도망치려던 창고지기와 말잡이의 덜미를 거머쥐었다. 군사들이 달려들어 나머지 창고지기와 말잡이를 붙잡았고 성난 나머지 그 둘을 발로 차고 짓밟기 시작했다. 사태가 심각해지자, 감독 군관 둘은 뒤뜰에 매놓았던 말을 타고 줄행랑을 놓았다.

순식간에 네 사람이 피투성이가 되어 너부러지자, 뒤에서 지켜보던 선혜청 낭관과 관리들이 나서서 사태를 수습하려 했다. 하지만 외려 불에 기름을 끼얹은 꼴이 되어 군사들은 선혜청 관사로 몰려들었다. 관리들이 감당 못하고 달아나자, 성난 군사들은 문짝을 부수고 대청에 돌을 던지는 등 난동을 부렸다.

❈

전라도 김제에서 올라온 조미는 작년에 생산된 벼를 금방 찧어 올린 쌀로 1등품이었다. 그 쌀이 선박으로 이틀 걸려 마포나루까지 오는 동안에 쌀섬마다 한 말씩은 축이 났고, 마포나루에 도착하여 선혜청 곳간까지 오는 데 또 이틀이 걸렸다. 그 이틀 동안 쌀을 실은 수레는 경기관찰사 김보현의 집을 거치고 영중추부사 이최응의 집을 거치며 몇 해 묵어 썩고 뜬 쌀로 둔갑했다. 썩고 떠서 문내가 나는 쌀이나마 선혜청 곳간에서 또 손을 대어 빼먹으니, 전라도 현지에서 선혜청까지 오는 나흘 동안에 쌀은 썩고 절반이 축났다.

❈

병조에서 퇴청하여 막 관복을 벗던 민겸호는 선혜청 낭관의 보고를 받고는 당황했지만, 초장부터 바짝 다잡아야 할 사태임을 깨닫고 짐짓 대로하여 펄펄 뛰었다.

"당장 포도대장을 대령하렷다. 너는 좌포청 포도군관들에게 알려 난동을 부린 자들을 모조리 잡아들이게 하라."

집사와 낭관에게 명을 내린 민겸호는 설마 별일 있겠는가 싶어 관복을 갈아입고 마음을 놓았지만 불안하고 찜찜한 감을 떨쳐버릴 수는 없었다. 쌀이 바뀐 것은 이미 알고 있었고, 어느 정도 축이 났으리라는 것도 짐작하고 있었다. 그러나 등겨와 모래를 섞어 주었을 줄은 모르고 있었다. 지은 죄가 있는지라, 곰곰이 생각하던 민겸호는 아무래도 안 되겠다 싶어 벗었던 관복을 다시 입고 입궐했다. 비록 일이 커지지는 않더라도 이참에 난동을 부린 주동자들을 잡아 엄단하여 분란의 싹을 자르겠다는 심산이었다.

※

민겸호는 대원군의 둘째 처남으로 중전에게는 12촌 오라버니가 된다. 촌수는 비록 12촌 간이지만 겸호의 형 승호가 중전의 친부 민치록(閔致祿)의 양자로 들어가 중전의 친오라버니가 되었으니, 그 동생 역시 친오라버니나 마찬가지였다. 민승호는 대원군이 실각한 지 1년 뒤인 6년 전에 선물 상자로 배달된 폭발물이 터지는 바람에 어머니와 어린 아들과 함께 현장에서 죽었다.

민겸호는 비록 촌수는 멀지만 실권을 잡은 중전의 오라버니로서 수족처럼 움직이고 있었다. 게다가 척족 민 씨 세력의 주축으로 병조판서와 나라의 재물을 총괄하는 선혜청 제조를 맡고 있었으니, 그 권력이 영의정을 능가했다.

민겸호의 명을 받은 좌포도대장 이종승(李鍾承)은 포도군관과 포졸들을 풀어 난동의 주동자로 지목된 유복만과 강명준, 김춘영, 정의길을 잡아 포도청 남간(南間) 옥에 가두고 성난 군사들을 해산시켰지만, 선혜청은 이미 난장판이 된 뒤였다.

❈

민겸호의 주선으로 긴급 어전회의가 열렸다. 민겸호가 아뢰었다.

"전하, 신의 불찰로 선혜청에서 작은 불상사가 발생했나이다."

긴급 어전회의에 긴장한 임금은 대체 무슨 일인가 싶어 다급히 물었다.

"선혜청에서 오늘 군사들에게 요차를 준다고 했는데, 무슨 불상사가 났다는 말인가?"

민겸호는 잠시 생각을 가다듬고는 아뢰었다.

"몇 달 만에 주는 요차가 너무 적다고 몇몇 병졸이 야료를 부리면서 일어난 난동인 줄 아나이다."

임금이 별일 아니라는 듯이 긴장을 풀자, 좌포도대장에게 상황보고를 받은 영의정 홍순목이 민겸호를 노려보고는 분연히 아뢰었다.

"선혜청 곳간이 비어 무위영과 장어영 군사들에게 급료를 못 준 지가 1년이 넘었나이다. 하온데 마침 전라도에서 조미가 올라와 오늘 선혜청에서 한 달 치 요차를 지급했는데, 양이 차지 않는 데다 쌀이 썩어 군사들의 불만이 시작되었다고 하옵니다. 성난 군사들이 그예 선혜청 창고지기와 말잡이를 구타하여 생사를 분간하기 어렵게 되었고, 이어 관청의 문짝을 부수고 대청에 마구 돌을 던져 선혜청 낭관들이 도피하는 지경에 이르렀다 하나이다."

임금이 비로소 심각성을 깨닫고 물었다.

"아니, 양이 차지 않고 쌀이 썩었다니. 한 해가 넘도록 급료를 주지 못한 것도 민망한데, 양도 차지 않았다는 것은 무슨 까닭이냐?"

민겸호는 자라목을 하고는 시침을 뗴었고, 홍순목이 아뢰었다.

"도봉소(각 고을에서 세곡을 받아들이던 관아)에서 운반하는 도중에 세곡이 축나는 경우가 어찌 없겠나이까. 견물생심이라 어찌 할 수 없지만, 아직 햇곡이 나오기 전이라 기근이 심하다보니 많은 조미가 소실된 것으로 아나이다."

임금이 마침내 대로했다.

"대체 조미가 얼마나 소실되었기에 군사들 한 달 치 요차마저 빼먹는단 말이냐. 게다가 쌀이 썩었다니, 대체 금방 올라왔다는 조미가 왜 썩었다는 것인가. 진상을 낱낱이 가려내 조미를 보충하게 하고, 군사들 급료를 정량으로 지급하라."

홍순목이 분연히 말했다.

"신이 전에도 진언한 바 있었나이다. 궁중(宮中)과 부중(府中)이 일체가 되어 어려운 난관을 헤쳐나가도록 힘써도 어려울 판국인데 궁중과 조정은 사분오열되어 있나이다. 이번 일의 발단만 하더라도 별기군의 군사는 매월 요차를 받고 있는데, 훈련도감 군사들은 한 해가 넘도록 요차를 주지 않으니 어찌 하늘을 쳐다보고 한탄하지 않겠나이까. 10년을 양성하여 하루에 쓰는 것이 군사일진대, 이같이 차별하여 군대를 양성한들 어찌 충성을 바라겠나이까."

그러한 내용을 알 턱이 없는 임금은 믿을 수 없다는 듯이 물었다.

"그건 또 무슨 말인가? 별기군 군사는 매월 요차를 주었다니?"

"전하께서는 근래에 행차하실 때마다 군사들에게 건호궤(군사들에게 음식을 주어 위로하는 것을 호궤라 하는데 음식 대신 돈을 주는 것)하라는 명이 있었으나, 해당 영에서 돈이 없어 나누어 주지 못했으니, 이는 유명무실한 어명일 뿐 그 혜택이 아래에 미치지 못했나이다. 군사들이 먹여줄 것을 바라는 식량은 한 해에 쌀 열 말에 불과합니다. 그것조차 한 해가 넘도록 주지 못했으나, 그들은 스스로 의식(衣食)을 마련하여 식구를 부양하며 군무에 복역하면서도 그동안 불평 한마디 하지 않았으니, 군령을 어기지 않는 기율이 어찌 이보다 더 강하다 할 수 있겠나이까."

임금도 숙연히 받아 말했다.

"그렇다. 군사들이 굶주림의 고초를 이기면서도 군령을 어기지 않은 것은 실로 가상한 일이다. 앞으로는 조정 신료보다 양 영의 군사들 급료를 먼저 챙기는 정책을 써야 할 것이니라. 모쪼록 이번 사태를 잘 수습하여 군사들을 안정시키도록 조치해야 할 것이야."

자기 주도로 사태를 무마하려던 민겸호는 영의정 홍순목이 조목조목 아뢰는 타당한 충언에 꿀 먹은 벙어리가 되어 앉아 있다가 어명을 받았다.

"분부 받자와 명심하겠나이다. 성상께서는 심려치 마시옵소서."

한편 선혜청에 200여 명의 포도군관과 포졸들이 들이닥쳐 주동자로 지목된 네 명과 말을 박살내는 등 적극 가담한 군사 예닐곱 명을 잡아갔다. 그러자 군사들이 훈련도감으로 모여들어 의견을 모아 잡혀간 동료들을 구하기로 결정했다.

　대표로 선정된 네 명이 직속상관인 훈련대장 이경하를 찾아갔다. 이경하는 대원군의 심복으로 성정이 대쪽 같고 무예가 뛰어난 범 같은 장수였다. 병인양요 때는 순무영 대장으로 출전하여 프랑스군에 점령당한 강화도를 수복하는 등 혁혁한 공을 세웠으나, 대원군 실각 이후 훈련대장에 머물러 있었다.

　선혜청 사건의 전말을 듣고 난 이경하 불같이 화가 났다. 사람으로서 하지 못할 짓을 중앙 관청에서 나라 지키는 군사들에게 버젓이 한 것이다. 당장 병조판서 민겸호를 찾아가 진상을 밝히려 했지만, 자칫 사건이 커지면 자신으로서는 감당 못할 사태가 일어날 수도 있음을 감지하고 진정했다. 생각다 못한 이경하는 훈련대장으로서 병졸들을 통솔하지 못한 죄를 자청하고, 수감된 훈련도감 군사들을 석방해달라는 간곡한 청원서를 써서 민겸호에게 전하게 했다.

　군사 10여 명이 무리를 지어 민겸호의 집 앞에 이르러 훈련대장의 청원서를 전하려 했으나 성문 같은 대문은 열리지 않았다. 민겸호 역시 대원군의 심복이던 이경하를 탐탁찮게 여기고 쫓아낼 궁리만 하던 차였으니 청원서를 받아들일 리가 없다.

　군사들은 이튿날도 민겸호의 등청 시간에 맞추어 집 앞에서 청원서를 전하려 했으나 병조의 군사들에게 쫓겨났다. 그 이튿날도 면담을 요청했으나 역시 실패했고, 계속 병조판서 행차를 막으면 모조리 잡아넣겠다는 병조좌랑의 엄포만 듣고 하릴없이 돌아서야 했다.

　사건이 일어난 지 사흘째 되던 6월 8일, 선혜청 사건으로 잡혀간 네 사람 중에 두 사람을 참형에 처할 것이라는 소문이 훈련도감에 나돌았다. 훈련도감 군사들은 흥분하기 시작했다. 마침내 유춘만(柳春萬, 유복만의 동생)과 김장손(金長孫)이 주동이 되어 투옥된 군사들의 구명 운동을 하기로 작정하고, 통문을 작성하여 무위영과 장어영 군사들에게 돌렸다.

양 영의 군사들과 해직당한 전직 군사들이 크게 동요한다는 소문은 금방 조정에 전해졌다. 이에 당황한 조정에서는 영중추부사 이최응의 주청으로 임금의 윤허를 얻어 군란을 진압할 것이라는 소문이 금방 군부에 퍼졌다.

이튿날 6월 9일 이른 아침, 유춘만과 김장손을 비롯한 군사들 20여 명이 민겸호에게 탄원하려고 집 앞에 대기했지만 한나절이 되도록 민겸호는 나타나지 않았고 대문이 열리지도 않았다. 도리 없이 죽치고 앉았던 군사들이 막 돌아가려는 참에 대문이 빠끔하게 열리더니, 사람이 고개를 내밀었다.

군사들이 보니 그자는 전날 선혜청에서 얻어맞은 창고지기였다. 그래도 구면이라 반가운 김장손이 대문 앞으로 다가가서 통사정했다.

"이보시오, 그날은 우리가 잘못했소이다. 정중하게 사과할 테니, 대감마님께 이 청원서만 올리게 하여 주시오."

창고지기는 아직도 멍이 시퍼렇게 든 얼굴로 같잖다는 듯 비웃더니 거드름을 피웠다.

"하룻강아지 범 무서운 줄 모른다더니, 이것들이 감히 여기가 어디라고 날마다 와서 행짜여, 행짜가. 계속 이러면 모조리 잡아넣겠다는 대감마님 영이시다, 이놈들아."

창고지기가 돌아서며 대문을 닫으려 하자, 유춘만과 군사 서넛이 왈칵 달려들어 대문을 열어젖혔다. 설마 했던 창고지기는 군사들이 들이닥치자 뒷걸음질을 치다가 어마 뜨거라 하고 중문께로 달아났다. 창고지기에게 거듭 놀림을 당한 군사들은 얼결에 대문을 밀치고 들어섰지만 어쩔 줄 몰라 하다가 창고지기 놈이 도망치는 순간 하나같이 욱하고 감정이 북받쳤다. 누가 먼저랄 것도 없이 여남은 명이 소리치며 내달았다.

"저놈 잡아라."

한번 매운 맛을 본 창고지기는 기겁을 하고 뛰어가 중문을 닫아걸었다. 중문 앞에 다가선 유춘만이 외쳤다.

"중문을 밀고 들어가자."

군사들 20여 명이 와와 함성을 지르며 문짝을 발로 차고 어깨로 밀자 중문 빗장이 뚝 부러지며 문이 열렸다. 당황한 창고지기는 사랑채 앞에서 쩔쩔매다가 사랑채 대문으로 들어가 또 문을 걸어 닫았다. 달려든 군사들이 함성을 지르며 밀어붙이자, 중문보다 더 약한 문빗장이 부러지며 문이 열렸다.

창고지기는 달려가 사랑채에 있던 청지기에게 상황을 알렸고, 청지기는 안채에 있던 민겸호와 가족들에게 급변을 고했다. 집안의 가노와 집사들 여남은 명이 달려 나왔지만, 군사들이 어느새 손에손에 몽둥이며 절굿공이, 떡메 등 연장을 들고 설치자 비실비실 뒷걸음질을 치기 시작했다.

사랑채에서 왁자하게 들리는 군사들의 고함에 놀란 민겸호는 당황하여 쩔쩔매다가, 청지기와 창고지기가 다급히 외치자 정신이 번쩍 들었다.

"대감마님, 어서 피하소서."

민겸호는 맨 감투 바람으로 뒷문으로 달아났고, 여종들과 청지기는 안식구들을 옆집으로 빼돌려 피신시켰다. 훈련도감 군사들은 사랑으로 뛰어들어 민겸호를 찾았으나 있을 턱이 없었다. 안채로 들이닥쳐 안방이며 건넛방을 모조리 뒤져도 대청에서 여종들 몇몇이 벌벌 떨고 있을 뿐 텅 비어 있었다. 집 안을 뒤지던 한 군사가 외쳤다.

"여기 있다."

군사들 대여섯이 우루루 몰려들자, 군사가 마루 밑을 들여다보며 외쳤다.

"창고지기 놈이 마루 밑에 숨어 있다."

군사들이 엎드려 들여다보니, 창고지기가 마루 밑에 납작 엎드려 벌벌 떨고 있었다. 재빠른 군사 둘이 기어들어가 창고지기를 끌고 나와 마당에 내동댕이쳤다. 조금 전까지 기세가 당당하던 창고지기는 이미 사색이 되어 너부러졌고, 군사 서넛이 달려들어 발로 차고 짓밟기 시작했다. 이미 광란한 군사들이 벌 떼처럼 달려들어 짓이기자 이내 숨이 끊어지고 말았다. 피를 토하며 죽는 꼴을 본 군사들은 흥분하여 날뛰기 시작했다. 누군가 힘차게 외쳤다.

"백성의 피를 빨아먹은 도적놈의 집을 모조리 때려 부수자."

"와아, 때려 부수자."

"박살을 내자."

이미 사람을 죽인 군사들은 며칠간 쌓인 분노와 함께 눈이 뒤집히도록 흥분했다. 광문을 짓부수고 열어젖힌 군사들은 홍두깨며 칼이며 도끼 등 연장을 닥치는 대로 집어 들고 안채부터 때려 부수기 시작했다. 호화스러운 집기며 세간이 삽시간에 모조리 박살나고, 문짝이란 문짝은 창문짝까지 조각이 나버렸다. 사랑채 민겸호의 거처까지 박살을 낸 군사들은 그제야 정신이 들었다.

마루에 걸터앉아 숨을 헐떡거리던 나이 지긋한 군사 하나가 얼굴에 흐르는 땀을 팔뚝으로 훔치며 넋을 놓고 중얼거렸다.

"그예 큰일을 저질렀구나. 우린 이제 모두 죽었다."

땀에 흠뻑 젖은 군사들은 우물가에 모여들어 물을 다투어 뒤집어 쓰고 두레박으로 물을 길어 목을 축이거나 얼굴에 퍼부었다. 온몸이 물에 젖은 군사가 옆에 앉으며 말했다.

"이제 어찌 해야 하는가? 동료 몇을 구하려다가 떼죽음하게 생겼네그려."

유춘만이 팔을 걷어붙이며 나섰다.

"이래 죽으나 저래 죽으나 한 번 죽기는 매일반이다. 기왕 벌어진 일, 포도청 옥을 깨트리고 죄 없는 우리 동료들을 구해내자."

김장손이 받아 외쳤다.

"그렇다. 그대로 두면 저들은 죽는다. 동료들을 구해내고, 이참에 탐관오리들을 모조리 잡아 죽이자."

마루 앞 봉당이며 마당에 옹기종기 모여 섰던 젊은 군사들 몇몇이 팔뚝질을 하며 거들었다.

"옳소. 우린 이미 돌아갈 수 없는 길을 와버렸소이다. 계속 밀고 나갑시다."

"그렇다. 그동안 우리는 사람 취급도 못 받았다. 양 영의 군사들도 우리 뜻에 따를 사람들이 많다. 힘을 합쳐 우리를 업신여긴 놈들을 모조리 때려죽이자."

그동안 어떻게 소문이 퍼졌는지 처음 20여 명이던 군사의 수는 50여 명으로 불어났는데, 모두 팔뚝질을 하며 동조하고 나섰다. 나이 지긋한 군사가 나섰다.

"좋소이다. 우리는 이미 되돌아갈 수 없는 데까지 왔소이다. 훈련도감은 물론 양 영의 군사들에게 통문을 돌려 오늘 안으로 결판을 내야 합니다. 일단 훈련도감으로 갑시다."

군사들은 제각기 짚신감발을 하고는 훈련도감으로 내뛰기 시작했다.

❈

연줄연줄로 사발통문을 들은 양 영의 군사들은 훈련도감 연병장에 빼곡히 몰려들었다. 몰려든 군사들 중에는 몇 달 전에 5영이 해체되면서 하루아침에 일자리를 잃은 군사들이 태반이었는데, 유춘만도 그중 하나였다.

민겸호의 집에 난입한 군사들 30여 명이 주축이 되어 구수회의를 했다. 나이 지긋한 포수 정쌍길(鄭雙吉)이 장두(狀頭, 여러 명이 서명한 청원장 첫머리에 이름을 적는 사람)로 뽑혔고, 유춘만과 김장손이 부장두로 선정되었다. 중론을 모은 뒤에 정쌍길이 장대에 올라 웅성대는 군사들을 통제하며 사태의 발단과 진행 과정을 설명하고 앞으로의 거사에 관해 의견을 물었다.

"여러분, 우리는 말만 나라 지키는 군사였지, 개돼지 취급을 받아 온 지 10여 년이 됩니다. 그동안 군병의 도리를 다하면서도 굶어 늘 어진 부모와 어린 새끼들을 보다 못해 별별 짓을 다해보았지만, 식 구들 입에 풀칠하기도 어려웠습니다. 그런데도 고관대작들의 집 곳 간에는 고기와 쌀이 썩어나고 있습니다. 이번 전라도에서 올라온 조 미만 해도 금방 찧은 백옥 같은 쌀이었습니다. 그 쌀을 경기관찰사 와 영의정을 지낸 이최응이의 곳간을 거치며 썩은 쌀로 둔갑했고, 썩은 쌀이나마 선혜청 곳간에서 반은 빼먹고 군사들 요차에 등겨와 모래를 섞어 지급한 것입니다. 여러분, 우리가 언제까지 이 수모를 당해야 합니까?"

장두의 말에 군사들은 불같이 폭발했다. 함성이 훈련도감을 진동 했고, 다들 이구동성으로 외쳤다.

"탐관오리를 때려죽여야 한다."

"감투 쓴 도적놈들을 모조리 잡아내야 한다."

"왜놈의 앞잡이 별기군을 해체하고 왜놈 교관을 때려죽여야 한 다."

"왜놈들 소굴인 공사관을 쳐부숴야 한다."

"죄 없이 잡혀간 우리 동료들을 구해내자."

유춘만은 장대에 올라 벽력같이 소리쳤다.

"여러분 뜻을 알겠소이다. 우리는 나라를 지키는 군병입니다. 나 라를 위하여 백성의 고혈을 짜는 탐관오리를 몰아내고, 군부의 기강 을 바로 세워야 할 때가 바로 지금입니다."

"옳소."

"좋소, 당장 출병합시다."

정쌍길이 들끓는 군중들을 진정시켰다.

"여러분, 우리는 군병입니다. 질서가 있고 기강이 있어야 합니다. 거사의 성공은 시간이 좌우합니다. 신속히 공격하기 위해서는 패를 갈라야 합니다. 한 패는 의금부 전옥으로 쳐들어가 동료들을 구해내고, 한 패는 탐관오리 집으로 쳐들어가 응징해야 합니다."

곧이어 주동이 된 30여 명이 700여 명의 군사를 반으로 갈라 2개 대로 조직했다. 훈련도감의 무기고를 열고 무기를 지급했지만 절반에도 못 미쳤다. 전옥을 깨뜨릴 군대는 유춘만이, 한 패는 정쌍길이 맡아 각기 목표를 향해 출발했다.

유춘만은 300여 명의 군사를 이끌고 의금부로 쳐들어갔다. 화승총을 든 군사들이 들이닥치자, 의금부를 지키던 포졸과 옥지기들은 혼비백산하여 도망을 쳤다. 군사들은 옥에 갇힌 동료 10여 명을 구해냈지만, 그들은 이미 고문을 당하여 초주검이 된 상태였다.

옥을 부수고 동료를 구한 군사들은 훈련원 하도감으로 난입했다. 별기군 영내로 들이닥친 성난 군사들은 대항하는 별기군들을 두들겨 패고, 달아나던 일본군 교관 호리모토 레이조 소좌를 붙잡아 그 자리에서 때려죽였다. 군사들은 별기군 무기고를 열어 무라다 소총 100정을 탈취하여 분배한 뒤에 전열을 정비하여 천연동 일본 공사관으로 몰려갔다.

|13장 주석|

19) 임오군란을 일으킨 군졸들은 실존 인물이며 이름도 실명 그대로다. 이들은 민 왕후에 의해 난이 진압되면서 모두 체포되어 참형에 처해졌다. 군란의 시작과 평정되기까지의 과정은 실록에 의거했고, 세부 묘사는 지은이의 창작이다.

14장

대원군의 33일 천하

太極旗

한편 다른 한 패는 몇 번이나 영의정을 지내다가 영돈녕부사가 된 이최응의 집으로 몰려가 무작정 짓부수기 시작했다. 기겁을 한 이최응은 하인의 등을 타고 담을 넘다가 군사들에게 붙잡혀 그 자리에서 처참하게 맞아죽었다. 대원군 이하응의 형님이며 임금의 큰아버지로서 10여 년간 막강한 권력을 휘두르며 재물을 긁어모으던 이최응의 최후는 그렇게 비참했다.

군사들은 대여섯 간이나 되는 곳간을 열어 곳간마다 가득가득한 엽전이며 피륙, 쌀과 곡물, 건어물, 육포, 고기 등을 몰려든 백성들에게 나누어주었다. 그러나 엄청난 백성들이 난동을 부리며 달려들자, 감당할 수 없어 일단 곳간을 닫고 문을 걸어 잠갔다.

장두 정쌍길은 무장한 군사를 시켜 곳간을 지키게 하고는 이웃한 이조참판 민창식(閔昌植)의 집으로 난입하여, 가족들이 보는 앞에서 그를 끌어내 짓밟아 죽였다. 민창식은 민겸호의 조카로, 온갖 악행을 저지르며 재물을 모아 중전에게 바치던 척족이었다.

민창식의 집을 박살 낸 군사들은 순청골 김보현의 집으로 몰려갔다. 경기관찰사 김보현은 보고를 받고 경기감영에 있어 화를 면했지만, 집 안은 삽시간에 박살이 나고 부녀자들은 뿔뿔이 달아났다. 이들은 재물이 가득 찬 곳간 여덟 간을 무장한 군사들을 세워 지키게 하고는 경기감영으로 몰려갔다.

감영의 군사와 관리들은 400여 명의 군사들이 들이닥치자 거미새끼처럼 잽싸게 흩어져 제 살길 찾기에 급급했다. 관찰사 김보현이 이미 말을 타고 도망쳤으니, 졸개들이 목숨을 내놓고 대항할 까닭이 없다. 경기감영을 무혈점령한 군사들은 무기고 문짝을 부수고 무기를 들어내 군사들을 무장시켰다. 이로써 400명이 넘는 군사들은 폭도가 아닌 화승총과 창칼로 무장한 막강한 반란군으로 변해 기세가 하늘을 찌를 듯했다.

유춘만의 군대가 작전을 성공적으로 수행하고 일본 공사관으로 진격했다는 보고를 받은 장두 정쌍길은 군사들을 이끌고 천연동으로 달려갔다. 날은 이미 저물어 어둠이 깔리기 시작했는데, 마침내 일본 공사관인 천연동 청수관 앞에서 양 군이 합류했다. 유춘만의 군대도 700여 명 전원이 별기군의 신식 소총으로 무장해 군세가 실로 막강했다.

조선 군대가 공사관에 들이닥치자, 하나부사는 총을 쏘며 접근을 막으려 했다. 하지만 조선군 역시 무라다 소총으로 대항하자 그는 세 불리를 깨닫고는 무관들에게 관사에 불을 지르게 했다. 불을 질러 비밀 서류를 태운 하나부사는 서기관과 무관들을 휘몰아 뒷문으로 빠져나가 점차 짙어지는 어둠 속으로 달아났다.

조선 군사들은 대항하던 일본 공사관에서 갑자기 불길이 치솟자 당황했으나, 총격이 무서워 감히 접근하지 못했다. 잠시 지켜보던 군사들은 왜놈들이 이미 뒷문으로 도주한 것을 알고 공사관에 난입하여 닥치는 대로 들부수고 불을 질렀다. 이웃 건물인 관사까지 불을 질러 모조리 태우고 나니 한밤중이었다.

군중심리로 광란하던 군사들은 비로소 정신을 차리고는 주동자 30여 명이 머리를 맞대고 대책 회의를 했다. 이미 사람을 넷이나 죽였고, 경기감영의 무기고를 털었으며, 조정 고관들 집을 네 채나 박살냈다. 그뿐만 아니라 일본 공사관을 요절내고 별기군 일본 교관까지 죽여버렸으니 이제는 돌아가고 싶어도 방법이 없었다. 숙의를 거듭하던 끝에 유춘만이 단호히 말했다.

"이제 우리가 의지할 곳은 대원위 대감밖에는 없다. 우리의 거사를 성공으로 돌릴 길은 운현궁으로 가는 길밖에는 없다는 뜻이다."

고심하던 주동자들은 일시에 환성을 내질었다. 이 엄청난 반란을 수습할 사람은 오직 중전과 민 씨 세력에 밀려 쫓겨난 대원군뿐임을 비로소 깨달은 것이다. 장두 정쌍길이 말했다.

"우리는 운현궁으로 가야 한다. 누가 가겠는가?"

유춘만이 자진해서 나섰고, 몇 사람이 김장손을 추천했다.

그때 서른 명의 주동자 중에서 늘 선봉에 서던 군사 하나가 불쑥 나서며 말했다.

"잘 생각했소이다. 이 난국을 수습할 분은 오직 대원위 대감뿐이오. 마침 내가 운현궁을 잘 아니, 대원위 대감께 안내하겠소이다."

정쌍길이 다급히 물었다.

"그게 정말이오? 당신은 어디 소속이오?"

"난 어영청 소속이었는데, 군제 개편 때 밥줄이 끊어졌소이다. 때가 어느 때인데 내가 거짓말을 하겠소. 당장 갑시다."

유춘만이 말했다.

"잘되었다. 여럿은 필요 없다. 김장손과 우리 셋이 가겠다."

나섰던 자가 말했다.

"그렇소이다. 둘만 가면 되고, 장두께서는 병력을 이끌고 훈련도감으로 가시오. 도감에 진을 치고 혹시 모를 진압군에 대비해야 합니다. 하루 온종일 제대로 먹지도 못한 군사들에게 곳간 문을 열어 요기를 시키고 대기하시오. 날이 밝는 대로 진퇴가 결정될 것입니다."

그자가 마치 지휘자처럼 말했지만, 말인즉 옳은 말이라 그대로 따르기로 했다. 세 사람은 운현궁으로 달려갔고, 700명의 병력은 질서정연하게 밤길을 걸어 훈련도감으로 향했다.

먼동이 틀 무렵, 운현궁에 갔던 세 사람이 훈련도감으로 돌아왔다. 군사들은 뜨락이며 연병장에 무리를 지어 잠들어 있었고, 집총한 군사들이 드문드문 보초를 서고 있었다. 지휘부도 거의 잠에 곯아떨어졌는데, 장두 정쌍길과 서넛은 도감 군막에서 초조하게 기다리다가 세 사람을 맞았다. 김장손이 잠든 지휘부 동료들을 깨워 대책 회의에 들어갔다. 유춘만이 흥분해서 말했다.

"정작 때려죽여야 할 민겸호와 김보현은 대궐에 숨어 있다. 그놈들을 잡아 죽이지 못하면 우리 거사는 의미가 없다. 오늘 대궐에 쳐들어가 두 놈을 찾아 백성들의 원한을 풀고 우리의 거사를 정당화해야 한다."

정쌍길은 잔뜩 겁먹은 얼굴로 말했다.

"그렇더라도 대궐을 침범하면 반역이다. 우리는 역도가 아니다."

머리를 맞대었던 군사들이 섬뜩하여 움츠렸다. 반역이라니! 역도로 몰리면 삼족이 멸한다. 동료들이 술렁거리기 시작하자, 두 사람을 운현궁에 안내했던 군사가 의연히 말했다.

"그렇다. 우리는 역도가 아니다. 나라를 도탄에 빠트린 망국의 무리와 백성들 고혈을 짜는 탐관오리를 소탕하여 나라를 반석 위에 올리고자 거사한 정의의 군사다. 대궐을 침범하는 것이 아니라 대궐에 숨은 역적을 잡으러 들어가는 것이다."

김장손이 거들었다.

"어찌 되었든 간에 우리는 선택의 여지가 없다. 대궐에 들어가 탐관오리를 소탕해야 우리가 살아남는다. 이대로 주저앉으면 우리는 역도가 된다."

그자가 분연히 나섰다.

"여러분, 이제 내 신분을 밝히겠소이다. 나는 대원위 대감의 사람인 허욱(許煜)이라 하오. 나는 선혜청 사단이 나던 날부터 여러분들을 지켜보았고, 어제는 하루 종일 여러분들과 함께 행동했소이다. 동료 김장손의 말대로 우리는 선택의 여지가 없소이다. 오늘 대궐에 들어가야 한다는 것은 우리들의 마지막 임무이기도 합니다. 우리 뒤에 대원위 대감이 있다는 것을 명심하기 바랍니다."

지휘부는 마침내 흥분하기 시작했다. 살 길이 눈앞에 훤히 드러난 까닭이다.

미명이 걷히고 동쪽 하늘에 아침노을이 들기 시작했다. 지휘부는 잠든 군사들을 깨우는 한편 마당에 걸린 가마솥마다 불을 지펴 아침밥을 지었다. 따끈한 국밥을 배불리 먹은 군사들은 지휘부의 지시에 따라 진격하여 창덕궁 돈화문 앞에 집결했다. 이때가 진시였다.

무장을 한 대군이 들이닥치자, 수문장과 수졸들이 벌벌 떨며 문을 막아섰다. 수문장과 안면이 있는 유춘만이 나서서 말했다.

"동관(同官), 수고가 많으이. 창덕궁에 역도가 숨어 있으니 궐문을 열게."

수문장과 수졸들이 창을 꼬나 잡고 도열하자, 군사들이 욱하고 달려들어 발길로 차고 덜미를 잡아 내동댕이쳤다. 마침내 돈화문이 활짝 열렸고, 군사들이 함성을 지르며 쏟아져 들어갔다. 군사들은 앞장선 허욱의 뒤를 따라 북쪽으로 가다가 금천교를 건너 진선문으로 들어섰다. 진선문을 들어서서 잠시 멈칫거리던 허욱은 군사들을 이끌고 인정문 앞에 이르렀다. 인정전의 정문인 인정문은 굳게 닫혀 있었고, 수문장을 비롯한 군사 20여 명이 지키고 있었다. 허욱은 소총을 수문장 가슴에 들이대고 일갈했다.

"문을 열어라."

수문장이 받아쳤다.

"네 이놈, 무엄하다. 여기가 어딘 줄이나 아느냐?"

"어디긴 어디냐, 상감이 계신 인정전이지. 우린 역적 놈들을 잡으러 왔으니 어서 문을 열어라."

그새 무장을 한 군사들이 진선문 앞으로 꾸역꾸역 밀려들어와 마당이 군사들로 가득하자, 수문장을 비롯한 군사들은 당황하기 시작했다. 유춘만이 나서며 호통을 쳤다.

"어서 문을 열어라, 저 군사들이 안 보이느냐?"

정문 앞에 모여선 군사들이 하나같이 문을 열라고 외치니, 함성으로 대궐이 쩌렁쩌렁 울렸다. 어제 장안에서 벌어진 사태를 아는 수문장은 군사들에게 문을 열라고 지시했다. 마침내 인정전 정문이 활짝 열렸다. 높은 월대(궁전이나 누각에 세워놓은 섬돌) 위에 웅장한 인정전이 정면으로 보였다. ㄷ자형으로 월랑(月廊)이 둘린 마당 가운데로 돌을 깔아놓은 어도(御道)가 있고, 양쪽으로 정·종(正·從)의 품계석이 늘어서 있다.

허욱은 인정문을 들어서서 인정전을 쳐다보았다. 순간적으로 움찔하고 가슴이 서늘해졌다. 그러나 이미 되돌릴 수 없는 발길이라 마음을 다잡고 지휘부를 둘러보며 지시했다.

"여기는 상감이 계시는 곳이오. 함부로 범접할 수 없으니 100여 명만 따르게 하고 나머지 병력은 인정문 밖에 대기토록 합시다."

유춘만을 비롯한 지휘부 몇은 꾸역꾸역 밀려드는 군사들을 밀어내고 정예병 100여 명만 들인 다음 문을 닫아걸었다. 허욱이 말했다.

"인정전 옆 정전이 편전인 선정전이오. 지금 선정전에서 긴급 어전회의가 열리고 있을 것이외다. 편전에 민겸호와 김보현이 있을 것이니 갑시다."

허욱은 군사들을 이끌고 인정전 동북쪽에 있는 편전으로 갔다. 한여름인데도 편전의 문은 닫혀 있었다. 군사들은 편전 마당에 모여

섰지만 당장 어찌 할 바를 몰라 웅성거리기만 했다. 그때 편전 분합문이 열리며 병조판서 민겸호가 나서서 호통 쳤다.

"네 이놈들, 범궐을 한 것만도 대역무도이거늘, 주상 전하께서……."

그때 누군가 외쳤다.

"저놈이 민겸호다!"

성질 급한 병졸 대여섯이 번개같이 층계를 뛰어올라가 잔뜩 위엄을 부리는 민겸호의 뒷덜미를 잡아 월대 밑으로 내던졌다. 공중제비를 하며 나자빠진 민겸호를 군사들이 달려들어 짓밟자, 허욱이 말렸다.

"진정하라. 여긴 어전이다."

유춘만과 김장손이 나서서 군사들을 뜯어말렸지만, 민겸호는 이미 초주검이 되어 있었다. 허욱이 뒤로 빠지고 유춘만과 김장손이 편전 월대 밑에 엎드려 아뢰었다.

"상감마마, 백성의 피를 빨아먹은 탐관오리 김보현을 내어주시옵소서."

군사들 대부분이 선채로 읍을 하며 한꺼번에 외쳤다.

"김보현을 내어주시옵소서."

군사들이 한참이나 악머구리 떼처럼 들끓어도 편전 문은 열리지 않았다. 마침내 군사들은 흥분하여 소리치기 시작했다.

"편전이고 나발이고, 들어가 김보현을 끌어내자."

"탐관오리 김보현을 잡아내라."

군사들이 급기야 월대 위까지 올라가 아우성치자, 그예 편전 문이 열리며 중신들에게 등 떠밀린 김보현이 새파랗게 질린 얼굴로 엉거주춤 나섰다. 군사들 대여섯이 번개처럼 달려들어 김보현을 잡아 마당으로 내던졌다. 나뒹군 김보현을 군사들이 끄잡아 일으키자, 허욱이 외쳤다.

"끌고 나가자."

군사들은 민겸호와 김보현을 개 끌듯이 끌고 지휘부의 뒤를 따랐다. 허욱의 명으로 인정문을 열어젖히고는 두 사람을 밖으로 내던졌다. 웅성거리던 군사들은 내던져진 사람이 민겸호와 김보현임을 알아보고는 굶주린 늑대처럼 달려들어 마구 짓밟기 시작했다.

선혜청 제조 겸 병조판서 민겸호와 선혜청 당상 겸 경기관찰사 김보현은 호사스러운 관복을 입은 채 성난 군사들에게 짓밟혀 피를 토하고 죽었다. 민겸호는 민 씨 척족의 우두머리로, 임금보다 더한 권세를 휘둘렀다. 김보현은 민 씨 척족에 빌붙어 7~8년간 가렴주구를 일삼았다. 김보현의 탁월한 능력을 인정한 민겸호는 김보현을 경기관찰사 자리에 5년간이나 앉혀두었다.

지난 1881년 4월 21일, 임금은 승정원에 특별히 지침을 내렸었다.

"경기관찰사 김보현을 임기가 차기를 기다렸다가 다시 한 임기 동안 잉임(仍任, 임기가 다한 관리를 그 자리에 남겨둠)하도록 하라."

8도의 관찰사 중에서도 경기관찰사는 요직 중의 요직이다. 관찰사의 임기는 원래 3년이다. 그러나 당시 각도의 관찰사를 비롯한 지방 수령은 임기가 따로 없어 길어야 1년 아니면 반년을 재임했고, 고을 현감이나 군수는 부임하여 동헌에 앉아보지도 못하고 뒷사람에 밀려 떠나는 경우가 허다했다. 그 와중에 김보현은 5년이나 경기관찰사를 해먹었다.

평소 하늘같이 여겼던 두 대신을 짓밟아 죽인 군사들은 폭발하는 군중심리와 더불어 흥분하여 불같이 타올랐다. 누군가의 입에서 고함이 터졌다.

"중전을 찾아라."

"왕비 민 중전을 잡아라."

흥분한 군사들의 함성으로 대궐이 떠나갈 듯했다. 마침내 군사들은 내전이 있는 동북쪽으로 몰려가기 시작했다. 희정당을 지나 구름다리 모형의 회랑을 지나면 내전인 대조전이다. 군사들은 물밀듯이 대조전으로 밀려들었다. 대조전 뜰이 군사들로 꽉 들어차고 남아 전각 밖에서 외쳐댔다.

"중전을 잡아내라."

"민 중전을 죽여라."

"나라를 망치는 요물 중전을 죽여라."

지밀(왕과 왕비의 침실)에 있던 중전은 얼굴이 하얗게 질려 부들부들 떨었다. 병조판서와 경기관찰사를 방금 궁궐에서 때려죽인 폭도들이었다. 붙잡히기만 하면 그 자리에서 더러운 발길에 짓밟혀 죽을 게 뻔했다. 조선 천지를 한 손에 거머잡은 여걸 민 왕후도 눈앞에 닥친 죽음 앞에서는 한낱 여인일 뿐이었다.

상궁과 궁녀들이 중전의 손을 잡고 어찌 할 바를 몰라 떨고만 있을 때, 궁녀 하나가 지밀상궁의 귀에 속삭였다. 정신이 번쩍 든 상궁은 즉시 중전의 귀에 대고 고했다. 듣고 난 중전은 돌연 입고 있던 왕비의 평복을 훌훌 벗어 던지기 시작했다. 그에 따라 상궁에게 귀띔을 했던 궁녀도 옷을 벗었고, 상궁은 그 옷을 왕비에게 입혔다. 내명부의 지존이던 왕비가 순식간에 나인으로 둔갑하자, 궁녀 하나가 황급히 지밀을 빠져나갔다.

지밀을 나온 궁녀는 옆문으로 나와 구름다리 회랑 밖으로 돌아 내뛰었다. 궁녀가 달려간 곳은 인정전 밖에 있는 무예청(왕을 호위하는 무관의 관청)이었다. 무예청에서 대기하던 별감들은 군사들의 난동에 전전긍긍하다가 느닷없이 들이닥친 궁녀에 놀라 어안이 벙벙하여 멀뚱거렸다.

궁녀가 별감들을 둘러보다가 건장한 어느 별감의 송기떡 빛 군복 자락을 잡아끌었다. 밖으로 나온 궁녀가 속삭였다.

"오라버니, 급한 일이 생겼소, 날 따르시오."

궁녀와 안면이 있던 무예별감 홍재희(洪在羲)는 영문을 모른 채 끌려가다가 물었다.

"항아님, 대체 뭔 일이오?"

궁녀는 종종걸음을 계속하며 자초지종을 설명하고는 중전의 명이라고 전했다.

"중전마마 목숨이 오라버니 손에 달렸소. 어서 갑시다."

궁녀와 홍재희가 막 지밀에 들어가자, 내전 월대 밑에서 웅성대던 군졸들이 뜰층계로 올라서며 대청으로 난입하려 했다. 대청 앞에 서 있던 내관 네 사람과 궁녀 대여섯이 군사들 앞을 막아섰다. 김장손과 유춘만이 호통 쳤다.

"비켜서지 못하겠느냐? 우린 중전마마를 뵈어야겠다."

궁녀 중 하나가 썩 나서며 말했다.

"나는 지밀상궁이오. 중전마마께서는 중궁에 아니 계십니다."

유춘만이 받았다.

"중궁전이 중궁에 아니 계시면 어디에 계신단 말이오?"

"아침에 어전회의에 참석하신다며 편전으로 드셨습니다."

김장손이 거칠게 외쳤다.

"있는지 없는지 우리가 확인해야겠으니 비키시오."

김장손이 궁녀들을 밀치고 대청으로 올라서자, 군사들 대여섯이 뒤따라 올라섰다. 그때 홍재희가 궁녀 하나를 업고 나와 막 대청 옆 문으로 빠져나갔다. 마당에 있던 군사들 중에 회랑 옆에 있던 군사들이 그를 보고 소리쳤다.

"게 섰거라!"

군사들이 우르르 몰려들자, 궁녀를 들쳐 업은 홍재희는 별 수 없이 덜덜 떨며 섰다. 군사 하나가 다가서며 물었다.

"웬 여자를 업고 나가느냐? 그게 누구냐?"

지휘부에서 장두 정쌍길이 달려왔다. 시뻘건 무예별감 구군복에 궁녀를 업고 쩔쩔매는 홍재희를 알아본 정쌍길이 말했다.

"아니, 자넨 무예청 홍 별감이 아닌가? 대체 업힌 궁녀는 누군가?"

무예청은 훈련도감 소속인 데다 훈련도감 군사들 중에서 건장하고 무예가 뛰어난 군사를 뽑아 올렸으니, 고참 군사끼리는 서로 아는 사람이 많았다.

홍재희는 비로소 죽을상이던 얼굴을 펴며 통사정을 했다.

"이거, 정 동관 아니오? 이앤 내 누이인데, 소란통에 놀라 그만

관격(먹은 음식에 체하거나 놀라 숨통이 막히는 위급한 증상)이 되었소. 침이라도 맞혀보려고 나가는 중이오."

정쌍길은 버썩 다가서며 말했다.

"그게 정말이야? 어디 보자고."

정쌍길과 군사들 서넛이 다가서며 들여다보자, 업힌 여자가 다 죽어가는 상으로 고개를 홍재희 겨드랑이에 처박은 채 입에 게거품을 물고 있었다. 들쳐 업혀 늘어진 종아리의 껑둥한 고쟁이 하며 누가 봐도 영락없는 나인이라, 정쌍길은 업힌 여자의 궁둥이를 손바닥으로 철썩 치며 말했다.

"어서 가보게. 돈화문 앞 왼쪽 골목에 용한 의원이 있으니 그리로 가게나."

홍재희는 에라 모르겠다 하고 중전마마를 업고 내뛰었다. 돈화문으로 나왔지만, 무예별감 차림의 군사가 궁녀를 들쳐 업고 뛰는 것을 이상하게 바라볼 뿐 막아서는 사람은 없었다.

※

군사들 대여섯이 마침내 대조전 지밀로 들어갔다. 상궁 옷차림의 여자 둘과 궁녀 서넛이 벌벌 떨며 서 있을 뿐 중전의 보료는 비어 있었다. 군사들이 달려들어 병풍을 걷어내도 중전은 없었다. 유춘만의 명으로 군사들이 대조전 전체를 이 잡듯이 뒤져도 중전은 보이지 않았다. 유춘만이 월대에 서서 소리쳤다.

"중전은 편전에 있다. 편전으로 가자."

웅성대던 군사들은 허욱을 선두로 다시 편전으로 몰려갔다. 유춘만과 지휘부 군사 대여섯이 편전 월대 밑에 엎드려 주청했다.

"상감마마, 중전마마를 뵙게 해주시옵소서."

"중전마마를 뵙게 해주시옵소서."

편전에 있던 영의정 홍순목과 봉조하(奉朝賀, 퇴임한 관리에게 종신토록 그 품계에 알맞은 녹을 주는 예우) 강로, 판중추부사 김병국이 월대에 내려와 꾸짖었다.

"이게 무슨 짓들이냐? 네놈들이 감히 어전에서 행짜를 부린단 말이냐? 어서 물러가거라."

김장손이 벌떡 일어서며 대들었다.

"대감 나리, 우린 중전마마를 뵈어야 물러갑니다."

영의정을 몇 번이나 역임한 김병국이 격하게 꾸짖었다.

"네 이놈들, 어디서 감히 중전마마를 입에 올리느냐? 네놈들이 지금 무슨 짓을 하고 있는지 알고 있느냐?"

군사들은 크게 동요하여 웅성거리며 급기야 다 때려죽이자고 아우성치기 시작했다. 흥분한 군사 몇몇이 그예 뜰층계로 뛰어오르자, 당황한 홍순목이 외쳤다.

"내 말을 들어라. 조용히 하고 내 말을 들어라. 지금 운현 대감께서 입궐하고 계신다. 이제 곧 편전으로 듭실 것이다."

중구난방으로 웅성대던 군사들이 찬물을 끼얹은 듯 가라앉았다. 유춘만이 썩 나서며 물었다.

"정말 운현 대감께서 입궐하신단 말입니까?"

홍순목이 받아 말했다.

"그렇다. 운현 대감께서 입궐하시면 일이 잘 마무리될 것이다. 너희는 돈화문 밖으로 물러나 대기하거라."

감히 임금이 계시는 편전으로 난입할 수는 없어 진퇴양난이던 군사들은 숙의 끝에 편전에서 물어나기로 했다. 군사 500여 명은 썰물처럼 인정문을 빠져나와 돈화문 안팎에 진을 쳤다. 대궐에서 완전 철수하여 문이 닫힌다면, 다시 열고 들어가기는 쉽지 않을 터였다.

※

대원군은 미시(오후 2시경)에 입궐했다. 대원군과 부대부인 민 씨의 행차는 훈련도감 군사 200여 명이 호위했다. 돈화문 일대에 진을 치고 있던 군사들은 모두 땅에 엎드려 대원군을 맞았다. 대원군은 즐비하게 엎드린 군사들을 둘러보며 근엄하게 말했다.

"그만 물러들 가거라. 훈련도감으로 물러가 대기하라. 내가 일단 입궐했으니, 사태를 잘 처리할 것이다."

허욱이 외쳤다.

"대원위 대감께 재배를 하자."

엎드렸던 군사들이 모두 일어나 절을 하고 반배를 했다. 이틀 동안 분란을 일으켜놓고도 스스로 겁에 질렸던 군사들은 대원군의 명에 비로소 마음을 놓고 질서정연하게 훈련도감으로 철수했다.

대원군이 입궐했다는 급보를 받은 중궁전 지밀에서는 조용하지만 큰 소란이 있었다. 지밀상궁에게 귀띔을 하고 자신의 옷을 벗어 중전에게 주었던 영악한 나인과 어영청으로 달려가 홍재희를 지밀로 불러들인 나인은 지밀내관 두 사람과 함께 대조전을 빠져나갔다. 두어 시각 뒤에 두 나인을 데리고 나갔던 내관 둘은 대조전으로 돌아왔다. 그들의 눈에 핏발이 서려 있었고, 중궁전 나인들을 살피는 눈초리가 예사롭지 않았다.

　

대원군이 편전으로 들었다. 대기하고 있던 대소 신료들이 정중히 맞이했다. 대원군은 겁에 질린 아드님 임금을 위로했다.

"주상, 얼마나 놀라셨습니까?"

임금은 비로소 얼굴에 미소를 보였지만, 그래도 목소리가 떨리고 겁에 질려 있었다.

"이제 아버님께서 입궐하셨으니, 마음이 놓입니다."

대원군도 넉넉하게 미소를 머금고 말했다.

"주상, 이제 걱정 마소서. 뒷일은 잘 처리될 것입니다."

"예, 아버님. 다만 아버님만 믿겠습니다."

홍순목이 대원군께 아뢰었다.

"뜻밖에 이런 큰 변고가 일어났으니, 우러러 아뢸 말씀이 없습니다."

대원군은 노한 표정으로 신료들을 훑어보며 말로는 정중하게 받았다.

"이 모두 내가 부덕한 소치다."

신료들이 말없이 고개를 숙이자, 갖잖다는 눈빛으로 굽어보던 대원군이 물었다.

"세자궁은 어찌 되었는가?"

홍순목이 대답했다.

"세자저하께서는 경우궁에 계십니다. 신이 판중추 김병국과 함께 문후 여쭙고 왔습니다."

임금이 처연하게 말했다.

"아버님, 중전의 소재를 알 수가 없습니다. 대체 어디로 갔는지 종적이 없습니다."

대원군은 대수롭지 않게 말했다.

"이제 소란이 진정되었으니 어디서 나오시겠지요. 궁 안 어디에 계실 테니 너무 심려치 마세요."

"알겠습니다, 아버님. 하옵고, 소란을 일으킨 군사들을 무마시키면 사태가 무사히 마무리될 수 있겠습니까?"

대원군은 분연히 받았다.

"방금 입궐하면서 알아듣도록 타이르니 그들이 감읍하며 재배했습니다. 순조롭게 정리될 것입니다. 심려치 마세요."

김병국이 아뢰었다.

"변고의 발단은 5영을 혁파한 데서부터 발생했습니다. 이제 옛 규례를 회복시키는 것이 타당할 것입니다."

대원군이 신경질적으로 받았다.

"그보다 우선 급한 것이 군사들의 급료일 것이다. 대체 몇 달이나 주지 못했는가?"

홍순목이 받아 아뢰었다.

"열석 달이나 되었습니다. 선혜청 곳간이 비었으니 급료를 지급할 도리가 없었습니다."

대원군은 같잖지도 않다는 듯 비웃고는 일갈했다.

"대체 조정 신료들은 그동안 무엇을 했기에 국고가 비어 군사들 급료를 한 해가 넘도록 못 주었단 말인가. 백성이 그대로 있고, 농토가 그대로 있는데 그 세곡이 대체 어디로 갔단 말인가."

신료들은 고개를 들지 못했다. 불이 튀는 듯한 눈으로 노려보던 대원군은 거듭 분노를 터트렸다.

"전라도에서 올라온 조미는 갓 찧은 쌀이라고 했다. 그 쌀이 어찌해서 썩은 쌀로 둔갑했으며, 그것도 모자라 모래와 등겨가 태반이었단 말이냐. 이러고도 그대들이 나라의 중신이라고 말할 수 있는가."

신료들은 자라목을 하고는 묵묵부답일 뿐이었다. 대원군은 여전히 노한 얼굴로 신료들을 둘러보고는 말했다.

"그렇더라도, 영돈녕부사와 선혜청 제조, 경기관찰사의 참상은 어찌 차마 말로 다 하겠는가. 다시 이런 참상이 있어서는 아니 될 것이로다."

신료들은 머리를 조아렸고, 홍순목이 말했다.

"실로 참혹한 일입니다. 합하의 말씀 명심하겠나이다."

대원군은 즉석에서 신임 관료를 임명했다.

"난국을 수습하기 위해서는 우선 인적 쇄신이 급선무일 것이다. 병조판서에 조영하, 호조판서에 이재면, 예조판서에 이회정(李會正), 어영대장에 신정희(申正熙), 금위대장에 조희순(趙羲純)을 임명한다. 승정원에서는 즉시 교지를 내리라."

대원군은 잠시 침묵하다가 명했다.

"어영대장은 즉시 어영청 별감들을 이끌고 궐내를 수색하여 중전마마를 찾고, 불순분자들을 색출하라."

금방 임명된 어영대장 신정희가 명을 받고 나가자, 대원군은 이어서 명했다.

"병조판서와 각 부처의 장신들은 오늘부터 별성기(別省記, 각 부처의 상황실)에서 차례로 당직을 서라. 무위영과 장어영은 종전대로 훈련도감이라 칭하고, 해체되었던 5영을 복구하여 내쳤던 군사들을 복직시키라. 통리기무아문을 혁파하고 삼군부로 복구하라."

대원군의 영은 서릿발 같았다. 어전에서 대원군의 주도로 국정 현안을 한참 논의하고 있을 때, 어영대장 신정희가 아뢰었다.

"전하, 궐내를 샅샅이 찾아보았으나 황공하옵게도 중전마마의 종적은 찾을 수가 없나이다."

편전은 물을 끼얹은 듯 고요했다. 안절부절못한 채 눈물을 흘리던 임금이 말했다.

"아버님, 이 일을 어찌 하면 좋습니까?"

대원군은 벌겋게 상기된 얼굴로 어영대장을 질책했다.

"내전 상궁과 지밀 나인들은 대체 뭘 하고 있었단 말이냐?"

신정희는 머리를 조아리며 아뢰었다.

"그들을 심문했으나, 군사들 수백 명이 갑자기 아우성치며 들이닥치는 통에 어찌 되었는지 정신을 차릴 수 없었다고 하나이다."

대원군이 벌컥 역정을 내었다.

"중전이 군사들에게 잡혀간 것도 아닌데, 대체 하늘로 솟았단 말이냐, 땅으로 꺼졌단 말이냐. 대조전을 샅샅이 뒤져서 찾으라."

어영대장은 다시 대조전으로 달려가 상궁과 나인들을 족쳤으나 한결같이 모른다는 대답이었고, 대조전을 이 잡듯이 뒤져도 중전의 행방은 묘연했다. 어영대장은 다시 편전에 들어 보고했다.

"전하, 중전마마 행적을 도저히 찾을 길이 없나이다. 신을 벌하여 주시옵소서."

임금은 그예 눈물을 펑펑 쏟았다. 아들 모습을 그윽하게 바라보던 대원군이 침통하게 말했다.

"애통한 일이로다. 어찌 이런 일이 있단 말이냐?"

신료들은 일시에 부복하며 통탄했다.

"전하, 망극하나이다."

한참을 곰곰이 생각하던 대원군이 마침내 결연히 단정을 내렸다.

"중궁전께서는 난리 통에 승하하신 것이 틀림없다. 애통하지만 금일 오시에 승하한 것이므로 국상을 반포한다."

임금을 비롯한 중신들은 소스라치게 놀랐다. 중전이 승하하다니, 시신도 없는데 승하라니! 편전은 일시에 통곡 소리가 낭자했다. 곡소리가 긋기를 기다려 대원군이 추상같이 하명했다.

"거애(擧哀, 초상 난 것을 알리는 절차)는 규례대로 마련하고, 망곡처(望哭處)는 명정전 뜰로 하라."

왕비의 시신도 없이 국장을 선포하다니! 정신을 차린 임금은 하얗게 질렸고, 중신들은 만고에 다시없을 청천벽력 같은 상황에 당황하여 정신을 차리지 못했다. 대원군은 연이어 질타했다.

"곡성을 그치고 명을 받으라. 총호사(국상에 관한 모든 의식을 총괄

하는 관리)는 영의정으로 하고, 빈전(殯殿, 상여가 나갈 때까지 왕이나 왕비의 시신을 모시는 전각)은 환경전으로 하라."

어느 영인데 곡성을 내랴. 중신들은 입을 닫으면서 비로소 정신이 번쩍 들었다. 빈전을 환경전으로 하라니, 환경전은 궁중에 경사가 있을 때 잔치를 여는 전각이 아니던가. 이어서 대원군은 추상같이 하명했다.

"이재면, 조영하, 김병시를 빈전도감 제조로 삼고, 이회정 민영목, 정범조를 국장도감 제조로 삼는다. 김영수, 이인명, 한경원을 산릉도감 제조로, 이승우는 부고사, 이건창을 서장관으로 삼아 국장에 임하도록 한다."

간담이 서늘하여 묵묵히 명을 듣던 판중추부사 김병국이 여쭈었다.

"합하, 망극하오나 중전마마의 체백(體魄, 시신)이 없으니 어찌 하오리까?"

대원군도 멍해서 잠시 생각하다가 받아쳤다.

"이 난국에 어찌 하겠는가. 고사를 참작해서 국장을 거행하라."

예조판서 이회정이 재빨리 아뢰었다.

"우리나라에서는 이러한 일이 없었나이다. 하오나 중국에서는 변란을 만나서 신체가 없을 때는 입던 옷으로 장례를 치르는 의대장법(衣襨葬法)이 있었나이다."

대원군은 절로 벌어지던 입을 얼른 다물고는 짐짓 침통하게 말했다.

"어찌 하겠는가. 의대장으로 국상을 진행하라."

편전에는 다시 곡성이 진동했다. 겉치레인지 진정인지 팔을 짚고 엎드려 통곡하는 중신들을 흘겨보던 대원군은 노기 어린 목소리로 일갈했다.

"언제까지 곡만 하고 엎드려 있을 것인가. 초혼(招魂, 죽은 자의 넋을 부르는 의식)을 하고 거애해야 할 것이 아닌가."

신료들은 비로소 정신을 차렸고, 대원군은 지체 없이 편전을 나가버렸다.

시아버지와 며느리 사이인 대원군과 중전 민 왕후는 같은 하늘을 이고 살 수 없는 불구대천의 원수지간이었다. 대원군이 실각한 지 1년이 되던 고종 11년 11월 28일, 당시 병조판서이던 중전의 오라버니 민승호가 어느 지방 수령이 보냈다는 봉물함을 열다가 폭발물이 터져 어머니와 어린 아들까지 3대가 한자리에서 죽었다. 이 사건을 중전은 대원군의 사주로 보아 이를 갈기 시작했다.

그로부터 7년 뒤인 고종 18년 10월 27일, 중전은 대원군의 장자 이재선(李載先)을 왕권을 찬탈하려는 반역의 수괴로 지적하여 사약을 내려 죽이고, 대원군의 심복이던 전 승지 안기영(安驥泳) 등 반역의 무리 여덟 명을 사형시켰다. 또한 대원군과 조금이라도 연관이 있다고 여겨지는 대소 신료 20여 명을 파직시켜 되살아나던 대원군파의 기세를 일거에 제압했다. 그 사건이 불과 8개월 전이었다.

이튿날 6월 11일, 의정부에서 대원군을 존경하여 받드는 예절에 대한 별단을 문서로 작성하여 임금께 올렸다.[20]

- 대신(大臣, 당상관 이상)은 시생(侍生)이라 하고, 보국숭록대부 (輔國崇祿大夫) 이하는 소인(小人)이라 칭한다.
- 교자(轎子)는 팔인교(八人轎)로 한다.
- 흉배(胸背)는 거북의 무늬로 한다.
- 품대(品帶)는 청색의 가죽에 수정 박은 것을 쓴다.
- 초선(蕉扇)은 일산(日傘)으로 하되, 흰 바탕에 푸른색 테두리를 두른 것으로 한다.
- 부대부인의 품대는 청색 가죽에 수정을 장식한 것으로 한다.

 이로써 대원군은 실권한 지 만 9년 만에 다시 정권을 잡아 섭정의 자리에 앉았다. 신료들의 하례를 받은 대원군은 임금의 분부를 받아 요직을 임명했다.
 "김병국을 호위대장으로, 김수현(金壽鉉)을 형조판서로, 조경호(趙慶鎬)를 광주유수(廣州留守)로, 오하영(吳夏泳)을 좌변포도대장으로 제수한다."
 대원군은 자기 사람들을 요직에 임명함으로써 민 씨 척족의 세력을 단번에 꺾어버리고 실권을 장악했다.
 상참에서 영의정 홍순목이 아뢰었다.
 "우리나라가 오늘 직면한 문제에 대하여 청국과 일본에 통보할 수밖에 없을 것입니다. 더구나 일본에 대하여는 파견된 교관을 죽이고 공사관을 불태웠으니 특단의 조치가 있어야 할 줄로 아나이다."
 임금은 입을 꾹 닫고 앉아 있는 대원군을 흘낏 보더니 말했다.
 "그리해야 할 것이다. 대체 어찌 하면 좋겠는가?"

1882년 9월 63세 때의 대원군. 중국 톈진에서

홍순목이 거듭 진언했다.

"청국에는 자문(咨文, 중국과 어떤 문제를 협의할 때 주고받던 공식 외교 문서)을 보내고, 일본에는 서계를 작성하여 밤을 도와 의주부윤과 동래부사에 내려보내 전달케 하는 것이 옳을 것입니다."

임금이 분부했다.

"예조에 명하여 속히 시행토록 하라."

6월 14일, 대행왕비(大行王妃, 죽은 뒤 시호를 받기 전의 호칭)의 대렴(大斂)을 신시 초 3각에 행하고, 입관은 유시(오후 5시)에 하기로 했다.

왕비의 시신도 없이 만고에 없을 해괴한 형식의 대렴을 마친 전현직 대신들이 편전에 들었다. 임금이 처연하게 분부했다.

"중궁전의 체백을 사방에 찾아보았지만 끝내 그림자도 없으니 더욱 어찌 할 바를 모르겠노라. 그러나 그때의 형편은 과인이 목도한 바이니, 어쩔 수 없이 입던 옷을 가지고 장사를 지내는 수밖에 다른 방법이 없어 대렴을 했다. 이 문제는 극히 중차대한 일이므로 아래에서는 감히 말할 수 없지만, 이미 우리 왕조에 인용할 만한 전례가 있어 말을 꺼내는 바이니 제반 시행 절차는 의대장에 걸맞게 하라."

영의정 홍순목이 통곡하면서 아뢰었다.

"삼가 전하의 분부를 받고 보니 망극한 중에 더욱 망극하여 우러러 아뢸 수가 없습니다. 분부는 비록 이러하지만 온갖 찾아낼 방도를 다한다면 신명이 감격할 것이니, 흔적을 찾을 것입니다."

판중추부사 김병국이 덧붙였다.

"분부를 받드니 기가 막혀 어찌 할 수 없습니다. 중궁전의 옥체를 끝내 재궁(梓宮, 임금이나 왕후의 관)에 모실 수 없으니 망극한 중에 더욱 망극한 일입니다. 다시 더 널리 수소문한다면 신명이 무심하지 않을 것입니다."

임금이 처연히 말했다.

"찾을 방도에 대해 과인도 온갖 힘을 다 써보았으나 다시 더해 볼 방법이 없느니라."

홍순목이 아뢰었다.

"전날 사변은 대궐 안팎의 100보 지점에서 벌어졌으니 어찌 하여 찾아볼 길이 없겠습니까. 반드시 더 널리 찾아봄으로써 며칠이 더 걸린다 해도 당연한 도리를 다하여야 합니다. 형편에 따라 예를 행하는 것이야 이르건 늦건 간에 따질 것이 있겠습니까."

"과인인들 어찌 그럴 마음이 없겠느냐. 하지만 이제 더는 찾아볼 방도가 없으니 그대로 시행토록 하라."

홍순목이 거듭 간청했다.

"전하께서는 비록 있는 힘껏 찾아보았다고 분부하셨지만 아직도 미진할 우려가 있는 만큼 분부를 받들 수 없어서 이와 같이 눈물을 삼키며 우러러 아룁니다."

임금은 침통하게 받았다.

"이것은 대신들의 죄가 아니다. 그만들 하라."

김병국이 주청했다.

"신들이 만일 정성을 다하여 찾지 않는다면, 세자궁의 지극한 슬픔을 어떻게 위안하겠습니까. 통촉하소서."

홍순목이 거들었다.

"신 등이 분부를 받든다면 당대의 죄인은 물론이고 역사책에 기록되어 만대의 죄인이 될 것입니다."

예조판서 이회정이 아뢰었다

"오늘 분부를 받고 보니 원통하고 가슴이 무너지듯 아픈 정상을 더욱 우러러 아뢸 방법이 없습니다. 여러 대신이 정성을 다해 아뢴 것은 인정과 도리에 부합한 것이니 틀림없이 하늘이 감복할 것입니다."

그만하고 임금 분부에 따르겠다는 이회정의 뜻에 임금도 무연히 말했다.

"어찌 아니겠느냐. 오늘 이렇게 과인과 여러 중신들이 모여 의논한 이야기들을 조지(朝旨, 조정의 의사)로 반포하라."

중신들은 눈물을 흘리며 분부를 받았다.

"전하, 망극하나이다."

조지가 승정원에 내려지자, 승정원 도승지 조병호(趙秉浩)를 비롯한 전 승지들이 입궐했고 조병호가 아뢰었다.

"오늘 연석에서 논의된 내용을 조지로 반포하라는 분부를 받들었나이다. 신들은 이 끝없는 슬픔을 당하여 더욱 원통하고 억울한 충정을 견딜 수 없어 감히 서로 이끌고 나와 연명으로 호소하는 바이오니, 삼가 명을 속히 거두어주소서."

임금은 승지들의 주청을 거부하고 즉시 거행하라 명했지만, 승지들은 승정원 뜰에 거적을 깔고 엎드려 죄를 청했다. 승정원에서 조지 반포를 거부하자, 전현직 대신들도 덩달아 의대장을 치를 수 없다며 연명 상소를 올렸다. 대원군은 뒤늦게 알고 대로하여 불같이 호령했다.

"이미 대렴을 마치었거늘, 이 무슨 무엄한 짓들이냐? 승정원 승지들의 직위를 박탈하고 오위장(五衛將)을 가승지(假承旨)로 임명하니, 그대로 반포케 하라."

조정의 영으로 의대장이 반포되었지만, 대소 신료들은 반대하는 뜻을 굽히지 않았다. 사흘 뒤인 17일 마침내 임금과 만조백관은 상복을 입었다. 이에 따라 국장도감에서는 왕비의 능을 희릉(熙陵)으로 정하여 조정에 품신했다.

|14장 주석|

20) 『고종실록』 고종 19년(1882) 6월 11일, '의정부에서 대원군을 받드는 의절에 대한 별단을 아뢰다' 편.

15장

살아 있는 왕비의 국장

太極旗

나라에서 중전의 국장이 선포되고 임금을 비롯한 만조백관이 상복을 입고 장례의식을 치를 때, 눈이 시퍼렇게 살아 있는 민 왕후는 복수의 칼을 갈고 있었다.

그날 중전을 업고 돈화문을 빠져나온 홍재희가 정신없이 무작정 내뛰고만 있을 때, 등에 업힌 중전이 주먹으로 뒷덜미를 두드리며 말했다. 뛰는 사내나 업힌 여인네나 온통 땀에 젖어 옷이 몸에 찰싹 달라붙어 가관에 목불인견이었다.

"대체 어디로 뛰는 것이냐?"

홍재희는 달리던 말이 고삐를 채인 듯이 우뚝 멈추어 서며 비로소 정신이 들었다. 고개를 들어 주변을 둘러보니 늘 다니던 낯익은 길이었다. 어찌 할 바를 몰라 멀거니 서 있자, 업힌 중전이 재우쳐 물었다.

"어디로 가던 길이냐고 물었다."

홍재희는 그제야 화들짝 놀라 왕비를 업은 채 허리를 굽실하며 얼버무려 대답했다.

"중전마마, 황공하나이다. 어디로 뫼시오리까?"

왕비는 잠시 뜸을 들이고는 물었다.

"지금 가는 길이 어디냐?"

"중전마마, 죽을죄를 지었나이다. 정신없이 뛰다보니 소신의 집으로 가는 길이었나이다."

왕비는 지체 없이 명했다.

"그러면 됐다. 너희 집으로 가자."

홍재희는 배를 채인 말처럼 간동(諫洞) 자기 집으로 내달렸다.[21] 홍재희의 집에 도착하여 비로소 마음을 놓고 정신을 차린 중전은 우선 자신의 옷매무새를 보았다. 나인이 입었던 고쟁이에 남색 치마, 흰 저고리 차림인데 온통 땀으로 흠뻑 젖어 있었다. 눈만 뜨면 늘 보던 옷인데도 난생처음 보는 듯이 낯설어 왈칵 눈물을 쏟으며 이를 갈았다.

'내가 왜 이런 옷을 입고 대궐에서 이 모양으로 도주해야 하는가.'

정신을 가다듬은 중전은 우선 집 안을 둘러보았다. 여염집 초가 삼간 쪽마루에 자신이 앉아 있었고, 손바닥만 한 마당에 구군복 차림의 홍재희와 아낙이 엎드려 벌벌 떨고 있었다. 마침내 마음을 다져 먹은 중전은 땀으로 흠뻑 젖어 민망스러운 옷매무새를 매만지고는 위엄을 갖춰 온화한 목소리로 말했다.

"놀랍고 황망한 터에 그대의 노고가 컸다. 어영청 소속이라고 했더냐?"

홍재희는 임금과 왕비를 지근에서 경호하는 무관으로 멀리서나마 중전을 자주 보았고, 말소리도 가끔 들었다. 지금 들은 중전의 목소리는 평소와 다름없이 위엄 있으면서도 온화했다. 홍재희는 가슴이 무엇에 바짝 매달린 듯이 조마조마하고 안타까워 좌불안석이다가 중전의 목소리를 듣자 비로소 마음이 풀어져 이내 침착하게 말했다.

"중전마마, 소인이 죽을죄를 지었나이다. 부지불각에 누옥에 뫼신 죄를 용서치 마시옵소서."

비록 나인의 옷을 입었을망정 중전은 체통을 잃지 않고 위엄 있게 말했다.

"그게 무슨 말이냐? 누가 보겠다, 어서 일어나거라."

홍재희는 그제야 상황을 깨닫고 엉거주춤 일어섰지만, 그의 아내는 엎드려 고개를 못 들고 있었다. 홍재희가 이도저도 못해 무르춤하자, 중전이 거듭 말했다.

"어서 일으키거라. 예도 차릴 때가 있는 것이다."

홍재희가 아내의 덜미를 거머잡아 일으키고 읍을 하자, 중전이 손짓으로 불렀다.

"이리 가까이 오라."

부부가 가까이 다가가 읍을 하고 머리를 조아리자, 중전이 격하게 나무랐다.

"이목이 두렵다. 어서 방으로 들어가자."

아낙이 기겁을 하여 눈을 동그랗게 뜨고 지아비를 보자, 지아비가 턱짓을 했다. 아낙은 부리나케 방으로 뛰어 들어가고, 홍재희가 읍을 하고는 아뢰었다.

"중전마마, 조금만 기다리소서. 방이 워낙 누추한지라……."

잠시 뒤에 아낙이 땀을 뻘뻘 흘리며 방에서 나오고 두 사람이 들어갔다. 중전이 열린 뒷문 앞에 앉자, 홍재희는 그 앞에 부복했다. 방이 좁아 벙거지가 중전 무릎에 닿을 지경이었다. 중전이 분연히 말했다.

"그만 일어나 앉아 내 말을 잘 들어라."

홍재희가 꿇어앉자, 중전은 침착하게 말했다.

"너는 속히 입궐하여 민응식과 윤태준을 데리고 나오거라."

홍재희가 멍하니 눈을 멀뚱거리자, 중전은 정색하고 거듭 말했다.

"참, 그렇구나. 네가 그 두 사람을 알 턱이 없지. 민응식과 윤태준은 세자익위사 익찬(翊贊)이다. 동궁에 있을 것이니, 아무도 몰래 데리고 나와야 한다."

홍재희는 부복하며 명을 받았다.

"중전마마, 명심하겠나이다."

"어서 가거라!"

홍재희가 나가자, 중전은 벽에 기대며 긴 한숨을 쉬고는 눈을 감았다. 만감이 교차하는 듯 어금니를 씹는 표정은 처연했고, 그예 눈물이 주르르 흘러내렸다.

※

중전이 지목한 민응식(閔應植)은 가까운 친척은 아니지만 촌수로는 중전의 조카뻘이었다. 일찍이 음보(蔭補, 조상의 덕으로 벼슬을 함)

로 벼슬길에 올랐다가, 지난봄 증광시 문과에 등과하며 세자익위사 익찬(정6품)에 제수되었다.

윤태준(尹泰駿)은 고종 10년에 진사시에 등과했으나 벼슬에 나가지 못하다가 고종 16년 음보로 세자익위사 세마(정9품)가 되어 동궁에서 근무하게 되었다. 외모가 훤칠하고 성실하여 중전의 눈에 들었고 세자익위사 사어(종6품)로 승진했다. 그 뒤 작년 9월 26일, 중전의 밀명으로 김윤식이 영선사가 되어 유학생을 이끌고 청국으로 갈 때, 윤태준은 종사관으로 선임되어 톈진으로 갔다. 김윤식과 함께 8개월간 톈진 주재관에 머물다 한 달 전인 5월 10일 귀국하여 다시 세자궁으로 돌아왔다.

홍재희는 한낮이 훨씬 기울어 윤태준만 데리고 왔다. 윤태준은 중전 앞에 엎어지며 통곡했다. 대궐에서는 국장이 선포되어 울음바다가 되는 것을 보고 나온 윤태준은 살아 있는 중전을 보며 격하게 치미는 감정을 주체할 수 없어 숨이 넘어갈 듯이 울었다. 중전이 윤태준의 등을 다독이며 일으켜 앉히고 다급하게 물었다.

"어찌 되었느냐? 상감과 동궁께서는 무양하시냐?"

윤태준이 울음을 삼키느라 미처 대답을 못하자, 홍재희가 대답했다.

"그러하옵니다. 양전께서는 무양하시나, 대원위 대감께서 입궐하셨다 하옵니다."

중전은 이미 그럴 줄 알았으므로 침착하게 받았다.

"민응식은 어찌 못 나왔느냐? 대궐에서 두 사람 외에 또 죽은 사람은 없었느냐?"

윤태준은 그제야 정신을 차리고는 머리를 조아리며 아뢰었다.

"중전마마, 이렇게 무사하시어 천만다행이옵니다. 신은 너무 감격하여 몸 둘 바를 모르겠나이다."

중전은 그예 짜증스레 말했다.

"대궐이 어찌 되었기에 민응식이 못 나왔는지 어서 말해보아라."

꿇어앉은 두 사람은 땀을 비 오듯 흘렸고, 홍재희의 아낙은 중전에게 부채질을 하고 있었다. 소맷자락으로 땀을 닦은 윤태준이 아뢰었다.

"익찬께서는 중전마마 안위가 걱정된다며 동궁을 나가신 뒤로 찾을 수 없었나이다. 신은 더 찾아보려 했으나 홍 무감이 재촉하여 그냥 나왔나이다."

"그래, 잘했다. 두 분 대감 외에 다른 불상사는 없었느냐?"

윤태준은 중전을 우러르며 잠시 쭈뼛거리다가 대답했다.

"그러하옵니다. 하오나 중전마마, 망극하옵게도 중전마마의 국상이 반포되었나이다."

중전은 깜짝 놀라 눈을 동그랗게 치떴다. 목상처럼 표정이 굳어진 중전이 물었다.

"국상을 반포하다니! 대원군이 왕비 국상을 반포했단 말이냐?"

윤태준은 제 죄라도 되는 양 목을 움츠리고는 받았다.

"중전마마, 그러하옵니다. 대궐은 온통 곡성이 낭자하나이다."

굳어진 얼굴이 풀어지던 중전은 이내 자지러지게 웃었다.

"오호호, 과연 대원위 대감다운 발상이로구나. 멀쩡하게 살아 있는 왕비를 두고 국장을 선포한다! 호호호, 참으로 재미있는 일이 벌어지겠구나."

지난 몇 시각 동안에 이미 치밀한 작전을 구상한 중전은 늙은 시아버지의 가당찮은 행위가 마지막 발악으로 보여 가소롭기 그지없어 그저 허탈하게 웃음만 나왔다.

중전의 뜻을 알 턱이 없는 두 사람은 어안이 벙벙하여 잔뜩 긴장하며 숨을 죽이고 있었다. 이미 죽은 사람이 되어버린 중전이 정말 실성을 하지 않았나 싶어 더럭 겁이 나기도 했다. 어찌 아니랴. 대원군이 누구던가. 마음만 먹으면 아무리 대궐에서 도망친 중전이라도 결국 찾아내고 말 것이다. 더구나 국상을 반포하여 장례까지 치른다면, 중전은 살아 있어도 다시는 중전이 아닐 터였다. 두 사람의 표정이 재미있다는 듯이 들여다보던 중전이 분연히 말했다.

"사어는 들어라. 나는 네 집으로 갈 것이니라."

윤태준은 소스라치게 놀랐다. 경황 중이라 거기까지는 미처 가늠하지도 못했으나, 모골이 송연하고 가슴이 터질 듯이 두방망이질을 하여 정신을 차릴 수 없어 그저 멍할 따름이었다. 순간적으로 머릿속을 스치는 생각은 단지, 떼어놓은 당상이 아니면 삼족이 몰살할 외통길이었다. 중전이 보다 못해 일갈했다.

"어찌 그리 놀라느냐? 얘기는 가서 하겠다. 어서 가자."

홍재희가 옆구리를 꾹 찌르자, 정신을 차린 윤태준이 넙죽 엎드리며 말했다.

"황공하옵니다, 중전마마. 신이 뫼시겠사옵니다."

두 사람이 일어서자, 중전이 부채질을 하던 아낙을 보며 말했다.

"고맙구나, 그만 되었다. 한데 네 옷을 한 벌 얻어 입어야겠다."

아낙이 넙죽 엎드리며 반 울음소리로 말했다.

"중전마마, 황송하옵니다. 쇤네가 어찌 감히……."

반나절 동안 한방에서 많은 얘기를 나눈 중전은 아낙을 애틋하게 바라보며 재촉했다.

"궁중 나인 옷을 입고 나갈 수는 없지 않느냐? 아무것이나 상관없으니 어서 내거라."

홍재희가 비로소 뜻을 알고는 재촉했고, 아낙은 떨리는 손으로 고리짝을 뒤져 삼베 치마저고리 한 벌을 내놓았다.

중전이 옷을 집어 들며 말했다.

"홍 무감도 그 옷을 벗고 평복으로 갈아입어라."

홍재희는 횃대에 걸린 옷을 벗겨들고 윤태준의 등을 밀며 밖으로 나갔다. 홍재희가 옷을 갈아입고 마당에 서 있자, 방문이 열리며 여염집 아낙 둘이 쪽마루로 나섰다. 한 아낙이 봉당에 놓인 짚신을 신으며 재촉했다.

"홍 무감은 구군복을 싸서 들고 따르게. 자, 어서 가자."

세 사람이 사립문을 나서자, 남은 아낙이 허리를 꺾으며 배웅했다.

세 사람은 잰걸음을 쳤지만 해거름에야 화개동 윤태준의 집에 당도했다. 아버지가 판서를 지낸 윤태준의 집은 대가였다. 하인들에게 먼 친척 조카라고 둘러댄 윤태준은 중전을 안방으로 모셨다. 놀란

부인에게 자초지종을 알린 그는 신분을 속여야 한다고 다짐했다. 중전은 이내 대갓집 안방마님 옷으로 갈아입은 뒤에 두 사람을 불러 앉혔다.

"홍 무감은 다시 입궐하여 민응식을 찾아 이리로 내보내고, 입직을 하며 대궐의 동태를 낱낱이 살피라. 그리고 내일 아침에 퇴궐하여 이리로 오게. 나는 오늘 밤 예서 묵고 내일 장호원 민응식의 집으로 갈 것이야. 그리 알고 채비를 해주게."

윤태준이 황공한 듯이 말했다.

"마마, 장호원은 먼 길입니다. 길도 멀 뿐만 아니라 이목이 두려우니 신의 집에서 유하시옵소서."

"아닐세, 이목은 여기가 더 두려워. 도성을 벗어나면 가마를 탈 것이니 채비를 하라는 것이야. 그리 알고 자넨 어서 입궐하게."

두 사람은 물러나와 숙의했다. 그리고 홍재희는 구군복으로 갈아입은 후 입궐했다.

⚜

이튿날 이른 아침, 중전은 윤태준의 집을 나섰다. 민응식과 홍재희가 중전을 모시고 홍인문 밖으로 나와 대기하고 있던 가마에 태웠다. 교군은 연전에 죽은 중전의 오라버니 민승호의 집 하인들이었다. 가마가 출발하는 것을 지켜본 홍재희는 그길로 입궐했다.

온양온천에서 하룻밤을 묵은 중전 일행은 이튿날 장호원 민응식의 본가에 당도했다. 저녁 식사를 마친 중전은 여독을 풀 사이도 없이 민응식을 불러 앉혔다.

"내가 이대로 죽을 수는 없다. 너는 내가 어찌 하면 좋겠느냐?"

민응식은 너무 엄청난 일이라 정신이 아득했다. 자칫하다가는 삼족이 멸할 대역 죄인으로 몰릴 수도 있음에랴. 어찌 할 바를 몰라 쩔쩔 매다가 중전의 매서운 눈길을 받아낼 수 없어 얼버무렸다.

"마마, 신이 어찌 감히 마마의 크신 뜻을 짐작이나 하겠습니까. 그저 가슴만 답답할 뿐입니다."

중전은 차를 한 모금 마시고는 목소리를 낮추어 말했다.

"피곤하겠지만 내일 도성으로 올라가거라. 입궐하여 당분간은 모른 체하며 동태만 살펴라. 상감은 물론 세자에게도 알리지 말아야 한다. 대원위가 드러내놓고 나를 찾지는 못할 것이다. 그러나 만약 나를 수배하는 낌새가 보이면 즉시 이리로 기별해라. 그렇지 않으면 국장 절차가 진행되는 것을 지켜보다가 기회를 보아 내가 여기에 있다는 것을 은밀히 상감께 알려야 한다."

중전은 앞으로 전개될 엄청난 작전을 눈으로 보듯이 세세히 설명하며 지시했다. 민응식은 들으면 들을수록 모골이 송연했다. 자칫하다가는 수십, 수백 명의 목숨이 날아갈 거사였고, 나라의 운명이 백척간두에 설 수도 있는 엄청난 일이었다.

민응식이 겁을 먹은 이 거사는 훗날 명성황후로 추증(追增)되는 민 왕후의 비참한 죽음과 함께 망국의 계기가 된 엄청난 사변이었다. 하지만 중전도 민응식도 거기까지는 알 턱이 없었다. 아니, 설사 그리될 줄 알았더라도 중전으로서는 어머니와 오라버니, 어린 조카를 비참하게 죽이고, 살아 있는 자신을 시신도 없이 장례를 치르게

명성황후

한 시아버지 대원군에게 정권을 넘겨줄 수는 없었을 것이다.

민응식은 입궐하여 평상시와 다름없이 업무에 임하며 조정의 동태를 면밀히 살폈다. 조정은 대원군 실각과 함께 파직되었던 남인 계열의 원로대신들이 요직을 차지했고, 귀양을 갔거나 옥에 갇혔던 대원군 휘하의 젊은 정객들이 복직하여 조정을 장악하고 있었다. 조정에는 일대 혁신이 일어난 듯했고, 왕비의 국상이 착착 진행되어 임금을 비롯한 만조백관이 상복에 굴건(상복을 입을 때 두건 위에 덧쓰는 건) 제복을 입었다.

　기회를 엿보던 민응식은 6월 18일 마침내 결심하고는 임금의 심복인 내관 유재현을 은밀히 만나 임금께 독대를 청했다. 민응식이 중전의 사람임을 아는 유재현은 웬일인가 싶어 뜨악하면서도 때가 때인지라 임금께 상주하여 윤허를 받았다.

　그날 밤 민응식은 임금과 독대했다. 중전께서 장호원 자기 집에 피신해 있음을 고한 민응식은 중전이 전하는 봉서를 올렸다. 임금은 지밀상궁에게 들어 중전이 그날 궁을 무사히 빠져나간 것을 알고 있었다. 지밀내관과 상궁은 치밀한 작전을 짜고는 임금에게조차 그 뒤의 행적은 모른다고 잡아떼었다. 임금은 묵계가 있음을 알면서도 중전의 생사를 몰라 침식을 잊은 채 걱정하던 참에 소식을 듣고는 뛸 듯이 기뻤다.

　임금은 떨리는 손으로 봉서를 뜯었다. 그건 분명 중전의 필체였다. 임금은 감격의 눈물을 흘리며 중전의 편지를 읽었다. 편지는 언문과 한문이 섞였는데, 읽어가던 임금의 표정이 점점 경직되었다. 임금은 급기야 몇 번이나 숨을 몰아쉬고는 했다. 민 왕후의 편지 내용을 요약하면 다음과 같다.

　　- 사어 윤태준을 톈진에 있는 영선사 김윤식에게 보낼 것.
　　- 김윤식으로 하여금 북양대신 이홍장에게 조선의 내란 평정을
　　　청하게 하고, 군대를 동원해 정권을 장악한 대원군을 내란의
　　　주모자로 청국으로 모셔가 황제에게 죄를 청하게 할 것.
　　- 청국 군대가 내란을 진압하고, 대원군이 청국으로 가면 왕비의

국장을 철폐할 것.

편지를 읽은 임금 얼굴에 웃음꽃이 피어났다. 그러나 기뻐하기에는 아직 이르다는 것을 모를 리가 없었다. 임금은 이내 정신을 차리고 목소리를 낮추어 말했다.

"그동안 너의 노고가 컸다. 그러나 앞으로도 네가 할 일이 많을 것이다. 윤태준은 지금 세자와 함께 빈전에 있을 것이다. 가서 은밀히 데리고 오너라."

명을 받은 민응식은 빈전인 환경전으로 갔다. 이미 중전을 피신시킨 바 있는 두 사람은 눈짓을 주고받으며 빈전을 빠져나와 편전으로 갔다. 두 사람을 맞이한 임금은 윤태준에게 중전의 뜻을 세세히 전하고, 내일 날이 밝는 대로 청국 톈진으로 떠나도록 명했다. 임금은 민응식에게도 명했다.

"너도 내일 집으로 내려가서 중전을 잘 뫼시도록 하라. 일이 진행되는 상황을 인편으로 알릴 것이라고 중전께 전하거라."

6월 29일, 청국 사신을 태운 배가 인천항에 정박하여 조선 대관을 만나겠다고 인천부사에게 통보했다. 인천부사의 장계를 받은 조정에서는 느닷없이 입국한 청국 사신의 접대에 병조판서 조영하를 접견대관으로, 호군 김홍집을 부관으로 임명하여 인천부로 내려보냈다.

이들이 인천으로 출발하기도 전에 인천부사의 장계가 또 올라왔다. 일본 공사가 군함 두 척을 이끌고 제물포에 정박했다는 보고였다. 조정에서는 즉시 대호군 윤성진(尹成鎭)을 반접관으로 임명하여 떠나게 했다.

인천부에 도착한 윤성진은 제물포에 가서 일본 공사를 안내하여 인천부 관사에 숙소를 정해주었다. 일본 공사는 300여 명의 육군 병력을 이끌고 왔는데, 군사들은 군함에 머물게 하고 정박하는 동안의 식료품 조달이며 모든 편의를 제공하기로 했다. 군란으로 일본 공사관이 불타고 훈련 교관이 죽었으니, 조정에서는 일본 공사를 소홀히 할 수 없는 처지였다.

※

7월 11일 청국 사신 제1진 마건충이 수행원 열 명과 군사 260명을 이끌고 모화관에 들어왔다. 그 뒤를 이어 당진항으로 입항한 제2진 흠차제독 오장경(吳長慶)과 부흠차제독 위윤선(魏綸先)이 도성으로 들어오니, 예조판서 이회정을 영접관으로 보내 맞았다. 오장경은 이회정에게 내일부터 청국 군사 2000명이 속속 입국할 것이니 숙영지를 마련해달라고 요청했다. 이회정은 즉시 조정에 이를 보고했고, 조정에서는 놀라면서도 오장경의 요청을 거절할 수 없어 부랴부랴 청국 군대의 숙영지를 마련해야 했다.

이튿날 수원부 마산포로 입항한 청국 사신 제3진 수사제독 정여창이 수행원 다섯 명과 군사 500명을 이끌고 남별궁에 들어왔다. 그 뒤를 이어 오장경 휘하의 군대 700여 명이 조선군 동별영으로 들어왔고, 위윤선 휘하의 군대 300여 명이 훈련원 하도감으로 안내되어 군영을 설치했다. 이로써 도성에 입성한 청국 군대의 수가 1800명에 이르렀다.[22]

청국 사신과 군대가 사전 통보도 없이 연이어 입성하자, 대원군은 당황하기 시작했다. 전에 없던 이상한 상황이 벌어지고 있었다. 속속 보고되는 바로는 3개 항구에 입항한 군함에도 남아 있는 군사가 3000명에 이른다고 했다.

청국이 조선의 내란에 대응하고 왕비의 국상을 위로하기 위해 사신을 보낸 것으로 생각했던 대원군은 무장 병력이 속속 입성하여 숙영지를 요청하자, 당황하면서도 당장은 어찌 할 도리가 없어 군영을 내줄 수밖에 없었다.

한편 임금은 청국 사신과 함께 귀국한 윤태준의 보고를 받고는 비로소 크게 안심하며 그의 노고를 치하했다. 10여 년 전만 해도 청나라 베이징에 가려면, 조선의 국경 의주에서 랴오둥(遼東)을 지나고 선양(瀋陽)을 거쳐야 했는데 빨라야 한 달이 걸렸다. 그러나 일본을 비롯해 서양과 수교를 맺고 항구를 개방한 이후 해로가 개척되어 톈진까지 불과 4~5일이면 도착할 수 있으니, 윤태준은 도성을 떠난 지 12일 만에 돌아왔다.

청국 사신들은 본국에서 이미 조선 임금의 밀지를 받고 김윤식과 숙의했으므로 치밀하게 작전을 폈다. 그 이튿날 오장경은 정여창과 마건충 등 수행원 열다섯 명과 군사 100명을 거느리고 운현궁으로 대원군을 예방했다.

미리 통보를 받고 기다리던 대원군은 몹시 불쾌했다. 뭔가 불안하고 생각할수록 화가 치밀었지만 예방을 거절할 명분은 없었다. 무장한 군사를 100여 명이나 이끌고 들이닥친 오장경을 대원군은 불쾌한 표정을 감추지 않고 맞았다.

"먼 바닷길에 오시느라 노고가 많았소이다."

통역관이 통역을 했고, 오장경이 받았다.

"조선에 내란이 일어나 왕후께서 변을 당하여 국상이 났으므로, 황제 폐하께서 진위(陳慰) 사신으로 본관을 파견하여 국왕 전하를 위로하라 전교하시었나이다. 대원위 합하께서 내란을 속히 평정하시어 조정이 안정되었으니 감축 드립니다."

대원군은 여전히 굳은 표정으로 말했다.

"내란이라고 하지만 별일은 아니었소이다. 중전께서 승하하신 것은 가슴 아픈 일이지만 군사들의 작은 불만에서 비롯된 변이었으니 쉽게 진정이 되었소이다. 한데 청국에서는 어찌 하여 그 많은 군사를 조선에 파병한 것이오?"

오장경은 능글맞게 웃으며 통역을 듣고는 말했다.

"황제 폐하께서는 조선에 군부의 반란이 일어났다는 소문을 들으시고 크게 놀라 군대를 파병하여 진압하라 명하시었습니다. 다행으로 합하께서 반란을 조기 진압하셨으니, 우리 군대는 곧 철수할 것입니다."

대원군은 비로소 안심하고는 받았다.

"황제 폐하께서 우리 조선을 그토록 염려해주시니 다만 황공할 따름이오."

청국 사신들과 대원군은 이때부터 화기애애하게 대담을 나누며 다과를 나누었다. 돌아갈 때가 되어 정여창은 대원군의 배웅을 받으며 청했다.

"합하께서도 우리 군영을 한번 찾아주시기를 부탁드립니다. 조선을 위하여 파병된 우리 군사들의 사기 진작을 위해서 청하는 것입니다."

그러잖아도 그 생각을 했던 대원군은 쾌히 승낙했다. 황제의 특명을 받은 대청국의 수군 제독과 장수들의 예방을 받았으니, 답방은 당연한 예의였다.

"어찌 아니겠소이까. 황제 폐하의 은총에 보답하는 뜻으로 내일 귀 군영을 답방하여 군사들을 위로하겠소이다."

|15장 주석|

21) 『고종실록』 고종 19년(1882) 7월 25일, '중궁전의 장례를 담당한 세 도감을 철파하게 하다' 편.

22) 『고종실록』 고종 19년(1882) 7월 12일, '중국 사신 정여창, 오장경, 위윤선이 도착하였음을 영접관이 아뢰다' 편.

16장

대원군의 몰락

太極旗

이튿날 7월 13일, 대원군은 심복 시종 10여 명과 호위군사 50명을 거느리고 남별궁에 주둔한 정여창의 군영을 답방했다.[23] 정여창과 마건충은 대원군을 정중히 맞이하여 접견실로 안내했다. 대원군은 흡족하여 수인사를 나누고는 다과를 나누며 대담했다. 공식 담화 끝에 정여창이 말했다.

"일본 공사 하나부사가 인천부에 입국해 있습니다. 저들은 지난 내란 때 인명이 살상되고 공사관이 불탄 데에 보상을 요구할 것이라 하는데, 합하께서는 어떻게 대처하실 작정이십니까?"

대원군은 벌컥 역정을 냈다.

"일본과의 수교는 애초부터 잘못된 것이었소이다. 조정에서 강요에 못 이겨 조약을 맺었는데, 저들 마음대로 공사관을 설치하고 교관을 파견하여 자기 나라 식으로 군사들을 훈련시키고, 우리 군부를 축소하는 등 조선의 주권을 무시했소이다. 이번 군부의 반란도 사실은 일본에 대한 불만에서 시작되었다고 보는 것이 타당할 것이외다."

마건충이 맞장구치고 나왔다.

"그렇습니다. 우리나라 군부에서도 그리 생각했고, 황제 폐하께서 군사를 파병하신 뜻도 사실은 일본군을 견제하기 위한 조치입니다."

대원군은 파병의 뜻이 일본군 견제에 있다는 말에 더욱 고무되어 기분이 좋았다.

"황제 폐하의 황은에 거듭 감읍할 따름입니다. 폐하의 뜻에 따라 조선은 일본의 요구를 단호히 물리치고 공사관 재설치를 허용치 않을 것입니다."

정여창이 물었다.

"일본 공사는 이번 사태를 계기로 한성에 일본군을 주둔시키겠다고 합니다. 합하께서는 어찌 생각하십니까?"

대원군은 펄쩍 뛰었다.

"남의 나라에 군대를 주둔시키겠다는 것이 가당키나 합니까? 내가 조정에 없을 때는 저들 마음대로 했지만, 이제는 어림도 없소이다. 무엇보다 우리 백성들이 가만두지 않을 것이오."

정여창이 거들었다.

"당연한 일입니다. 그리된다면 우리 청국에서도 보고만 있지 않을 것입니다."

대원군은 가소롭다는 듯이 너털웃음을 웃고는 말했다.

"고맙소이다. 그런 일은 절대 없을 것이니 귀관은 안심하시오"

정여창은 정색을 하고 말했다.

"합하의 말씀을 들으니 이제 안심이 됩니다. 참, 합하께서는 난초를 잘 치신다고 들었습니다. 소관에게 한 점 남겨주시기를 간절히 청합니다."

대원군은 난초도 잘 칠 뿐 아니라 글씨에도 당대의 대가였다. 대원군은 한껏 기분이 좋아 흔쾌히 받았다.

"좋습니다. 귀관이 원하니 한 점 남겨보도록 하지요."

여담을 하는 동안 지필묵이 준비되었다. 대원군은 붓을 잡고 잠시 호흡을 가다듬은 뒤에 난을 치기 시작했다. 작은 언덕 밑의 바위 옆에 금방 한 촉의 난초가 자라서 꽃대가 올라오고 이내 청초한 꽃 두 송이가 피어났다. 옆에서 들여다보던 정여창과 마건충의 입에서 동시에 탄성이 터졌다.

"오!"

한 폭의 그림에 감동하여 가슴에서 우러난 탄성이었다. 대원군이 친 가녀린 난초 잎은 바람에 파르르 떠는 듯했고, 꽃 두 송이에서는 은은한 난향이 풍기는 듯했다. 정여창이 진심으로 감격하여 말했다.

"대원위 합하, 과연 듣던 대로 신기이십니다."

대원군은 붓을 놓고 호탕하게 웃으며 말했다.

"허허허, 과찬이시오. 사가에 있을 때 심심풀이로 난을 치던 재주가 좀 늘었을 뿐이외다. 마음에 드신다면 다행이오."

정여창은 다소 과장되게 받았다.

"마음에 들다 뿐이겠습니까. 소관의 집안에 가보로 전할 것입니다."

"허허허, 고맙소이다."

옆에서 묵묵히 듣던 마건충은 정색을 하고 말했다.

"대원위 합하, 긴히 드릴 말씀이 있습니다. 잠시 곁을 물리어주시면 좋겠습니다."

대원군은 금방 정신이 번쩍 들었다. 돌연 긴히 나눌 말이라니? 그러나 별 생각 없이 뒤에 시립한 시종 네 사람에게 지시했다.

"잠시 나가 있거라."

시종들이 쭈뼛거리자, 대원군이 턱짓을 했다. 시종들과 통역관이 마지못해 방에서 나가자, 밖에서 지키던 청국 군사들이 껴잡다시피 그들을 안내하여 옆방으로 들어갔다.

실내에 대원군과 정여창, 마건충만 남았다. 마건충은 연상 앞으로 다가앉더니 붓을 잡고는 대원군을 잠시 노려보았다. 대원군은 통역이 없으니 필담으로 대답하자는 뜻이라고 생각했다. 그런데 마건충의 눈길이 너무 섬뜩하여 가슴이 서늘해지는 느낌을 떨쳐버릴 수 없으면서도 고개를 끄덕였다.

마건충이 연상에 펴놓은 선지에 글자를 쓰기 시작했다. 글자를 따라 읽던 대원군 얼굴이 굳어지더니 그예 새파랗게 질렸다.

大院君, 六月九日之變, 檀竊大權, 誅戮異己, 使天子冊封之王, 退而守府, 罪當勿赦(대원군, 유월구일지변, 단절대권, 주육이기, 사천자책봉지왕, 퇴이수부, 죄당물사)

대원군은 6월 9일 변란을 일으켜 대권을 도둑질해서, 자기와 뜻이 다른 자들을 모두 죽이고, 천자가 책봉한 왕을 허수아비로 만들었으니 이 죄를 용서할 수 없다.

쓰기를 마친 마건충이 주먹으로 연상을 치며 고리눈을 부릅뜨고 부라렸다. 대원군은 전혀 예상치 못한 사태에 그저 부르르 떨기만 할 때였다. 문이 벌컥 열리며 무장한 청국 군사 10여 명이 왈칵 몰려들어 대원군을 붙들고 끌어냈다. 대원군은 끌려 나가며 호통을 쳤다.

"네 이놈들, 이게 무슨 짓이냐!"

소리소리 지르며 몸부림치자, 청병들은 검은 두건을 대원군 머리에 덮어씌웠다. 그때 대원군의 시종과 통역관은 바로 옆방에 있었는데, 주군의 호통 소리를 듣고 나가려 했으나 문이 잠겨 있었다. 힘깨나 쓰는 자들이라 문을 어깨로 밀고 발로 차서 밖으로 나오자, 총칼로 무장한 청병들이 겹겹이 에워싸며 막아섰다.

대원군은 끌려나오며 악을 쓰고 몸부림쳤지만 무지막지한 청병들을 당할 수는 없었다. 마당에 대기하던 조선군 호위병은 이미 무장한 청병들이 겹겹이 에워싸고 있었으니, 그저 발만 동동 구르며 지켜볼 뿐이었다.

대원군을 끌고 나온 청병들은 대기하고 있던 청국식 가마에 밀어 넣고 문을 걸어 잠갔다. 특별 제작된 사인교는 금방 번쩍 들렸고, 마건충이 일갈하자 내닫기 시작했다. 대원군은 머리에 씌운 두건을 벗어 던지고 호통을 치며 어깨로 가마 벽을 밀었지만 요지부동이었다. 비로소 치밀한 음모에 휘말렸음을 깨달아 가슴을 쳤고, 이내 회한의 눈물이 솟구쳐 앞섶을 적셨다.

대원군이 탄 가마가 출발하자, 정여창과 마건충은 위윤선과 중서(中書) 원세개(袁世凱)를 거느리고 도성을 떠났다. 오장경은 남별궁에 그대로 남아 청국 군사를 통솔하며 반란군 잔당을 색출하겠다고 조선 조정에 통보했다.

　이에 따라 조정에서는 황제가 군사를 파병하여 원조해준 은혜에 사의를 표하고 사태의 전말을 보고하기 위해 사신을 보내기로 했다. 정사에 병조판서 조영하, 부사에 이조연을 임명했다. 이들 사신의 임무가 또 하나 있었으니, 청국이 대원군을 어떻게 처리할지를 알아보는 것이었다.

❈

　인천부 관사에 머물던 하나부사는 조선 조정에 특사 파견을 요청했다. 그는 조정을 무력으로 억압해서 야욕을 충족하려 했으나 청국에 선수를 빼앗기고 도성으로 입성도 못한 채 인천부 관사에서 분노를 삭이고 있었다.

　하나부사가 사신으로 파견된 이유를 이미 알고 있던 조정에서는 지삼군부사 김병시(金炳始)를 대관으로, 사재감 직장 서상우를 종사관으로 임명하여 일본 공사와 회담하게 했다. 그러나 하나부사는 김병시가 조정의 중신이 아님을 트집 잡아 회담을 거부하고, 정승급 접견대관과 회담할 것을 주장했다. 이에 조정에서는 비로소 사태의 심각성을 깨닫고 논의를 거친 끝에 영의정을 지낸 봉조하 이유원을 접견대관으로 삼고, 공조참판 김홍집을 부관으로 삼아 인천부로 보냈다.

　조선 측 접견대관 이유원과 일본 측 전권대신 하나부사는 이틀간의 예비회담을 거쳐 7월 17일, 조일강화조약과 수호조규속약을 체결했다.

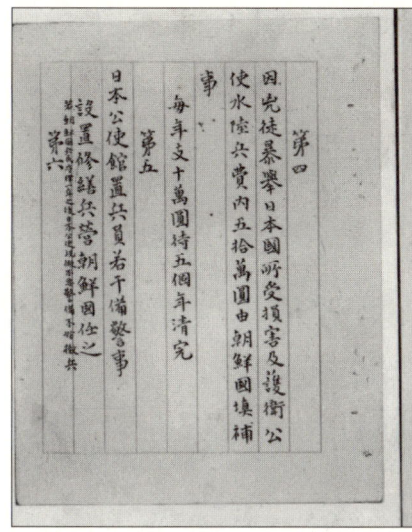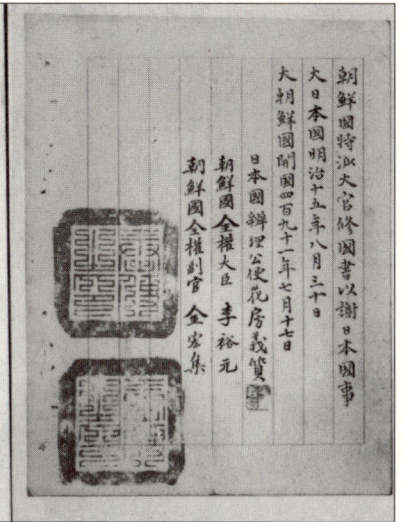

조일수호조규속약(제물포조약)의 원문

7월 25일 임금의 명으로 왕비의 국장이 철폐되었고, 민 왕후가 살아 있다는 사실이 팔도에 선포되었다. 도성 백성들은 국상이 반포된 며칠 뒤부터 이미 왕비가 어딘가에 살아 있다는 소문을 들었다. 뒤이어 죽은 왕비가 산 시아버지 대원군을 청국으로 귀양 보냈다는 소문까지 퍼지던 참이었다.

민 왕후가 입던 옷을 넣고 봉했던 재궁은 불태웠다. 따라서 임금을 비롯한 만조백관도 45일간 입었던 상복을 벗어 불태웠다. 이로써 훗날 '임오군란'이라고 불리는 군부의 반란은 평정되었지만, 이제부터는 복수의 피바람이 몰아칠 터였다.

국장 철폐령이 내려지자마자 기다렸다는 듯이 중궁전을 맞아들이라는 상소가 빗발쳤다. 우선 종친부에서 지종정경(종친부 정2품) 이인응(李寅應)이 연명으로 상소를 올렸고, 전임 대소 신료들도 벌 떼처럼 들고 일어나 상소를 올렸다. 조정의 대소 신료들도 어전에 들어 중전을 하루속히 맞아들일 것을 이구동성으로 주청했다. 임금도 숙연히 받아 말했다.

"근자의 변고는 역사에 없던 일이었다. 다행으로 중궁의 소재를 알았으니 맞아들이는 일을 늦추어서는 아니 될 것이다. 중궁전을 맞이할 의절(儀節)은 예조에서 마련하고, 영의정이 맞으러 나가는 것이 어떻겠는가?"

영의정 홍순목이 흔쾌히 분부를 받았다.

"전하, 성은이 망극하나이다. 신이 장호원까지 나아가 중전마마를 뫼셔 오겠나이다."

한껏 기분이 좋은 임금은 연이어 분부했다.

"고맙소, 영상. 또한 제학 김병시, 직제학 정범조, 직각 민영목, 도승지 윤용구, 우승지 윤상만, 우부승지 김학수가 영상을 보좌하도록 하고, 도총관과 삼군부의 당상과 낭청 각각 1인씩, 겸찰총융사가 군사 60여 명을 거느리고 시위하게 하는 것이 어떠하겠는가?"

신료들은 일시에 엎드리며 명을 받았다.

"전하, 분부 받자와 시행하겠나이다."

임금은 연신 웃으며 흡족하게 말했다.

"가상하도다. 과인은 이번 변란으로 많은 것을 깨달았다. 중궁전역시 마찬가지일 것이니라. 이제부터 나라를 반석 위에 앉힐 것이니, 경들도 부단히 노력해야 할 것이다. 알겠는가?"

신료들이 일제히 받아 복명했다.

"전하, 망극하나이다. 신 등이 어찌 미력이나마 아끼겠나이까."

영의정 홍순목이 분연히 아뢰었다.

"전하, 신 또한 이번 변란으로 부단히 자책하며 깨달았나이다. 백성이 그대로 있고 농토가 그대로 있는데, 국고가 비어 군사들 급료를 주지 못한 것은 관리들의 책임이 크나이다. 전하께서는 이제부터 과감히 국정을 쇄신하시어 국가의 기강을 바로 세우는 데 전념하시옵소서. 신 등은 성심과 전력으로 보필할 것입니다."

대소 신료들이 일제히 부복하며 맹세했다.

"전하, 성심으로 보필하겠나이다."

죽은 줄만 알았던 중전이 시골구석에 들어앉아 봉서 한 장으로 청국 제일의 장수들을 끌어들여 난국을 수습했고, 정적 시아버지를 청국으로 귀양 보냈을 뿐 아니라 송두리째 빼앗겼던 권력을 다시 거머잡았다. 이제 걷잡을 수 없는 피바람이 불 것이다. 살아남는 길이 어느 길인지 신료들은 이미 알고 있을 터였다.

이튿날 중궁전을 모시러 가는 신료들의 행차가 충청도 장호원으로 출발했다. 영의정을 영접관으로 하여 대소 신료들이 30여 명에 이르고, 호종군사들이 70명, 중궁전 상궁과 나인이 20명이었다.

8월 초하루 중전 민 왕후가 환궁했다. 나인의 옷을 빌려 입고 맨발로 어영청 무감의 등에 업혀 대궐에서 도주한 지 50일 만이었다. 전현직 대신과 행차를 받들어 맞은 신료들은 임금께 하례를 올렸다. 영의정 홍순목이 아뢰었다.

"신은 중궁전을 맞으라는 명을 받고 수백 리 길을 다녀왔습니다. 맑고 아름다운 가을 날씨에 왕후 전하께서는 건강하게 무사히 돌아오셨습니다. 위로는 자전(慈殿, 임금의 어머니)의 간절한 걱정과 아래로는 세자궁의 정성과 효성이 독실했기에, 역사에 없었던 이러한 큰 경사를 맞게 되었습니다. 온 나라 백성들의 기쁨이 이보다 더하겠나이까. 감축 드립니다."

봉조하 강로가 아뢰었다.

"오늘의 경사로 말하면 위로는 세자궁을 위로해 드리고, 아래로는 신민들의 기쁜 마음을 위로해야 할 것입니다."

영돈녕부사 김병국이 받았다.

"오늘의 기쁨이야 어찌 다 말로 형용할 수 있겠습니까. 백성들은 환성을 올리고 화기가 온 나라에 차고 넘칩니다."

판중추부사 송근수도 받았다.

"오늘의 일은 비단 신민들의 큰 경사일 뿐 아니라, 이로써 종사가 반석같이 안정되었으니 어찌 큰 다행이 아니겠습니까."

임금은 얼굴이 달아오르도록 기뻐하며 말했다.

"중궁전이 돌아온 뒤에 대왕대비전이 크게 안심하시었느니라. 세자 또한 모후를 그리워하던 마음을 위로하게 되었으니 매우 기쁘고도 다행한 일이로다. 과인도 당초에는 근심과 번뇌로 심신이 산란하여 어찌 할 바를 몰랐으나, 세자가 중궁전 말만 비치면 소리 없이 눈물을 흘리곤 하여 더욱 마음이 아팠느니라."

홍순목이 받아 아뢰었다.

"어찌 아니겠습니까. 신 또한 세자 저하를 뵈올 때마다 가슴을 저미는 아픔을 참을 수 없었습니다."

김병국이 주청했다.

"전하, 중궁 전하의 환궁을 종묘에 고유(告由, 중한 일을 치른 뒤 그 내용을 사당에 알림)하시고 온 나라에 반포하는 일을 조금도 늦출 수 없으니, 즉시 명을 내리시기를 간절히 바랍니다."

임금이 처연히 받았다.

"종묘에 고유하는 일은 할 수 있으나, 온 나라에 반포하는 것은 거리끼는 바가 있어 지금 망설이고 있는 중이니라. 어찌 하면 좋겠는가?"

홍순목이 정색을 했다.

"이와 같은 큰 경사에 어찌 아래에 반포하는 조치가 없을 수 있겠나이까. 조금도 거리낄 것이 없으니 즉시 분부하시기를 삼가 바랍니다."

임금이 밝게 말했다.

"그리하겠소. 우선 종묘에 고유제를 올리고, 백성들에게도 중궁의 환궁을 알리도록 하라."

중신들은 부복하며 명을 받았다. 늙고 노회한 중신들은 온갖 아첨을 늘어놓으며 자신들의 치부를 싸 바르고는 빠져나갈 구멍을 만들기에 급급했다.

|16장 주석|

23) 대원군이 청국으로 납치되고 민 왕후가 환궁하기까지의 전 과정 역시 실록에 의거했고, 세부 묘사는 작가의 창작이다.

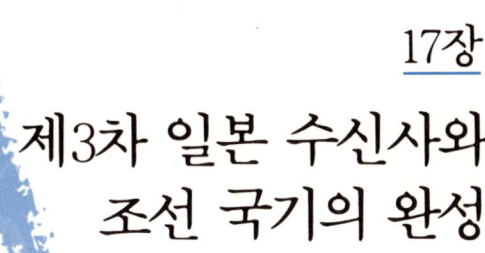

17장

제3차 일본 수신사와 조선 국기의 완성

太極旗

민 왕후가 환궁하고 이레 뒤인 고종 19년(1882) 8월 8일 하오, 전권대신 겸 수신사로 일본에 갈 판의금부사 박영효(朴泳孝)와 수신부사 부호군 김만식(金晩植), 종사관 서광범(徐光範), 역관 이응준이 편전에 들었다. 지난 7월 13일 맺은 조일강화조약에서 명기한 대로 6월 9일 변란 때 일본인의 희생과 공사관 소실에 대한 사과와 수호 교류의 일환으로 방일하는 제3차 수신사였다. 수신사 박영효는 철종 임금의 딸 영혜옹주와 혼인하여 금릉위 봉작을 받은 척신으로 22세였다. 임금이 물었다.

"금릉위, 떠날 준비는 다 되었는가?"

"그러하옵니다, 전하."

"전에도 수신사가 가기는 했지만, 특히 이번 행차에는 난관이 많을 것이야. 의연히 대처해야 할 것이다."

"전하, 이미 만반의 준비를 했나이다. 심려치 마시옵소서."

임금은 온화하게 말했다.

"어련하겠는가마는 노파심으로 당부하는 것이야."

"명심하겠나이다, 전하."

임금은 이응준을 대견스레 바라보며 물었다.

"역관은 국기를 준비했는가?"

이응준은 들고 온 비단 보자기를 풀며 아뢰었다.

"전하, 그러하옵니다. 보시옵소서."

임금은 내관이 올리는 국기를 받아 펴보았다. 이응준이 최초로 그린 태극과 4괘의 국기는 조정의 중론을 거치며 태극의 곡(曲)을 좀 더 유연하게 휘고 4괘의 위치를 좌우로 바꾸었다. 이것이 조미 조약 당시 걸렸던 국기 모양이다. 여기에서 태극 모양은 같지만 괘의 위치는 조정의 중론을 거쳐 임금의 명으로 건(乾, ☰)괘가 좌측 상단으로 다시 옮겨졌다. 이는 이응준이 임금 앞에서 최초로 그린 괘의 위치였다. 임금은 또 하나의 기를 펴보다가 말했다.

"내관은 이 기를 들고 저만치 서보아라."

내관 유재현은 임금이 주는 기를 받아들고 대여섯 걸음 물러서 펼쳐 보였다. 황색 바탕에 태극 문양과 8괘가 그려진 기였다. 청국 사신 정여창과 마건충이 돌아갈 때, 두 가지 모양의 기를 보냈었다. 그 결과 청국 예부에서는 황색 바탕에 8괘의 기를 조선 국기로 사용하라는 자문을 보낸 바 있다. 기를 바라보던 임금이 말했다.

"역관은 이 국기를 들고 그 옆에 서보라."

이응준이 4괘의 기를 들고 내관의 옆에 서서 펼쳤다. 두 기를 비교해보던 임금이 물었다.

"금릉위는 어느 기가 좋다고 생각하는가?"

찬찬히 살펴보던 박영효가 아뢰었다.

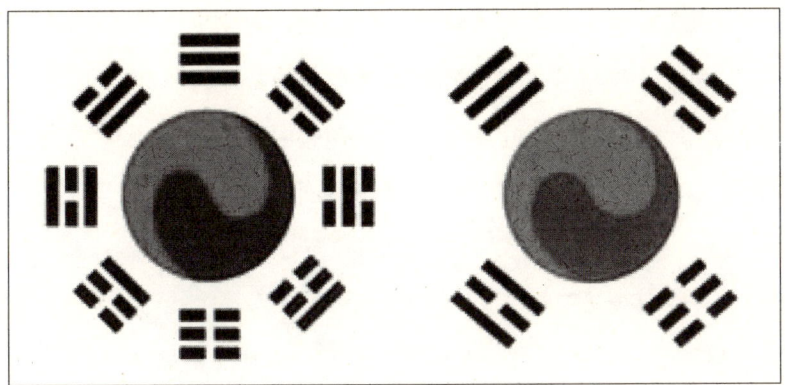
태극8괘기와 태극4괘기

"전하, 4괘의 기가 간결하고 보기에도 훨씬 아름다워 보입니다."
"부사는 어찌 보았는가?"
부호군 김만식이 머리를 조아리며 아뢰었다.
"신도 그리 보았나이다. 8괘의 기는 그 의미나 모양이 너무 복잡하여 국기로 쓰기에는 부적합할 것으로 사료되나이다."
임금은 흡족한 얼굴로 말했다.
"잘 보았다. 과인도 그리 생각한다. 허나 청국에서 굳이 8괘의 기를 국기로 쓰라고 하니 답답한 노릇이로다."
이응준이 아뢰었다.
"전하, 청국에서는 4괘의 기가 너무 아름답고 그 뜻이 깊어 시기하는 것입니다. 신은 정여창과 마건충이 처음 4괘의 기를 보고 소스라치게 놀라던 표정을 기억하고 있나이다."
임금은 처연히 받았다.
"그럴 것이야. 과인도 그리 생각하기 때문에 안타까운 것이다."

박영효가 단호히 주청했다.

"전하, 굳이 청국을 의식할 필요가 없나이다. 청국에서 온 문건을 보니, 황제의 칙서가 아니라 예부의 자문이었습니다. 설령 황제의 칙서였다 해도 나라를 상징하는 국기를 저들의 지시에 따라 정할 수는 없나이다. 과감히 결단하시옵소서."

이응준도 덧붙였다.

"전하, 그러하옵니다. 신은 목숨을 걸고 4괘의 기를 조선의 국기로 지키겠나이다. 결단을 내리시옵소서."

임금도 분연히 받았다.

"과인의 마음도 그러하다. 처음부터 4괘의 기를 국기로 정했었다. 허나 청국에서 이번 수신사 행차에 8괘의 기를 국기로 사용하라는 자문을 보냈으니, 그것이 문제가 되지 않을까 저어된다."

이응준이 받아 아뢰었다.

"전하, 그 또한 청국 예부의 자문이었나이다. 무시하소서."

박영효도 거들었다.

"그러하옵니다. 의식하지 마시옵소서. 하옵고, 신이 출발할 때 두 폭의 기를 갖고 가겠나이다. 그리해서 영국인 선장과 영사(조선 주재 영국 영사)에게 자문을 구하여 4괘의 기를 선박에 게양할 것입니다. 그리하면 나중에 청국에서 트집을 잡더라도 분명한 이유를 댈 수 있습니다."

임금이 반색을 하며 받았다.

"그것 참 좋은 생각이로다. 조미·조영·조독수호조약에 사용한 기가 조선의 국기임을 영국 영사와 선장이 인정했다고 하면 될 것이야."

박영효도 기쁨에 들떠 아뢰었다.

"바로 그러하옵니다. 이번 수신사 행차로서 조선의 국기가 완벽하게 정해질 것입니다."

임금도 기쁘게 받았다.

"그리되어야지. 필연코 그리될 것이야. 역관은 승정원에 가서 선박에 게양할 수 있는 규격의 국기를 그리도록 하라. 8괘의 기도 그려야 하느니라."

수신사 일행 세 사람은 엎드리며 분부를 받았다. 이번 수신사 일행이 타고 갈 배는 일본 상선으로 영국에서 건조한 선박이었다. 그러므로 선장이 영국인이며, 조선 주재 영국 영사가 함께 일본으로 가게 되었다.

이튿날 8월 9일, 수신사 정사 박영효와 부사 김만식, 종사관 서광범, 역관 이응준은 인천 제물포에 정박했던 일본 상선 메이지마루(明治丸) 호에 승선했다. 환송 행사가 끝나고 배가 출항하자, 수신사 일행은 메이지마루 상황실에 들어가 영국 영사 애스턴과 선장 제임스(James), 일본인 선주 마루야마(丸山助若) 등과 수인사를 나누었다. 선장 제임스가 말했다.

"수신사가 승선하면 당연히 국기를 게양하고 환송 행사를 해야 하는데, 수신사께서 국기 게양을 보류하신 이유가 있습니까?"

박영효가 승선하자 선장 제임스는 조선 국기를 게양하자고 했지만, 박영효는 환송 나온 청국 공사관 관리들을 의식하고는 잠깐 보류하자고 했었다. 박영효가 대답했다.

"그러잖아도 그 일로 본관이 여러분들께 자문을 구할 일이 있습니다. 지난 4월 조미조약과 조영통상조약 때 최초로 조선 국기를 게양하고 회담을 성사시킨 적이 있습니다. 이후 주상 전하께서 그 기를 조선 국기로 사용하기로 하고 조정에 선포했습니다. 그런데 청국에서 돌연 모양이 다른 기를 조선 국기로 사용하라는 자문을 보내왔습니다. 부끄럽습니다마는 우리 조선은 청국 황제의 권유를 완전히 무시할 수만은 없는 처지라 출항할 때 국기를 게양할 수 없었던 것입니다."

영사 애스턴이 고개를 주억거리며 듣고는 말했다.

"비록 짧은 기간이지만 내가 조선에 주재하면서 조선과 청국의 관계를 조금씩 이해하게 됐습니다. 국기에 관한 문제로 생긴 청국과의 갈등도 대강은 알고 있습니다."

박영효는 겸연쩍게 받았다.

"영사께서 국기에 대한 문제까지 알고 계신다니, 차라리 말씀 드리기 편합니다. 주상 전하께서는 청국에서 강요하는 기를 조선 국기로 제정할 수 없다고 하십니다. 그러나 청국 예부에서는 이번 수신사 행차와 조일회담에서 자신들이 권하는 기를 조선 국기로 사용하라고 문서에 명기했습니다. 전하께서는 그것을 무시하고 본관에게 명하시어 서양 여러 나라를 탐방하여 견문이 넓은 여러분들께 자문을 구하라고 하셨습니다."

선장 제임스가 받았다.

메이지마루 호. 동경상선대학 내에 현재 전시 중

 "좋습니다. 나는 수년간 세계 여러 나라를 돌아보며 각 나라 국기를 호기심을 갖고 조사해보기도 했습니다. 어디 한번 보여주시지요."
 "물론입니다. 두 폭의 기를 보여 드리겠습니다."
 종사관 사광범과 이응준은 기를 들고 멀찍이 물러서서 펼쳤다. 박영효가 설명했다.
 "역관이 들고 있는 태극 4괘의 기가 조선의 국기입니다."
 영사 애스턴과 선장 제임스, 일본인 선주 마루야마는 호기심 가득한 표정으로 두 폭의 기를 감상했다. 제임스는 애스턴과 무슨 말인가를 주고받고는 이렇게 말했다.
 "잘 보았습니다. 내가 보기에도 조선 국왕 전하께서 주장하신다는 4괘를 그린 기를 조선의 국기로 제정하는 것이 좋을 듯싶습니다.

태극 8괘라는 기는 바탕도 황색인 데다 너무 복잡합니다. 한 나라를 상징하는 국기로 사용하기에는 너무 산만해 보입니다."

박영효는 애스턴에게 물었다.

"영사께서는 어떻게 생각하십니까?"

애스턴은 다소 긴장한 표정으로 받았다.

"나는 외교관입니다. 외교관으로서 주재국 국기가 어떻다고 단정 지어 발언할 수는 없습니다. 다만 사견으로, 견문이 넓은 제임스 선장의 의견에 동감합니다. 또한 태극 4괘의 기는 이미 우리나라와의 수호조약에서도 사용되었으니, 우리 영국으로서는 이미 조선의 국기로 인정한 것입니다."

박영효는 영국 영사에게 감사하며 마루야마에게 물었다.

"선주께서는 어떻게 보셨습니까?"

마루야마도 자신 있게 그러나 좀 되바라지게 말했다.

"나도 세계 여러 나라를 돌아봤지만, 각 나라 국기는 간결하고도 그 의미가 깊습니다. 태극과 8괘는 그 자체만으로도 너무 복잡한데, 그 의미 또한 그러할 것입니다."

박영효는 회심의 미소를 짓는 이응준을 흘낏 보고는 말했다.

"역시 세 분의 의견이 같습니다. 이로써 조선 국기는 우리 주상 전하의 뜻대로 정해졌습니다. 고맙습니다."

박영효는 이어서 태극 8괘는 이미 수천 년 전부터 우리 민족이 사용했으며, 조선조에서도 여러 건축물은 물론이고 백성들의 일상생활에서도 널리 쓰인다고 설명했다. 듣고 난 세 이국인은 태극 문양이 조선 국기에 쓰인 것은 유구한 조선 역사에 비추어 필연이라며

박영효

감탄했다.
 박영효는 즉시 국기를 게양할 것을 제안했고, 선장 제임스는 영국인 선원들에게 이를 지시했다. 박영효를 비롯한 수신사 일행은 상갑판에 올라가 애스턴과 제임스, 마루야마, 영국과 일본 선원들이 지켜보는 가운데 엄숙하게 국기 게양식을 거행했다. 조선 국기가 서서히 창공을 향해 올라가더니 활짝 펴져 태극 문양이 선명히 드러나 바람에 휘날렸다.[24]

순간 이응준은 가슴이 콱 막히는 감격과 함께 아찔한 현기증을 느꼈다. 온갖 난관을 무릅쓰며 태극과 4괘를 넣은 기를 창안하고, 조선의 국기임을 주장한 이응준의 눈에 감격의 눈물이 넘쳐흘렀다. 어찌 이응준뿐이랴. 박영효, 김만식, 서광범도 가슴이 벅차 감격의 눈물을 주체할 수 없었다. 조선 영해를 막 벗어난 망망대해의 작은 선박 깃대에 조선 개국 이래 처음으로 국기가 게양되어 푸르른 창공에 힘차게 펄럭였다.

11월 28일 일본 수신사 임무를 수행하고 귀국한 수신사 대관 박영효와 부관 김만식이 어전에 들었다. 박영효의 문후를 받은 임금이 밝은 얼굴로 치하했다.

"먼 뱃길에 노고가 많았도다. 임무를 무사히 수행하고 돌아왔으니 과인도 기쁘다."

"전하, 성은이 망극하나이다."

임금은 가장 궁금하다는 듯이 물었다.

"그래, 일본으로 가는 선박에 국기를 게양했느냐?"

"그러하옵니다, 전하."

박영효는 메이지마루 호가 인천항을 출항한 뒤에 영국 영사와 선장, 일본인 선주 사이에서 있었던 일, 조선 개국 최초로 사신으로 가는 배의 상갑판 깃대에 국기를 게양하던 감격적인 장면을 세세히 아뢰었다. 듣고 난 임금도 감격 어린 얼굴로 거듭 치하했다.

"금릉위가 큰일을 해냈도다. 이로써 명실공히 조선 국기가 정해졌음이야. 그래, 일본에서는 어떠한 때에 국기를 사용했는가?"

박영효는 잠시 생각을 가다듬고는 아뢰었다.

"메이지마루 호를 타고 가는 중에 영국 영사의 조언을 듣고 대·중·소 크기의 국기를 세 폭이나 더 그렸나이다. 선상에 게양하는 국기는 너무 커서 행사에는 쓸 수 없다는 조언을 들었기 때문입니다. 국기 세 폭을 더 그려 그중 가장 큰 것은 고베의 숙소인 니시무라야(西村屋) 옥상의 깃대에 게양하여 조선 수신사의 숙소임을 표시했습니다. 그 뒤에 교토와 오사카를 거쳐 9월 초이튿날 도쿄에 도착했습니다. 도쿄에서는 회담이 있을 때마다 회담장에 중간 크기의 국기를 게양하여 떳떳하게 회담에 응할 수 있었나이다."

임금은 감격에 겨워 떨리는 목소리로 말했다.

"오! 과연 그리하였도다. 동경에서는 서양 여러 나라의 공사와 영사들도 많이 접견했을 터인데, 그들은 우리 국기를 보고 뭐라고 하던가?"

박영효는 한껏 고조되어 아뢰었다. 스물두 살 나이에 전권대관 수신사의 임무를 띠고 처음으로 외국에 나가 미국과 프랑스를 비롯한 서양 여러 나라의 공사와 영사들과 교류했으니 그 자긍심은 이루 말할 수 없었다.

"예, 전하. 10월 초사흘에는 신의 숙소에 미국은 물론 네덜란드를 비롯한 11개국 공사와 영사들을 초청하여 연회를 베풀었나이다. 연회장에는 각국 공사들의 수행원들이 국기를 게양했는데, 신도 당당히 대조선국 국기를 나란히 게양하고 연회에 임했나이다. 초청된 공사들은 모두 우리 국기를 보고는 아름답고 뜻이 깊다고 찬사를 아끼지 않았나이다."

임금은 흐뭇한 표정으로 듣고는 감격에 겨운 목소리로 말했다.

"오, 그랬구나. 당연히 그랬겠지. 이로써 우리 대조선국 국기는 세계 여러 나라에 알려지게 되었도다. 그러면 일본 관리들은 우리 국기를 보고 뭐라 하던가?"

부관 김만식이 받아 아뢰었다.

"예, 전하. 하급 관리들은 더러 4괘만 없으면 일본 국기 히노마루와 닮았다고 폄하하기도 했사온데, 대체로 아름답고도 뜻이 깊다고 감탄했나이다."

박영효도 거들었다.

"접견대관은 우리 국기가 게양되자, 감격하며 그 뜻을 물어 신이 자세히 알려주기도 했나이다. 듣고 난 회담장의 일본 관리들 모두 조선의 상징으로 모자람이 없는 국기라고 칭송했나이다."

임금은 흐뭇해하면서도 한편으로 매우 궁금하다는 듯이 물었다.

"일본 관리들이야 당연히 그러하겠지만, 청국 관리들도 우리 국기를 보았을 터인데 어떤 반응을 보이던가?"

박영효도 긴장하며 아뢰었다.

"공사는 마침 본국의 사정으로 귀국했다고 해서 공서첨찬 황준헌을 만났나이다. 그는 우리 국기를 보자마자 대뜸, 어찌 해서 태극 8괘도의 기를 사용하지 않고 4괘도를 쓰느냐고 따졌습니다. 그리하여 신은 메이지마루 호에서 있었던 사실을 말해주었고, 주상 전하도 이와 마찬가지라며 반박했나이다."

임금은 상체를 일으키며 물었다.

"그렇다고 그쯤해서 물러설 황준헌이 아닐 터인데?"

"그러하옵니다. 황준헌은 자국 황제 폐하의 칙서를 무시한 처사라고 주장했지만, 신은 칙서가 아니라 예부의 자문이었던 사실을 상기시켰나이다. 그리고 설사 황제 폐하의 칙서였다고 해도 조선으로서는 태극 8괘의 기를 국기로 받아들일 수 없다고 강력히 반박했나이다."

"그래서 수긍을 하던가?"

박영효는 잠시 숨을 고르고는 아뢰었다.

"황준헌은 본국에 사실대로 보고하겠다고 했습니다. 그러고는 황제 폐하의 진노에 대비하는 것이 좋을 거라고 빈정댔습니다. 하지만 신은 단호히 전했습니다. 조선 국기는 이미 조미·조영·조독조약 때 사용되었고 이번 조일회담에서도 사용되었으니 바꿀 수는 없다고 주장했습니다. 신은 그러면서도 국기 문제는 청국에서 이해하도록 설득해달라고 정중히 부탁했나이다. 게다가 11개국 공사와 영사들을 초청한 연회에서 각국 국기와 나란히 우리 국기를 함께 게양했으니, 청국에서도 이제는 더 이상 간섭하지 못할 것입니다. 전하께서도 너무 심려치 마시옵소서."

임금은 그제야 밝은 얼굴로 받았다.

"잘했다. 그야 당연하지 않은가. 청국에서도 이제는 어쩌지 못할 것이야. 경들이 큰일을 했도다. 이제 곧 경들의 노고를 위로하는 연회가 있을 것이니, 그때까지 노독을 풀며 쉬도록 하라."

두 신하는 부복하며 성은에 감사했다.

조정에서는 지난 6월 9일 군란 이후, 대원군이 재집권하면서 폐지했던 통리내무아문(의정부)을 청국의 압력으로 다시 받아들였다. 그에 따라 영의정 홍순목과 좌의정 김병국을 총리통리내무아문사무로, 좌찬성 민태호, 호조참판 김유연을 판리통리내무아문사무로, 강화유수 김윤식을 협판통리내무아문사무협판으로, 부호군 홍영식, 예조참의 어윤중(魚允中), 동부승지 신기선(申箕善)을 참의통리내무아문사무로 제수하여 조정 관제를 청나라 식으로 완전 개편했다.

9년 만에 재집권한 대원군을 33일 만에 청나라 톈진으로 귀양 보낸 민 왕후는 환궁하자마자 조정을 장악한 대원군 일파를 일거에 숙청했다. 예조판서 이회정과 예문관 제학 임응준(任應準) 등 10여 명을 사사(賜死)하고, 군란을 일으킨 유복만, 정의길 등 10여 명도 참형에 처했다.

조선 조정은 군란은 진압했으나, 청국의 내정간섭을 피할 수 없게 되었다. 오장경은 원세개와 오조유(吳兆有)를 조선 도성에 파견해 3000여 명의 군대를 거느리며 상주케 했고, 훈련도감을 폐지하고 좌우 친군영을 설치하여 원세개로 하여금 통솔케 했다. 이로써 조선은 조정과 군부의 관제와 실권까지 청국에 내주고 말았다.

11월 18일에 조선 조정을 청국 관제로 개편한 오장경은 12월 4일에 조정을 다시 개편했다. 통리내무아문을 통리군국사무아문, 통리아문을 통리교섭통상사무아문, 두 아문의 판리사무를 독판사무라 칭하여 완전히 청국식으로 개편했다.

고종 20년(1883) 1월 27일이었다. 편전에서 조회가 있었다. 통리교섭통상사무아문 판리(辦理) 민태호가 아뢰었다.

"전하, 나라의 국기가 제정되어 이미 조미·조영·조독수교회담과 조일 회담장에서도 사용되는 등 조선의 상징이 되었습니다. 이제는 팔도와 사도(四都)에 반포하여 행회(나라의 지시와 실행 방법을 지방의 수령들에게 알림)하고 만백성에게 알리는 것이 지당할 것입니다."

임금이 흔쾌히 분부했다.

"당연히 그리해야 할 것이다. 예조에서는 팔도와 사도에 내려 보낼 국기를 제작하여 하루속히 행회하도록 하라."

이로써 우리나라 역사상 처음으로 국기가 제정되어 '조선 국기(朝鮮國旗)'라 명명하고 나라에 선포했다. 『고종실록』 고종 20년(1883) 1월 27일 '국기를 제정했으므로 팔도와 사도에 행회하여 사용하도록 하다' 편에 기록된 국기 선포 내용은 다음과 같다.

> 통리교섭통상사무아문에서 아뢰기를, "국기(國旗)를 이미 제정했으니 팔도(八道)와 사도(四都)에 행회(行會)하여 다 알고 사용하도록 하는 것이 어떻겠습니까?" 하니, 윤허했다.

고종 34년(1897) 10월 12일, 500년 조선 왕조가 막을 내리고 대한

제국이 선포되었다. 이어 연호를 광무(光武)로 하고 고종 임금이 광무황제(光武皇帝)로 등극했다. 이에 따라 두 해 전(1895년 8월 20일)에 일본 폭도들에게 시해된 민 왕후를 명성황후로 추증했다.

10년 뒤인 1907년(광무 10년) 6월, 고종은 일제의 침략과 을사늑약 무효를 세계열강에 알리기 위하여 이준, 이상설, 이위종 세 사람을 비밀 특사로 제2차 만국평화회의가 열리는 네덜란드 헤이그에 파견했다. 그러나 일본의 방해 공작으로 실패하자, 이준은 7월 14일 현지에서 홧병으로 숨졌다.

이에 일제는 이 사건의 책임을 물어 고종이 황제로 등극한 지 10년 만에 강제 퇴임시키고 황태자(순종 황제)에게 양위하게 했다. 그리고 2개월여 뒤인 8월 1일, 일제는 대한제국 군대를 강제 해산시켰다. 이때부터 전국 각지에서 항일 의병 운동이 일어나기 시작했고, 대한제국 국기는 의병들에게 나라의 상징이 되었다.

1883년 1월 27일에 선포된 조선 국기는 조선왕조 14년과 대한제국 13년 도합 27년간 국기로 사용되다가 국권이 강탈(1910년 8월 22일 한일병합)당하고 나라가 멸망하면서 더는 쓰일 수 없게 되었다. 그 뒤 대한제국 국기는 국권을 되찾으려는 독립운동가들에 의해 비밀리에 조국의 상징으로 쓰이면서 지하에서 명맥을 유지했다.

'대한제국 국기'가 '태극기(太極旗)'라는 이름을 얻은 것은 1919년 3월 1일, 독립운동이 일어나면서부터다. 태황제로 물러나 있던 고종 황제가 1919년 1월 21일 갑자기 붕어(崩御)했다. 태황제의 갑작스러운 죽음에, 세간에는 일본에 의해 독살당했다는 소문이 퍼지기 시작했다. 민심의 분노는 삽시간에 전국으로 확산되었고, 나라

밖에서 활동하던 독립운동가들에게도 알려졌다.

국권을 강탈당한 지 10여 년간 각계각층에서 독립운동을 하던 애국지사들이 고종 황제의 죽음을 계기로 조직적으로 뭉치기 시작했다. 그리하여 마침내 경성에서 33인의 민족 대표가 결성되었다. 이들 33인은 고종 황제의 국장 날을 이틀 앞둔 3월 1일을 기해 경성에서 독립선언서를 낭독하고 대한 독립을 세계만방에 선포하기로 했다.

이에 따라 나라의 상징인 국기의 필요성을 절감한 민족 대표 33인은 대한제국 멸망 때까지 사용하던 국기를 그대로 사용하기로 하고 국기 제작에 돌입했다. 그러나 국기를 다량 제작하는 과정에는 난관이 많았다.

일본 총독부에서는 확산되는 고종 황제의 독살설에 긴장하여, 국장을 앞두고 소위 불온세력 색출에 혈안이 되어 소규모 집회도 허용하지 않고 단속을 강화하던 참이었다. 민족 대표들은 비밀리에 국기를 제작하면서 국기의 명칭을 놓고 의견을 나누었다. '조선 국기'와 '대한제국 국기'는 이미 국권을 잃어 의미가 없어졌다.

민족 대표 33인이 머리를 맞대고 논의한 결과, 기의 문양이 태극과 4괘이므로 '태극'을 살려 '태극기'라 하자는 데 의견 일치를 보았다. 이때부터 독립운동에 참여하려는 많은 인사들의 가족과 소규모 단체에서 일본 경찰의 감시를 피해 태극기를 제작하기 시작했다.

마침내 3월 1일 정오, 민족 대표 33인은 탑골공원에서 대형 태극기를 게양하고 독립선언문을 낭독했다. 선언문 낭독이 끝난 뒤에 손에손에 태극기를 들고 나온 수많은 인파는 '대한 독립 만세'를 외치며 경성 거리를 메우기 시작했다. 실로 '태극기'의 물결이었다. 민중들은 신분의 격차나 종교, 직업, 남녀노소, 지도자와 군중을 가리지 않고 태극기를 들고 독립 만세를 외치며 한 물결로 흘러 넘쳤다.

3월 1일부터 흐르기 시작한 태극기의 물결은 삼천리 방방곡곡으로 퍼지고 들불처럼 무섭게 번져, '조선 국기'가 제정되어 나라에 반포된 지 36년 만에 '태극기'라는 이름으로 전 국민의 눈과 귀에 뚜렷이 각인되었다.

그 후 태극기는 일본과의 전쟁이 끝나고 광복되는 1945년까지 26년간 조선 민족의 피로 물들었다. 수많은 애국열사가 태극기를 들고 독립 만세를 외치며 산화했다. 어찌 그뿐이랴. 이름 없는 수많은 열혈 백성이 일제의 총칼 아래 태극기를 가슴에 안고 숨을 거두었다.

태극기는 1883년 1월 27일, '조선 국기'로 나라에 정식 선포된 후 그 모형이 여러 가지로 변형되어 쓰이다가 1945년 광복을 맞이했다. 1948년 대한민국 정부가 수립된 뒤까지 태극과 4괘의 모형이 통일되지 않고 여러 형태로 쓰였다.

이에 태극기의 통일을 절감한 뜻있는 인사들이 '국기보양회'라는 단체를 조직하여 국기의 도식과 구격을 통일해야 한다는 의견서를 정부에 제출했다. 이에 따라 1949년 1월 14일, 이승만 대통령의 지시로 각계 대표 42명이 '국기제정위원회'를 구성했다. 일부 위원들은 '나라가 새로 섰으니 국기도 새로운 모형으로 제정해야 한다'

며 태극기의 사용을 반대했다.

그러나 대다수 위원들은 '수많은 애국선열들의 피로 물든 태극기를 바꿀 수 없다'고 반대했다. 이에 태극기 자체를 부정하던 일부 인사들은 위원회를 탈퇴했고, 국기제정위원회는 2월 3일 '국기시정위원회'로 바뀌었다.

본격적으로 활동을 시작한 위원들은 대한제국 소장 국기, 군정 문교부가 제시한 도안, 국기보양회가 제출한 도안, 우리국기보양회가 제시한 도안, 이정혁 위원의 도안, 독립문 태극기 문양 등 다섯 개의 시안을 놓고 논의했다. 그러나 이번에도 위원들의 의견이 각각 갈라져 맞서자, 이병도, 정인보, 안재홍, 최현배, 이선근 등 열두 명으로 구성된 특별심사위원회가 만들어졌다.

특위에서는 국기보양회 도안을 채택했으나, 며칠 뒤에 독립문의 태극 도형이 원형이라는 주장이 대두되었다. 위원회는 며칠간의 치열한 논쟁 끝에 독립문 도안으로 번복했다.

그러나 3월 초순 제3차 전체 회의에서 독립문 도안이 역리(易理)에 맞지 않는다는 주장이 나왔다. 즉 짝수(4·6)인 이(離, ☲)괘와 곤(坤, ☷)괘가 위로 올라가고, 홀수(3·5)인 건(乾, ☰)괘와 감(坎, ☵)괘가 밑으로 내려간 것은 음양이 뒤집힌 결과라는 주장이었다. 그리하여 다시 논의 끝에 표결한 결과 처음에 정했던 국기보양회 도안이 최종 결정되었다. 또한 깃대의 봉은 무궁화꽃 봉우리로 결정했고, 문교부는 10월 15일에 고시 제2호로 국기를 공포했다.

이로써 대한민국 태극기는 고종 20년(1883) 조선 국기로 선포된 지 66년 만에 단일 도안으로 통일되어 오늘에 이르렀다.

조국 광복으로부터 64년, 태극기의 물결이 삼천리 방방곡곡에 퍼지던 1919년으로부터 90년이 되는 2009년까지, 태극기는 이제 전 세계의 하늘에 휘날린다. 그러나 고개를 들어 바라보면, 바로 눈앞에 있는 우리 땅 북녘 창공에는 60년이 넘도록 태극기가 휘날리지 못하고 있다.

반 만 년의 전통을 이어온 배달민족의 태극기가 더 이상 동족의 피로 물들지 않고 삼천리 방방곡곡에 휘날릴 통일절(統一節)은 과연 언제 올 것인가.

|17장 주석|

24) 세간에 '박영효 태극기'라고 알려진 조선 국기는 이러한 과정을 거쳐 메이지마루호에서 박영효가 지켜보는 가운데 이응준이 제작했다. 이는 이응준이 고종의 명을 받아 창안하고 제작하여 조미 회담에 사용한 최초의 조선 국기보다 4개월이 뒤진 것으로, 세칭 '박영효 태극기'는 이응준의 태극기에서 괘의 모양만 바꾼 것이다.

|참고문헌|

『조선왕조실록』 중 『철종·고종·순종실록』

박영효, 『사화기략(使和記略)』(국사편찬위원회, 1958)

고동영, 『단군조선 47대』(한뿌리, 1986)

이선근, 「우리 국기 제정의 유래와 그 의의」, 『국사상의 제문제 1』 (국사편찬위원회, 1959)

이태진, 「고종의 국기 제정과 군민일체의 정치 이념」, 『고종 시대의 재조명』(태학사, 2008)

김원모, 『태극기의 연혁』(행정자치부, 1998)

한철호, 「우리나라 최초의 국기('박영효 태극기' 1882)와 통리교섭통상사무아문 제작 국기(1884)의 원형 발전과 그 역사적 의의」, 『한국독립운동사연구』 제31집(독립기념관 한국독립운동사연구소, 2008)

KI신서 2235
조선 국기 제정에 얽힌 진실
태극기의 탄생

1판 1쇄 인쇄 2010년 1월 25일
1판 1쇄 발행 2010년 1월 27일

지은이 박충훈 **펴낸이** 김영곤 **펴낸곳** (주)북이십일 21세기북스
출판콘텐츠사업본부장 정성진 **영업** 최창규 김용환 이경희 노진희
마케팅 김보미 허정민 김현섭 **편집** 임후성 **디자인** 이예숙
출판등록 2000년 5월 6일 제10-1965호
주소 (우413-756) 경기도 파주시 교하읍 문발리 파주출판단지 518-3
대표전화 031-955-2100 **팩스** 031-955-2151
이메일 book21@book21.co.kr
홈페이지 www.book21.com **커뮤니티** cafe.naver.com/21cbook

값 13,500원
ISBN 978-89-509-2185-9 03900

이 책 내용의 일부 또는 전부를 재사용하려면 반드시 (주)북이십일의 동의를 얻어야 합니다.
잘못 만들어진 책은 구입하신 서점에서 교환해 드립니다.